나이 들어 '나'를 지킬 것은 무엇인가

일러두기

- 이 책에 실린 감정가와 시세, 수익률 등은 경매 당시를 반영하였으며, 현재와 다를 수 있습니다.
- 2024년 여름까지의 부동산 시장 상황을 최대한 반영하고자 하였습니다.
- 국립국어원 표준국어대사전의 표기법을 따랐으며 일부 관용적 어법을 반영하였습니다.

나이 들어 '나'를 지킬 것은 무엇인가

당신의 30년을 책임져줄 경제독립 프로젝트

안해진(복마마)

서三삼독

이 책은 부동산 경매 기술서가 아닙니다.
경매의 실전 기술을 다루는 책은 시중에 너무나 많습니다.

이 책에는 그 이상이 담겨 있습니다.

도전하는 용기,
실행하게 만드는 에너지가 담겨 있습니다.

왜 자기계발과 투자에 나서야 하는지
50~60의 나이에 어떻게 그게 가능한지
실전에 뛰어들기 전에 무엇을 알아야 하는지
어떤 마음가짐과 자세로 임해야 하는지

나 복마마의 오랜 경험과 노하우를 모두 풀어내었기에
처음 시작하는 모든 분들에게 큰 도움이 될 거라 확신합니다.

나의 이야기는 희망이 되어줄 것입니다.
힘이 되어줄 것이고, 무기가 되어줄 것입니다.
여러분에게 그런 책이 되어줄 것이라 믿습니다.

고맙습니다.

안해진(복마마)

나이 들어
'나'를 지켜줄 것은 무엇인가

*

오늘날의 40~50대들을 가리켜 '마처 세대'라고 한다. 마처 세대란 부모를 마지막으로 부양하고, 자녀에게 처음으로 부양받지 못하는 세대의 줄임말이다. 이들은 가부장 제도나 유교의 영향을 조금씩 받으며 자란 세대이며, 급속한 경제 성장과 위기를 동시에 겪은 세대다. 부동산에 관심이 높은 이들 역시 이 연령대의 사람들이다.

이런 이유 때문일까. 이들과 담소를 나누다 보면 '자신의 노후'와 '가족 부양' 사이에서 고민하는 모습을 자주 보게 된다. 정에 이끌려 형제자매에게 명의를 빌려주거나 목돈을 내어주는 일도 많거니와, 부모와 자녀를 부양하느라 정작 자신들의 노후 준비는 하나도 못 하는 경우도 많다.

나는 40~50들에게 이런 이야기를 해준다. "나이를 먹을수록 일단 나부터 잘살아야 해요. 내가 잘살아야 부모도 있고, 형제·자매도 있는 거예요." 그럼 어디선가 "저희도 그러고 싶죠. 하지만 부모나 형제들을 나 몰라라 하고 어떻게 나 혼자만 잘살아요. 마음에 밟혀 잠도 잘 안 오는데요."라는 말이 들려온다.

나는 이렇게 반응하는 이들에게 "혹시 장남(장녀)이세요?" 하고 묻는다. 그럼 대부분 "어떻게 아세요. 티가 나나요?"라고 역으로 질문을 해온다. 어떻게 혼자만 잘살겠느냐는 반응을 하는 사람들은 대부분 장남, 장녀거나 집에서 그런 역할을 하는 이들인 경우가 많았다.

내 가정과 원 가족, 두 집 살림을 하는 사람일수록 '내가 먼저 잘살아야 한다'는 마음을 굳게 먹고 가야 한다. 내가 여유 있게 살아야 부모나 형제자매에게 무슨 일이 생겼을 때 도움이라도 줄 수 있기 때문이다. 내 가정은 가정대로 원 가족은 원 가족대로 그냥저냥 산다면 변수 하나만 생겨도 온 가족이 무너진다. 그래서 내 뿌리부터 단단하게 다져놓는 게 중요하다.

무엇보다 복마마가 전하는 '내가 잘살아야 한다'는 말은 나만 생각하라는 의미가 아니니 오해해선 안 된다. 그래서 마처 세대에게 이런 당부의 말을 전하고 싶다.

"여러분 혼자서만 잘 먹고 잘살라는 의미가 아니에요. 당장 부모님 병원비며 간병비며 들어갈 돈이 한두 푼이 아닌데, 그걸 어떻게 모른 척하겠어요. 또 자녀들은 어떻고요. 하지만 이게 하루 이틀로 끝날 일이 아니잖아요. 그사이 우리는 안 늙나요? 나이가 40대 중반만 넘어가면 정신적, 육체적 에너지 레벨이 확 떨어져요. 다들 느껴봤잖아요. 미디어에선 100세 시대라고 하지만 지금 우리에게 중요한 수명은 경제 수명이에요. 이 수명이 남아 있을 때 뭐라도 해놓지 않으면 여러분의 노후가 비참해져요."

고령화 사회의 비극은
소득 없이 오래 살아야 한다는 데에 있다

경제 수명이 남아 있는 동안 뭘 해놓으면 좋을까? 요즘처럼 전세 대출이며 주담대 대출까지 막힌 상황에서는 부동산 투자를 하기도 어렵고, 코인이나 주식 투자를 하기에도 엄두가 나지 않는다. 만약 여러분이 공격적인 투자를 해도 되는 20~30대가 아닌 40대 이상이라면 '부의 집'을 목표로 삼을 것을 추천한다.

'부동산'도 아니고 뜬금없이 '부의 집'이라고? 의아한 이들이 있을 터다. 40대가 넘어가면 20~30대 시절과는 다르다. 자녀의 취업 시기가 늦어지니 자녀들에게 돈이 계속 들어가, 뛰어난 의료기술 덕에 부모님도 오래 살아, 이처럼 위아래로 부양비용이 줄지 않는다면 이 모든 걸 감당할 수 있을 정도로 부의 그릇을 키워놓아야 한다.

'50대인데 무슨 부동산 투자를 하고, 부의 집을 목표로 삼아요? 안정적으로 가야죠'라고 생각하는 사람은 본인이 60대에 죽을 거라고 생각하는 사람이다. 우리나라의 경우 평균 수명이 80세를 넘는

다. 그런 관점에서 보자면 50대는 창창한 나이다. 그런데 다 산 것처럼 미리 포기할 이유가 없잖은가.

여러분도 알다시피 고령화 사회의 비극은 소득 없이 오래 살아야 한다는 데에 있다. 그런데도 움츠리고만 있을 것인가. 작금의 40~50대는 전례 없는 '노후를 위한 경제적 모델'을 만들어야만 하는 상황에 처해 있다. 그리고 이 모델을 성공시켜 자녀들에게 보여줘야 한다. 그중 하나가 '부의 집'을 설정해 놓는 것이다.

"공부를 하지 않은 채 부동산 투자에 뛰어드는 것은 언제 해도 위험해요. 하지만 플랜을 세워서 도전할 거라면 한시로 빨리 해야 합니다. 부의 집, 드림하우스를 목표로 잡고 노력을 하다 보면 그만한 집을 가질 만한 '부자의 자질'이 만들어지고 몸에 새겨져요. 그때 가서는 목표를 바꾸더라도 뭐가 남아요? 부자의 자질, 부자의 습관이 남잖아요. 이거라도 가져보자 이거예요. 부자는요, 돈이 만들어주는 게 아니에요. 부를 만들어내는 자질과 습관이 만드는 거죠."

내가 경매를 하면서 처절하게 느낀 게 뭔 줄 아는가? 경매로 나온 고급주택에 가보면 인테리어가 으리으리하다. 그런데 경매로 넘어갔다는 건 빚에 쫓겨서 최악의 상황에 놓였다는 뜻이다. 이런 집을 낙찰받으면 명도 과정에서 집주인과 한 번은 만날 일이 있다. 다는 아니지만 간혹 그 고급 주택과 집주인이 매칭되지 않는 경우를 보게 된다. 그런 경험을 하면서 나는 스스로 다짐했다.

'좋은 집에 사는 것만큼 그 집에 어울리는 주인이 되어야겠다. 그럼 나는 내가 꿈꾸는 집에 어울리는 자질부터 갖춰놓아야겠네.'라고.

여러분에게도 부의 집이 이런 개념이어야 한다. 그래야 그 집이 여러분을 지켜줄 수 있다.

'나의 드림하우스는 무엇인가'
스스로 답을 찾는 것도 투자다

부의 집은 그야말로 다양하다. 1층에서 가게를 운영하고, 2층과 3층은 월세를 주고, 4층에 거주하는 상가주택. 개발 호재가 풍부한 지역에다 텃밭이 달린 전원주택. 아니면 강남이나 성수동에서 입이 떡 벌어지는 가격대를 형성하는 아파트 등. 내가 원하고 나에게 맞는 부의 집은 어떤 집인지, 여러분 스스로 정하면 된다. 이때 핵심은 현실 가능한 집이 아니라, 정신을 똑바로 차리고 부를 축적해야만 매수 가능한 집이어야 한다는 점이다.

꿈을 크게, 구체적으로 가져라. '10억을 모아야지'보다 '10억으로 매수 가능한 집을 가져봐야지'를 목표로 삼는 편이 동기부여를 강하게 해준다. 잘 생각해보자. 10억이라는 돈은 이미지로 떠올리기가 쉽지 않다. '수표 한 장으로 받으면 10억이 되는 건가' 이런 정도가 우리가 10억을 떠올리는 흔한 방법이다. 간접적으로 10억을 맛보고 말기 때문에 동기부여가 되다가도 만다.

하지만 10억을 가지고 매수 가능한 드림하우스를 떠올리면 이미지가 선명해진다. 그 집 앞에 서 있기만 하면 된다. 그래서 부의 그릇을 키우는 수단으로 주식이나 코인이 아닌 실물자산인 '집'을 삼으라고 하는 것이다.

만약 누군가 복마마는 부의 집을 목표로 삼은 적이 있냐고 물으면 자신 있게 '그렇다'고 대답할 수 있다. 아니 20년 전에 점 찍어둔 드림하우스에 입성했으니 이 방법의 실효성을 증명해낸 산증인이라 할 수 있다.

20년 만에 입성한
복마마의 드림하우스를 소개합니다

오랫동안 꿈꾼 복마마표 드림하우스는 분당구 구미동에 위치한 전원주택이다. 분당에서 20년 넘게 산 만큼 누구보다 이 지역에 대해 잘 알고 있다. 내 드림하우스가 위치한 곳은 분당 안에서도 불곡산이 병풍처럼 감싸면서 분당 서울대학 병원이 자리한 최고의 입지다. 이 일대의 빌라들 역시 시세가 35억에서 50억 원 선으로 형성되어 있으며, 동네 곳곳에서 재건축이 진행 중이므로 향후 그 가치는 더욱 높아질 전망이다.

이 집의 시세는 35억 원인데, 공매가 19억 3,700만 원에 매수했다. 경매로 나왔다면 경매로 받았겠지만 공매로 나와 공매로 낙찰을 받았다. 세금 및 인테리어 비용 등 부대비용을 감안하더라도 대략 13억 원 정도의 시세차익을 본 셈이다.

분당 구미동 전원주택에 들어간 비용
공매 낙찰가 19억 3,700만 원
취득세 및 등기 6,651만 원
인테리어 공사 2억 5,000만 원
총 투자금 22억 5,351만 원
현재 시세 35억 원

이 책을 읽는 독자들도 나와 같은 길을 만들었으면 좋겠다. 그런데 한 가지 중요한 조건이 있다. 바로 자신에게 그만한 시간을 주는 것이다. 드림하우스에 입성하는 데에 드는 입주금이 기본 조건이라면 입성하기까지 걸리는 기간은 필요충분조건이다.

하루도 빠짐없이 부동산 기사를 살피고, 경매로 나온 물건을 분석하며, 지구 세 바퀴 거리를 운전하고 다녔을 정도로 임장에 몰두한 나조차도 드림하우스에 입성하기까지 20년이라는 세월이 걸렸다. 거짓말 하나 안 보태고 일부러 구미동 근처에 가서 밥을 먹고, 커피를 마시고, 주유를 하면서 그곳의 주민이 이용하는 시설을 직접 경험해 보면서 동기부여를 해 나갔다. 수시로 찾아가 호시탐탐 이 동네를 집 적댄 지 20년 만에 꿈을 이룬 것이다. 복마마도 했다면 여러분도 할 수 있다.

40~50대에 목표를 정한 뒤 20년 후에 그 집에 입성한다고 해도 여러분 나이는 60대에서 70대다. 60~70대도 한창의 나이다. 마을회

관이나 노인정에서 60대는 물 떠오는 심부름을 하는 막내의 나이 아닌가. 결코 노인 대우를 받는 나이가 아니다. 게다가 같은 70대라도 드림하우스에서 여생을 보내는 것과 그저 그런 집에서 여생을 보내는 것은 다르다. 삶의 질, 특히 자녀가 부모를 대하는 마음가짐에서도 차이가 크다.

그러니 10년이면 10년, 20년이면 20년 대략적으로라도 투자 기간을 정해놓고, 투자 자금과 동등한 수준으로 문제의식을 가져보자.

· 투자 자금 + 투자 기간 = 부의 집

이 공식을 머릿속에 넣어두자. 그래야 조급한 마음으로 엉뚱한 매물에 투자하는 걸 막을 수 있다.

이 책에는 복마마가 맨몸으로 '복'을 만들어내는 '과정'을 오롯이 담아냈다. 그 과정에서 학벌이나 경력, 좋은 부모나 인맥은 전혀 영향을 미치지 않았다. 이 자리를 빌려 말할 수 있다. 나는 태어난 순간부터 지금까지 한 번도 무언가를 쉬이 가져본 적이 없다는 것을. 심지어 군 복무 중에 아버지를 잃은 탓에 함께 사는 부모나 집다운 집도 가져본 적이 없다. 그래서 누구보다 '집의 가치'에 대해 잘 알고 있으며, 내 집 마련을 위해 고군분투하는 여러분의 심경을 내 마음처럼 공감할 수 있다.

하루의 일과를 마치고 새벽에 일기를 한 글자, 한 글자 쓰면서 생겨난 한 가지 소망이 있다. 이미 여유가 있는 사람이 아닌, 본인 이름으로 '부동산 명의'를 가져본 적 없는 이들이 이 책을 읽으며 마음을 바꿔먹는 것이다.

월 30~40만 원이라도 월세가 나오는 빌라가 있으면 삶이 달라진다. 그런 빌라라도 가져봐야겠다며 마음을 고쳐먹는 사람이 많아졌으면 좋겠다. 늦었다는 생각으로 주춤거리는 대신 용기를 품었으면 좋겠다. 복마마는 이런 사람들을 위해 오늘도 뛰어다닐 것이다.

차례

2부. 부동산과 만나기 전에 장사와 먼저 만났다

3부. 가장 밑바닥일 때
감히 100억을 꿈꿨다

4부. 날린 집과 상가를 되찾기 위해 부동산 세계에 뛰어들다

1장 투자 마인드_ 돈 공부에는 나이가 없다

2장 실전_ 누구나 성공한다, 몇 가지만 기억하고 지켜낸다면

1부

처음은 누구나 두렵다,
당장 손에 잡히는
돌멩이부터 잡아라

"시작은 미약하였으나 끝은 창대하리라."
끝이 얼마나 창대할지는 알 수 없지만,
나의 시작이 참으로 보잘것없고
미약했던 것만은 분명하다.

아프고 쓰라리고 힘들고 험난한 일이 많았다.
많은 것을 잃었지만 모든 것을 잃지는 않았다.
내 소중한 것들이 손아귀에서 빠져나가던 순간에도
웃음과 희망만은 꼭 쥐고 놓아주지 않았다.

초라한 나를 초라하지 않게 지켜준 것들,
잘 버티어내며 뚜벅뚜벅 걸어가게 해준 힘들.
그것에 대해 이야기를 하고 싶다.
그러한 '나의 시작'이
당신의 시작을 밝혀줄 수도 있을 것이므로.

나도 집에서
학교에 다니고 싶었다

"복마마 님, 부자가 되려면 어떻게 해야 해요?"

"부자라고 하면 자산이 얼마나 있어야 하나요?"

100억 원대 자산가라고 하면 빛의 속도로 나오는 질문들이다. 신기할 정도로 이런 질문이 늘 따라붙는데 그때마다 난 멍한 표정을 짓는다. 단 한 번도 부자가 뭔지에 대해 생각해본 적이 없기 때문이다.

유튜브에서 청춘의 가난에 대한 영상을 본 적이 있다. 20대 친구를 인터뷰하는 영상이었는데 한 여학생의 말이 생각난다.

"부모님이 어릴 때 이혼을 했어요. 어릴 때는 몰랐는데 커서 알게 됐죠. 이혼 가정의 자녀라는 것을요. 학교에서 돌아왔을 때 아무도 맞아주는 이가 없는 환경, 바로 그게 가난이더라고요."

이 친구의 말이 마음 아팠던 건 나 역시 그런 환경에서 자랐기 때문이다.

잔디 마당이 있는 큰 집에서 월세방으로

아버지는 내가 세 살 때쯤 군대에서 병으로 돌아가셨다. 현재는 현충원에 안장되어 있는데 일찍 남편을 잃은 딸이 안타까웠는지 외할머니와 외할아버지는 손녀인 나를 두고, 엄마를 멀리 시집보냈다. 외손녀가 눈에 밟혔을 텐데, 한 치 걸러 두 치라고 외할머니와 외할아버지에게는 당신 딸이 더 애달팠나 보다.

외가는 꽤 잘사는 편이었다. 외할아버지는 경북 안동에서 정미소를 하시던 유지였다. 그 덕에 어릴 적에는 부유한 환경에서 외할아버지, 외할머니의 사랑을 받으며 자랐다.

그러다 외삼촌이 결혼한 후 외할머니, 외할아버지는 시골 생활을 청산하고 서울로 올라가 집을 마련하셨다. 서울 구의동에 위치한 잔디 마당이 있는 멋진 주택이었다. 그렇게 외할아버지, 외할머니, 그리고 외삼촌 부부와 함께 서울살이를 시작했다.

이런 생활이 오래가진 못했다. 외숙모 입장에서 나는 불청객이었을 터. 왜 안 그렇겠는가. 이제 막 시집을 왔는데 키워야 할 여자아이가 있으니 신경이 쓰일 수밖에. 할머니도 외숙모 눈치가 보였는지 어느 날 내 손을 잡고 "할머니가 경동시장에서 청과물을 떼다 팔면 너학교는 보낼 수 있다. 할머니랑 둘이 살자."라며 나를 청량리의 월세방으로 데리고 나왔다.

"할머니! 어제 거기는 '집'이었는데 여기는 '그냥 방'이네."

"할머니는 해진이랑 둘이 살 방만 있어도 된다."

"알겠어요. 같이 살아요. 할머니는 내게 전부니까."

어제 본 외삼촌 집은 잔디밭이 있는 크고 넓은 주택이었다. 열한 살밖에 안 된 아이 눈에도 넓은 주택과 단칸방의 차이가 한눈에 들어왔다. 그래서인지 할머니에게 괜스레 죄송한 마음이 들었다. 한편으로는 안심도 했던 것 같다. 그래도 '할머니는 으리으리한 집보다 나를 더 사랑하네' 싶어서.

나 때문에 집을 나온 외할머니는 매일 리어카에 과일을 싣고 다니며 장사를 했다. 나 하나 때문에 할머니가 크고 멋진 집을, 안락하고 편한 삶을 버리고 고생하시는 것이 어린 마음에도 가슴 아팠지만 그래도 사랑하는 할머니와 함께하는 생활은 따뜻했다.

하지만 행복은 한철이라고 했던가. 얼마 되지 않아 할머니가 쓰러지시고 말았다. 지병이 있었음에도 손녀를 키우겠다며 무리하게 거처를 옮긴 탓이다. 당시 나는 또래에 비해 덩치가 큰 편이라 쓰러진 할머니를 업고 병원을 향해 냅다 뛰었다. 뛰면서 별별 생각이 다 들었던 것 같다.

'할머니는 내게 전부인데 할머니가 죽으면 나도 끝이야', '제게 할머니마저 뺏어가지 마세요'라며 모든 신에게 기도했다. 그렇게 연신 기도를 하다 보니 어느새 병원의 닫힌 문 앞에 도착했다.

탕! 탕! 탕!

"저기요, 문 좀 열어주세요. 저희 할머니가 쓰러졌어요."

병원 문을 두드리자 2층에서 누군가 내려오는 인기척이 들렸다. 그곳은 병원이 주택으로 되어 있어 2층에는 원장님이 거주하고 1층에서 진료를 보는 구조였다. 천만다행이었다. 할머니를 침대에 눕히면서 '할머니를 지켜야겠다'는 생각이 든 나는 정신을 차린 할머니에게 선전포고하듯 이렇게 말했다.

"나 공부 안 해요. 그냥 공장 가서 일할래. 옆집 언니가 그러는데 거기 가면 기숙사가 있어서 밥도 주고 잠도 재워준대. 그러니까 내 걱정하지 말고 할머니는 삼촌네로 돌아가요."

처음에는 안 된다며 극구 거절하던 할머니도 손녀의 고집에 못 이겼는지 외삼촌과 할아버지가 사는 집으로 들어갔다.

그렇게 난 옆집 언니를 따라 봉제 공장 생활을 시작했고, 할머니는 매일같이 손녀를 보러 공장에 오셨다. 날 보러 와주는 사람이 있다는 게 얼마나 힘이 됐는지 모른다. 그렇게 난 1년 동안 할머니에게서 넘칠 정도의 사랑을 받았다.

"할머니는 내게서 엄마를 빼앗아갔지만 대신 엄마가 되어주고, 아빠가 되어주고, 할머니가 되어줬어요. 해진이는 '등으로' 할머니를 기억할게. 할머니를 업고 뛰던 날, 내 등에 할머니를 담았잖아. 하늘에서 손녀가 어떻게 사는지 지켜봐주기다. 꼭!"

공장 생활을 시작한 지 1년째 되던 해 할머니와 작별 인사를 나누면서 한 말이다. 이후 할아버지마저 돌아가시면서 열일곱 살부터는 '나 홀로 안해진'이 되었다.

가난의 의미는 제각각 다르다

사람들이 넘어지는 건 단순히 돈이 없어서가 아니다. 외로움에 사무쳐서다. 기댈 사람이 없다는 자각(自覺), 마음속에 이런 생각이 떠오를 때 절망에 빠지게 된다. 나중에 얘기하겠지만 나는 집도 잃어봤고 돈도 몽땅 날려봤다. 집과 돈은 어찌어찌하면 수습이 가능하지만, 한 번 떠난 사람은 쉬이 돌아오지 않는다.

왜 복마마가 이런 고백을 하는 걸까? '어떤 사람이 부자인가'에 대해 답하기 전에 내가 생각하는 가난의 개념부터 전하는 게 맞다고 생각하기 때문이다.

태초부터 금수저를 물고 태어나지 않은 이상 우리는 누구나 가난한 시기를 거친다. 사회 초년생일 때는 직장을 구하지 못해 가난하고, 30~40대는 주거비용과 대출 이자 때문에 허덕인다. 50~60대라고 다를까. 직장을 잃거나 사업을 하다 쫄딱 망해서 가난해진다. 싫든 좋든 한 번은 이 시기를 거친다. 이때가 중요하다. 자신의 가난을 해석하고, 무엇이 결핍되어 있는지를 파악해야 한다. 그래야 자기만의 부자 로드를 만들어갈 수 있다.

내게 끊임없이 결핍을 느끼게 한 건 '가족이 사는 집'이었다. 가족끼리 된장찌개와 고등어자반이 차려진 밥상에서 밥을 먹고, 좋아하는 과일을 깎아서 먹는 그런 곳. 그렇게 웃기도 하고 싸우기도 하는 공간이 나는 너무도 갖고 싶었다.

부자와 졸부는
다르다

열한 살 때, 이웃집 언니를 따라서 갔던 봉제 공장의 사장님 댁은 굉장한 부자였다. 영화 〈기생충〉에 나오는 저택처럼 마당에는 수영장이 있었고, 식탁 위에는 바나나와 난생처음 보는 과일들이 가득했다. 나는 사장님 딸과 동갑이라는 이유만으로 여러 편의를 제공받았다.

제일 먼저 내 차지가 된 건, 지금도 좋아하지만 당뇨 때문에 삼가고 있는 온갖 과일이다. 그 집 아들과 딸은 풍족하게 잘 먹어온 탓인지 냉장고나 식탁 위에 뭐가 있는지 관심을 두지 않았다. 이제 와 생각해보니, 사장님과 사모님은 과일이나 채소는 유통 기간이 짧은 탓에 '누구라도 먹으면 되지'라는 마음이었던 것 같다. 무엇보다 입 하나 없는 정도로는 티가 안 날 만큼 부자라 내 먹성을 밉게 보지 않았다.

뒤늦게 다시 시작한 학업의 길

그다음 받은 혜택은 책을 끼고 살 수 있는 환경이었다. 당시 사장 님의 딸이 나랑 동갑이었는데 딸 방에는 도서관이라 해도 믿을 정도로 책들이 가득했다. 책장에 꽂혀 있는 책들이 어려운 수준의 것이 아니었으며 사장님도 일하는 시간만 아니면 얼마든지 읽어도 된다고 허락해주셨다. 당신의 딸과 동갑인 아이가 공장에서 일하니 딱한 마음이 있었던 모양이다.

"그럼 사장님, 오빠 방에 있는 책도 읽어도 돼요? 허락은 받아야 하잖아요."

"걔는 고등학생인데… 그 책들을 네가 이해할 수 있나? 그래도 가서 한번 봐보렴."

사장님이 흔쾌히 허락해준 덕분에 딸 방에 이어 아들 방에 있던 책까지 섭렵해나갔다. 오빠는 고등학생이라 밤이 되어서야 집에 들어왔고, 나는 일하는 시간을 제외하고는 오빠 방에 있는 책들을 편하게 읽으며 지냈다.

그렇게 공장 일을 하면서도 열심히 책을 읽으며 살던 어느 날, 문득 외할머니와의 일이 떠올랐다. 처음 할머니가 내 손을 잡고 월세방에서 살자고 했던 그 날, "우리 손녀 학교 다녀야지."라고 말씀하시던 그날. 그때는 나의 의지로 학교 대신 공장을 선택했지만 지금은 아니다. 이제라도 학교에 다녀야겠다는 결심이 섰다.

"사장님, 저 야학이라도 다녀볼래요."

당시 다니던 교회에서 야간 학교를 운영했는데, 낮에는 공장에서 일하고 밤에 다니면 야학에 괜찮겠다는 생각이 들어 운을 뗀 것이다. 다행히 사장님은 흔쾌히 허락해주었다. 그 덕에 야학과 검정고시를 통해 학업을 이어나갈 수 있었다.

돈은 주인을 닮는다

이런 성장 배경을 전하면 다들 "복마마 님이 이렇게 힘들게 자라신 줄 몰랐어요."라며 놀라워하거나 복스럽게 생긴 내 외모와 매칭이 안 된다며 당황스러워한다. 그때마다 나는 "하늘에 계신 아빠와 할머니가 지켜줬다고 생각해요. 비록 내 집은 아니었지만 신기할 정도로 늘 안전한 곳에 보관되어 있었죠. 세상이 무섭다거나 인심이 박하다는 생각을 한 번도 해본 적이 없어요."라고 대답한다.

정말 그렇다. 성인이 되어 장사를 무리하게 한 탓에 쫄딱 망한 적이 있다. 수중에 5,000원이 있었는데 오히려 이때 삶의 고단함을 알

왔지, 어릴 때는 전혀 몰랐다. 그만큼 내 유년 시절은 밥, 정, 책이 넘쳐났다.

'세상은 부뚜막 같은 곳이네. 손도 시리고 발도 시린데 엉덩이만큼은 따뜻하게 데우라고 내주잖아. 나도 돈 많이 벌어서 부뚜막 같은 사람이 되어야지.'

덕분에 이런 마음을 먹을 수 있었고, 남에게 써도 티가 안 날 정도의 부자가 되겠다고 결심했다. 이것이 복마마가 꿈꾸는 해피엔딩의 바탕이다.

동화 속 이야기 같지만 나는 사람들이 '생판 모르는 남에게 내줄 한 평 남짓한 부뚜막' 정도는 가질 수 있을 만큼은 잘살았으면 좋겠다. 그러려면 내가 먼저 잘살아야 한다. 남에게 베푸는 여유는 곳간에서 나온다는 말도 있지 않은가.

단, 돈만 있다고 부뚜막 같은 부자가 되는 것은 아니다. 기본적으로 돈은 주인을 닮는다. 가진 것이 많아도 선천적으로 나만 아는 사람들이 있다. 이들의 돈은 활동 범위가 골짜기처럼 협소하다.

내 입, 내 옷, 내 집, 내 차….

나를 벗어나지 못하고 회전문처럼 그 안에서만 맴돈다. '내 입에서 내 차로' 한 바퀴 돌고 나면 돈은 어느샌가 사라지고 없다. 이런 사람이 부(富)로 몸집을 키우지 못하는 건 어쩌면 당연하다.

특히 건물주 중에 이런 유형이 많다. 이런 이들이 경매 컨설팅을 받기 위해 내 사무실로 오곤 하는데, 건물주라고 다 같은 건물주가 아니다. 젊은 시절부터 허드렛일을 해가며 자산을 모은 사람은 대체로 겸손함이 묻어 있다. 반면 부모에게 재산을 물려받은 이들은 허세가 가득하다.

"우리 건물은 병원이나 스타벅스 아니면 못 들어와요. 사거리 코너 자리인데 2층, 3층 모두 공실이에요. 통창으로 되어 있어서 바깥에서 보면 기가 막힌다고. 임대료 그거 돈 몇 푼이나 된다고 아무에게나 자리를 내줘요."라며 공실마저 허세용 전리품으로 둔갑시킨다.

나에게 이런 사람은 부자도 아니고 자산가도 아니다. 그냥 건물을 가진 사람에 불과하다. 적어도 이 책을 읽는 독자 중에는 이런 건물주를 꿈꾸는 사람이 없었으면 좋겠다.

가끔 직원들에게 "돈은 베풀어야 제맛이야. 절대 협곡처럼 내 안에서만 맴돌게 해서는 안 돼. 이런 사람은 절대 부자가 될 수 없어. 돈은 혼자 힘으로 벌 수 있지만 부자는 남이 만들어주는 거거든."이라는 말을 하곤 한다.

이 말은 진리다. 이 세상에 어떠한 부자도 '남의 도움' 없이 '혼자 힘으로' 그곳까지 올라간 사람은 없다.

그럼 이쯤에서 정리해보자. 복마마에게 부자란? 단순히 돈이 많고 건물이 많은 사람이 아니다. 내 가족에게 온기를 느끼게 하는 집, 누군가와 나누고자 하는 마음의 여유, 이 둘의 총합이다. 내게 부자는 그런 의미다. 집과 사람들이 포함된 따뜻한 개념. 이런 뜻을 지키기 위해서라도 1분 1초 허투루 쓰지 않겠다고 스스로 다짐하며 살아왔다.

앞으로는 우리 사회에 부자와 건물주, 부자와 자기만 아는 졸부를 구분하는 안목이 생겼으면 좋겠다. 그래야 자기만 아는 건물주와 졸부들이 조금이라도 '타인과 나누고자 하는 방향'으로 그 부를 사용하는 모습을 보일 테니까 말이다.

자신에게
나댈 권리를 줄 것

"고생에도 총량의 법칙이 있어요. 한 사람당 갖고 태어난 고생의 양이 있는데 유독 복마마는 초년에 몰린 것 같네요."라는 말을 들은 적이 있다. 그 말을 듣고는 "제가요?"라는 반응을 보였다. 물론 힘든 시간이 없었다면 거짓말일 것이다.

부모의 품을 떠나 혼자 이 집 저 집을 다니며 생활했으니 외롭고 힘든 시간을 보냈음에 틀림없다. 하지만 그 시절이 마냥 불행했느냐 하면 그렇지 않다. '힘든 적도 많았지만 행복한 시간도 많았어'가 더 정확한 표현이다. 어디에 가든 내 손을 맞잡아준 이가 한 명은 있었기에 전부는 아니어도 일정 부분 따뜻하고 행복했다.

외할머니가 돌아가시고 나서 열세 살 무렵, 외국 사람처럼 보이는 아저씨가 다가와 "교회 한번 다녀보지 않을래?"라며 권유한 적이 있다. 처음에는 무서워서 "싫은데요."라고 말하곤 도망을 쳤다. 그러다 나중에 제 발로 교회를 찾았는데 그곳에 들어서는 순간 신세계가 열리는 느낌이었다. 앞 동네, 뒷동네 어른들이 모여 있었고 누가 먼저랄 것도 없이 나를 반갑게 맞아주었다.

"국수 먹고 갈래? 여기에 앉아."

"열세 살인데 키가 엄청 크네."

"여기 언니 오빠들도 많으니까 친하게 지내. 공부도 가르쳐달라고 하고."

그곳 사람들은 나를 따뜻하게 맞아주었고 가족처럼 대해주었다. 처음이었다. 많은 사람들의 관심과 사랑을 그렇게 한꺼번에 받아본 것은. 명절을 맞아 친척 집에 가서 사촌 언니와 오빠들, 이모나 고모, 할머니와 할아버지에게 예쁨을 받는 그런 기분이었다.

교회에 발을 딛기 전까지만 해도 나는 말수가 적고 책만 끼고 사는 아이였다. 지금의 내 모습과는 매칭이 안 될 정도로 내성적이고 우울했는데, 아마 줄곧 외톨이처럼 살아왔기에 그랬던 것 같다. 환경이 준 우울함이었으리라. 한 번도 관심의 중심에 서본 적이 없던 10대 소녀는 그렇게 세상이 준 빛 덕분에 처음으로 환한 표정을 얼굴에 담아냈다.

처음에는 불안하고 두려운 게 당연하다

줄곧 집에서 전업주부로만 있다가 내 유튜브 채널 '복마마TV'를 보고 '나도 경매라는 걸 배워보자' 싶은 마음에 강의실 문턱을 넘은 50~60대 여성들이 많다. KTX를 타고 대구에서, 창원에서, 진주에서 강의실이 있는 서울까지 오는 이들도 적지 않다. 프랑스, 미국 등 세계 각지에 사는 분들이 한국에 들어올 때마다 강의를 예약해 오시기도 한다.

이미 큰 결정을 했으면서 뭔 놈의 걱정들이 그렇게 많은지…. 강의실에 들어올 때만큼은 당당하면 좋으련만.

'강의실에 들어가면 나 혼자 덩그러니 있는 건 아닐까?'

'이런 건 처음 해보는데 초보 티가 나면 어떡하지?'

'서울 지리도 잘 모르는데 강의실까지 늦지 않게 찾아갈 수 있을까?'

다들 이런 식의 걱정을 달고 다닌다. 나라고 왜 이 마음을 모르겠는가. 열세 살 때 처음 방문한 교회에서 어쩔 줄 몰라 하며 두리번거리던 기억이 아직도 생생한데.

안 해보던 짓을 난생처음 하려면 치러야 할 '심리적 수수료'가 있다. 집이 내 세상의 전부인 줄 알고 살았다면 당연히 사회생활에 대한 막연함, 불안감, 두려움이 따라붙는다. 이걸 감수하는 게 심리적 수수료다. 이럴 때 사람들이 저지르는 실수가 있다. '성격을 좀 바꾸고 싶다', '사회성을 기르고 싶다'처럼 처음부터 바위를 옮기려 하는 것이다. 이는 실효성이 떨어진다.

사회에 첫발을 내딛는 게 어렵다면 당장 손에 잡히는 돌멩이부터 잡는 것이 좋다. 즉 내가 할 수 있는 행동 하나에만 집중해보는 것이다. 내게는 그것이 설거지였다.

교회 한편에 마련된 식당에서 국수를 먹는데 일손이 부족해 보였다. 언니 오빠들은 교회 마루를 닦고 짐 정리를 하고 있었고, 할머니들이 부엌일을 도맡아 하고 있었다. 나는 "설거지라도 도와드릴까요?"라며 옆에서 일을 돕기 시작했다. 그런데 어른들이 "애가 어떻게 이런 생각을 해."라며 머리를 쓰다듬어주고 등을 토닥이며 내 손을 닦아주는 게 아닌가.

13년간 들어야 할 칭찬을 그날 몰아서 듣는 기분이었다. 누군가에게 사랑을 받으니 자신감이 생겼다. 자신감이 생기자 '이번에는 뭘 해볼까'라며 착한 마음이 무럭무럭 자라나기 시작했다. 그리고 이때부터 우울하고 소심한 아이에서 본격적으로 나대는 아이로 대변신을 하게 되었다.

교회는 돌아가면서 생일인 친구들에게 파티를 열어준다. 나는 뭔가를 만들어서 선물을 주거나 내 몫이던 요구르트와 초코파이를 안 먹고 있다가 생일인 동생들에게 주었다. 아무것도 없는 꼬마였지만 기뻐하는 친구들과 동생들을 보면서 '나도 무언가를 줄 수 있는 사람'이라는 자각을 하게 되었다. 돌이켜보면 그런 경험들이 자존감의 밑천이 되어주었던 듯싶다.

나대야 가질 수 있다

우리가 선행을 베풀지 못하는 이유는 선한 마음이 없어서가 아니다. '내가 나서도 될까'라는 마음 때문이다. 착한 마음을 실행으로 옮기기 위해서는 '그렇게 해도 돼'라는 격려와 지지, 사랑을 받아본 경험이 있어야만 한다. 이 방법 중 하나가 스스로 쾌적대(comfort zone)를 갖는 것이다.

쾌적대란 내 몸과 마음이 안온함을 느끼는 장소를 말한다. 다시 말해 온전히 나로서 있을 수 있는 공간, 내가 주인공이 될 수 있는 공간이다. 이런 장소를 하나둘 늘려나가다 보면 '주인공으로서의 나'로 사는 시간이 늘면서 궁극적으로 그런 인생을 살게 된다. 그러니 어디에 가서든 주눅 들지 않았으면 좋겠다. 우리는 모두 자기 인생의 주인공이니까.

두 번째는 작은 시도를 해보는 것이다. 여기에서 핵심은 빈도다. 고기도 먹어본 놈이 잘 먹는다고, 나대는 것도 해본 사람이 잘할 수 있다. 초급자 수준에서의 나대기를 알려주면 무작정 인사 건네기, 앞 좌석에 앉기, 옆에 앉은 수강생들에게 말 한마디 건네기 등이 있다. 이것만 해도 주인공이 될 수 있다.

"명도를 배우고 권리분석을 배우는 것보다 이곳에서 나 자신으로 존재해보는 것, 이것이 여러분이 수강료를 내고 여기에 있는 중요한 이유예요. 이걸 잊지 마세요."

꼭 경매 강의실이 아니어도 괜찮다. 무언가를 배우러 왔다면 강의실에서만큼은 타인의 눈치 좀 보지 말자. 집에 가면 지겹게 보는 가족 생각도 그만하고, 오롯이 내 이름 석 자로 존재해보자. 이런 시간을 늘려야 '엄마의 자존감'이 아닌 '나 자체로의 자존감'이 만들어진다.

나는 여러분보다 열악한 환경이었음에도 '주인공이 되고자 하는 욕구'를 외면하지 않았다. 한번 생각해보라. 열세 살짜리 여자아이에게 든든한 부모가 있었나, 두 다리 뻗고 잘 수 있는 집이 있었나. 지금이야 복마마로 유명세를 타고 있지만 열세 살 시절의 나는 누가 봐도 불쌍한 아이였다.

그럼에도 나는 움츠러들지 않았다. '아무도 주인공으로 살라고 말해주지 않으니 나라도 해줘야겠다'라고 생각하고 끊임없이 내 기를 살려주었다. 주인공이 되어보라고 하니 간혹 죄책감이 든다고 하는 분들이 있다. 그럴 이유가 무엇인가. '오직 나만 주인공이 되어야 해'가 어른답지 못한 행동이지 '내 인생의 주인공이 되어볼 거야'는 건강한 자신감에서 비롯된 예쁜 욕구다. 이 둘을 구분하면 편안해질 수 있다.

아줌마들의 사금융,
계 모임의 힘

30년 전만 해도 남편이 돈을 벌고, 아내는 살림만 하는 시스템이 확고했다. 남편이 벌어온 돈으로 아내들은 가계부에 파 한 단, 달걀 한 판, 시금치 한 단 등을 일일이 쓰면서 절약하고, 적금을 드는 게 보람이었다. 다들 방 한 칸짜리 월세방에서 신혼살림을 시작하곤 했는데 '5년짜리 적금을 들어 전세로 이사 가야지'가 당시 모든 새댁의 로망이었다.

나 역시 그런 로망을 품고 살았다. 다만 문제는 나만의 로망이었다는 데 있다. 남편은 성향상 시부모님은 물론 친인척 대소사를 전부

챙기는 스타일이었다. 더욱이 아버님이 중풍으로 누워 계실 때라 매달 시댁으로 생활비를 보내야 했다. 남편 입장도 이해는 됐다. 부모님의 생계 문제를 모른 척하기는 힘들었을 터다. 하지만 나로선 그 상황이 힘들었다. 아무 계획도 세울 수 없다는 사실이 서글펐다. 다달이 시댁에 생활비가 들어가니 우리 집 생활비가 모자라고, 그러다 보니 어쩔 수 없이 우리 집 생활비를 위해 적금을 깨러 은행에 가는 일이 다반사였다.

그러다 우연히 '금반지 계' 이야기를 전해 들었다. 나는 그 소식을 듣자마자 쪼르르 계주에게 달려가 가입 신청서를 냈다. 그때 내 나이가 스물한 살, 아들이 채 한 살이 되지 않은 때였다. 이게 첫 사회생활이자 돈과 관련해 '최초의 1'을 만든 사건이었다. 뒤에서 이야기하겠지만 최초의 1은 매우 중요하다.

금반지 계를 아시나요

금반지 계란 모아놓은 현금 대신 금반지로 돌려받는 계 모임을 말한다. 동네마다 금은방이 하나씩은 있는데 열 명의 회원이 10만 원씩만 갹출해도 100만 원이 금세 만들어진다. 그럼 계주는 이 돈으로 100만 원짜리 금반지나 금 열쇠를 사서 그달의 회원에게 준다.

어디에 가나 지인 할인이 존재하는 법. 금은방 주인에게 계주는 그야말로 VIP 고객이다. 정기적으로 고가의 제품을 사주니 그럴 수밖에. 주인은 계주가 100만 원짜리 반지를 사면 할인을 적용해 일종의 수수료를 챙기게끔 도와준다. 당연히 회원들도 계주가 심부름해주는 값이라 생각하고 이에 대해 아무런 토를 달지 않는다.

열 명의 회원이 한 번씩 금반지를 타 먹으면 '한 바퀴 돌았다'라고 표현한다. 이쯤 되면 서로에 대한 신용이 쌓이면서 일반 계 모임으로의 전환을 도모하는데 우리도 이러한 수순을 밟았다.

평상을 깔아놓고 수박을 쪼개서 한입 물면 그렇게 달콤할 수가 없다. 수박 국물을 먹는 건지 세수를 하는 건지 모르겠는 아들의 입 주변을 닦고 일어서려는 순간 한 언니가 "옆 동네 아무개가 곗돈 타서 이사 갔대."라는 솔깃한 이야기를 들려주었다.

나의 아주 깊은 곳 어딘가에 잠들어 있던 '전셋집으로의 이사'라는 로망이 깨어나기 시작했다. 그리고 정확히 3년 후, 500만 원의 곗돈으로 700만 원짜리 전세를 얻어 이사를 가는 주인공이 되었다.

유레카! 꿈은 이루어진다, 대한민국!!

금반지 계가 내 인생에서 최초로 '돈의 세계'에 입문한 계기라면 돈을 타는 계 모임은 '부동산의 세계'에 발을 들여놓게 한 계기였다. 그토록 염원하던 월세에서 전세로 갈아탐으로써 집다운 집에서 사는 즐거움을 맛보게 해주었기 때문이다. 어떤 리액션과 환호성이 동원되어도 부족할 만큼 정말 기뻤다. 적금만 들었다 하면 잉크가 마르기도 전에 깨기 바빴던 내가 계를 시작하면서는 그런 적이 한 번도 없었기에 가능한 일이었다.

남편도 적금은 집 안에서만 도는 돈이라 언제든 깨도 상관없는 것이라 여겼던 반면 곗돈은 동네 사람들의 돈이라 그러면 안 된다고 생각한 모양이다. 한 번도 곗돈을 깨서 생활비로 쓰라고 하지 않았다. 바로 이거다. 이처럼 돈을 지키기 위해서는 가족 구성원 간에도 합의가 중요하다.

잘 생각해보자. 이 세상에서 누구 돈이 가장 쉽고 만만한가? 바로 내 돈이다. 그다음이 배우자의 돈, 부모의 돈, 자녀의 돈이다. 이 중에서 가장 의미 있는 '돈의 단위'가 남편의 월급이라면 아내는 무슨 수를 써서라도 이 돈을 지켜내야 한다. 회사로 치면 재무 이사 역할을 하는 것이다.

세상에 어느 재무 이사가 망할 사업임을 알면서 투자비를 내주며 법인카드를 펑펑 쓰도록 내버려두겠는가. 그렇게 되면 당장 본인부터 잘려 나가는데 말이다. 필요경비 외 지출에 대해 엄격하게 관리하는 것이 재무 이사가 존재하는 이유다. 아내들도 이것을 명확히 알아야 한다. 가족의 의미 있는 돈을 지켜내기 위해서는 강경 대응도 불사해야 한다는 말이다.

물론 스물한 살에 접어든 내가 여기까지 내다보고 계 모임에 나선 것은 아니다. 그 나이에 뭘 안다고 그렇게까지 의미심장했겠는가. 결과적으로 꿩도 먹고 알도 먹는 묘수가 되어준 것일 뿐.

나는 이 일을 계기로 돈을 모으기 위해서는 '의미 있는 돈의 단위'가 만들어지기 전까지 그 돈을 묶어두는 전략의 중요성을 알게 되었다. 특히 자녀를 위한 일이라면 도둑질을 해서라도 원하는 대로 해주고 싶어 하는 한국 부모의 특성상 돈 모으기에 있어 반강제성은 필수다.

환금성이 높아야 좋은 투자 아니냐며 묻는 이가 있을 텐데 그건 투자 관점에서나 그렇지, 투자의 전 단계인 '돈 모으기 단계'에서는 그렇지 않다. 오히려 환금성이 떨어지면 떨어질수록 돈이 지켜진다. 그중 하나가 환금성이 떨어지는 부동산에 투자하는 것이고, 싸게 접근할 수 있는 경매에 입문하는 것이다.

경매를 해야 할 이유는 백 가지도 댈 수 있지만
경매를 하지 말아야 할 이유는 단 한 가지도 댈 수 없다.

부업이
내게 가져다준 것들

계 모임은 대한민국 사금융의 메카였다 해도 과언이 아니다. 동네 엄마들의 쌈짓돈이 모여 뭉칫돈을 만드는 '계테크' 역할을 톡톡히 해냈다. 단 이것을 성공시키기 위해서는 구성원 간에 동등한 수준의 책임감이 있어야 한다. 나 역시 남편 월급이 들어오는 즉시 곗돈부터 빼낼 정도로 진심이었다. 문제는 명절이나 경조사처럼 돈이 더 나가는 달이 다가오면 전달부터 좌불안석이 된다는 점이다. 그래서 떠올린 게 부업에 뛰어드는 것이었다. 물론 이게 부업에 뛰어든 이유의 전부는 아니다.

비록 아이 엄마긴 했지만 스물한 살, 스물두 살의 나는 청춘이었다. 운전도 배우고 싶고, 과일도 마음껏 사 먹고 싶었다. 이런 것들을 생활비로 충당하려니 지출이 부담되기도 하거니와 그냥 '내 돈'으로 해보고 싶다는 생각이 들었다. 남편 월급만으로 생활할 때는 몰랐는데 지나고 보니 나란 사람은 굉장히 독립적이고, 세상이 궁금한 사람이었다.

한번은 수영장에 다니고 싶어 남편에게 "나 수영장 다녀도 돼?"라고 물으니 "다니고 싶으면 다녀, 운동인데 뭐."라고 얘기해주었다. 그런데도 전업맘들이라면 누구나 갖고 있는 '이 돈이면~ 안 돼 병'에 걸려 결국 등록을 포기했다.

'이 돈이면 ~안 돼 병'이란 '이 돈이면 남편 점퍼를 살 수 있는데', '이 돈이면 자식새끼 운동화라도 바꿔줄 수 있는데'라며 가족이 눈에 밟혀 자신에게는 지갑을 닫는 한국 엄마들의 병을 말한다. 나 역시 '이 돈이면~ 안 돼 병'에서 자유롭지 못하던 시절이 있었다. '수영장에 다니려면 수영복, 수영모와 수경도 사야 하는데 이게 다 얼마야? 우리 집 열흘 생활비잖아'라는 생각에 갇혀 있던 시절 말이다.

궁하면 보인다고 했던가. 돈 좀 벌고 싶은데 뭘 해야 하나 고민할 때 부업 전단지가 눈에 들어왔다. 뭐든 꽂히면 행동으로 옮기는 스타일이라 곧장 공장으로 전화를 걸어 본격적으로 부업의 세계에 뛰어들었다. 그 결과 인형 눈알 붙이기, 종합장 붙이기, 스웨터 실밥 따기 등 동네에 있는 온갖 부업을 찾아서 했다.

지금도 임장을 가 보면 골목마다 '부업하실 분 구함'이라는 글자가 굵은 매직으로 쓰인 광고를 볼 때가 있다. 그때마다 옛 생각이 난다. 겉으로는 세상이 많이 변한 것처럼 보여도 막상 그 안을 들여다보면 살아가는 모습엔 변함이 없구나 싶다.

집에만 있으면 마음의 병이 온다

간혹 '내 돈을 가져보고 싶다'라며 하소연을 해오는 분들이 있다. 그럼 나는 "집에서 인형 눈알이라도 붙여보세요."라고 권한다. 그럼 무슨 일이 벌어지는 줄 아는가. 갑자기 공기가 가라앉으면서 '그거 해서 얼마나 번다고요. 그 시간에 가족들 반찬이라도 만드는 게 이문이 남겠네요'라는 눈빛이 날 관통하기 시작한다.

"어머, 그런 말은 대놓고 한 적이 없는데 어떻게 아세요?"라며 민망해하는 사람이 분명 있을 것이다. 복마마는 여러분의 속을 훤히 들여다보고 있다.

말이 나온 김에 왜 인형 눈알이라도 붙여야 하는지 화병의 관점에서 다뤄볼까 한다. 경험상 눈치를 많이 보는 사람일수록 우울하고 화병에 걸리기 쉽다. 화병이 뭔가 생각해봤더니 '집안의 공기에 갇혀서 내 목소리를 내지 못하는 답답한 환경이 준 마음의 병'이더라.

통상적으로 여자들은 집에서 살림하고 남자가 돈을 벌어온다. 지금도 그렇게 사는 것이 여자로서 예쁜 팔자라며 부러워하는 이들이 많은데 내 생각은 다르다. 서른 살에 결혼했다 치면 10년에서 15년 동안만 해당하는 이야기다. 40대 중반을 넘어서면 사춘기에 입문하는 자녀들과 본격적으로 아프기 시작하는 양가 부모님의 케어는 여자 몫이 되면서 그야말로 지옥문이 열린다. 나 역시 치매에 걸린 시어머니를 모시고 살아봤기에 잘 안다.

뭐 여기까지는 괜찮다. 어차피 누군가는 해야 하는 일이고, 어떤 면에서는 여성이 적임자인 것도 맞으니까. 문제는 이를 당연하게 여기는 가족에게 있다. 남편이 '종일 뼈 빠지게 일하는데 너는 집에서 그 정도도 못 해'라는 식으로 몰아붙이면 여성들은 할 말이 없어지면서 그때부터 속이 곪기 시작한다.

'말하면 뭐 해? 본전도 못 찾을걸'이라는 생각이 머릿속에 가득 채워지면서 '참기 시전'에 들어가는 것이다. 하지만 이런 생활이 지속되면 우울증, 공황 장애, 화병과 같은 심리적 이자가 세게 붙는다. 그리고 이 이자는 시간이 지나면 지날수록 불어나며 절대 탕감되지 않는 속성이 있다.

그러니 무슨 수를 써서라도 여성들은 '숨 쉴 구멍'을 찾아 나서야 한다. 어차피 살아내야 할 현실이고, 해야 할 일이라면 가족들에게 휴가와 휴가비라도 요청하는 것이 좋다. 돈은 이때 쓰라고 버는 것이고, 아내들도 자기를 위해 돈을 쓸 줄 알아야 한다.

"가족들에게 징징대거나 잔소리하지 마세요. 차라리 유세를 떠세요. '나, 몇 달 동안 어머님 병간호하느라 고생했으니까 일주일간 휴

업할게. 나도 좀 나로 있어보자'라며 요구를 해보는 거예요. 처음이 어렵지 한두 번만 해보면 가족들도 그러려니 해요. 내 행복은요, 내가 먼저 챙겨야 해요. 그래야 가족도 엄마나 아내의 행복에 관심을 가져주고 물어봐주기 시작해요."

혹여 가족 눈치가 보이거나 갈등을 감당할 자신이 없다면 '명분이 있는 수'를 던지면 된다. 대표적인 것이 내 일을 시작하는 것이다. 꼭 돈 때문만이 아니다. 가족들과 입씨름할 것 없이 '나 일해' 이 한마디면 내 생활을 존중받을 수 있다.

실제로 나는 이 방법으로 숨 쉴 구멍을 찾아낸 케이스다. 비록 지친 몸을 이끌고 퇴근하는 날이 많았지만 그래도 '바깥에 나갔다 들어왔다'는 사실만으로도 숨통이 트였다.

이게 중요하다. "인형 눈알이라도 붙이세요."란 말은 뭐든 일을 해보라는 것일 뿐 꼭 인형 공장에 가서 일하라는 의미가 아니다. 비록 그곳이 아파트 옆 동에 사는 아줌마네 집일지라도 '내 집'에서 '딴 집'으로 발걸음을 옮겨보는 것은 다르다.

점퍼만 걸치더라도 실내복에서 외출복으로 갈아입는 것. 세수하고 스킨과 로션을 바르는 동안 거울로 내 얼굴 한번 쳐다보는 것. 비록 네다섯 시간만이라도 집 밖에 몸을 두는 것. 그것 자체가 답답한 내 안의 공기를 환기시켜주는 효과를 낳는다. 이 모든 게 합쳐졌을 때의 힘이란 돈으로 환원할 수 없는 가치를 생산해낸다.

남편이
일을 그만두었을 때

　매일옥션 건물 1층에는 담소를 나눌 수 있는 테이블이 있다. 5층 강의실에서 경매 강의가 진행되는데 먼저 온 분들이 이곳에서 담소를 나눈다. 한번은 담소를 나누던 중 남편의 퇴직에 대한 이야기가 나왔다.

　"남편이 고급 기술자인데 일자리 구하는 기간이 길어지고 있어요."

　"마통(마이너스통장)도 있는 대로 끌어다 썼는데 남편이 사업을 하고 싶대요."

　그때 한 여성이 그곳에 있던 수강생들을 파안대소하게 만들었다.

"저희 남편은 사업을 하는데 월 1,000만 원씩 벌어요."라며 운을 띄우자 곳곳에서 부럽다는 소리가 나왔다. 그러자 이분이 순간 정색하며 말했다. "그중 800은 본인이 가져가요. 애들 학원비는 자기가 낸다며 저더러 200만 원이면 충분하대요. 생활이 안 돼서 직장생활을 못 놓고 있어요."라며 반전 스토리를 들려주는 게 아닌가. 표정을 보아하니 이미 달관한 눈치였다.

이 모든 사연을 종합해 정리하자면 여자에게 남편의 월급은 뭐다? 본인의 기본급이자 끊기면 안 되는 생명수가 되겠다.

마음을 쓰면 감정적이 되지만
머리를 쓰면 중심이 잡힌다

그런 집들이 있다. 남편이 일을 안 하는 것은 아닌데 1년도 안 돼 그만두기를 반복하는 경우 말이다. 이게 은퇴나 명퇴보다 위험하다. 은퇴는 가족들에게 경각심을 갖게 하고 뭉치게 만드는 긍정적인 면이 있지만 습관성 사직은 다르다. 온 가족이 무방비 상태에서 적과 싸워야 한다.

여기서 싸워야 할 적이 누굴까? 남편이 직장을 그만두고 다시 일자리를 찾을 때까지 생겨나는 월급 공백이다. 우리는 이를 생활비, 고정비라고 부른다. 직장을 옮기면 짧게는 2~3개월, 길게는 6개월씩 공백이 생기는데 남편 수입만으로 생활하는 집은 발등에 불이 떨어진다.

이런 상황에 처하면 아내들은 '내 안의 여우님'을 모셔와야 한다. 우리 안에는 곰님과 여우님이 사는데 상황이 안 좋을수록 여우님을 소환해 대활약을 펼치도록 해야 한다. 그래야만 월급 공백, 고정비를 하루빨리 메울 수 있다.

물론 회사를 쉽게 그만두거나 한마디 상의도 없이 사업을 벌이는 남편이라면 단호하게 대처해야 한다. 한 집안의 재무 이사로서 남편과의 정면승부도 불사할 필요가 있다. 하지만 회사가 지방으로 이전하거나 코로나 여파로 문을 닫거나 일정한 나이가 돼서 잘리는 경우엔 오히려 남편의 기를 살려주어야 한다. 이때 여우님의 대활약이 필요하다.

그 첫 번째가 남편을 집 밖으로 나가게 만드는 것이다.

40대 이상만 되어도 집 밖에 나서는 순간 갈 곳이 없어진다. 특히 남편이 우직하게 집, 회사, 집 회사만 오가는 유형이라면 어떨까? 이런 사람은 차 안에 잠시 있다 오거나 뒷골목에서 담배 한 개비 피우는 것 말고는 갈 곳도 할 것도 없다. 이럴 땐 아내들이 여우처럼 행동해야 한다. 남편이 집 안에만 머물게 할 것이 아니라 현금을 쥐여주며 바깥으로 나가게 만들어야 한다.

"괜찮은 선술집 있던데 거기에 가서 사람들 좀 만나고 와."

"기름값 줄 테니 드라이브라고 좀 하고 와. 집에만 있으면 당신 답답하잖아."

"낚시라도 다녀올래? 당신 낚시 좋아하잖아."

이렇게 살살 달래서 남편을 집 밖으로 내보내는 것이다. 돈을 쓰더라도 나가게 해야 한다. 업계 사람들과 만나 구직 정보라도 얻도록 만드는 것이 중요하다.

두 번째 여우짓을 해보자. 와인 한 병과 과일 안주 하나 놓고, 그동안 자신이 어떻게 살림을 했는지 털어놓는 자리를 만드는 것도 괜찮다. 월 1,000만 원씩 벌면서도 아내에게 달랑 200만 원만 주고 큰소리치는 남편은 머릿속 장바구니 물가가 1990년대에 멈춰 있는 사람이다. 100만 원도 아니고 300만 원도 아니고 왜 200만 원일까? 본인이 기억하는 한 달 생활비가 200만 원이기 때문이다. 자신의 엄마가 200만 원으로도 충분히 생활했으니 아내도 그 정도면 된다고 믿는 것이다. 남편들은 돈을 벌어다 주기만 해봤을 뿐 그 돈에서 이것 제하고, 저것 제하면 남는 것이 없다는 사실을 모른다.

이런 이분법 시스템은 아내에게 하나도 좋을 것이 없다. 만약 남편이 수입금액만 관장하고, 아내가 지출액만 관장해왔다면 변화가 필요하다. 태양과 달처럼 따로 있게 하지 말고 둘을 한 하늘에 띄워서 보여줘야 한다. 칠판 하나 사서 '이번 달 수입이 얼마인데 이 중에서 지출은 얼마다' 하는 정도만이라도 공유를 해보자.

잘 생각해보라. 남편 입장에서 월급이 얼마인지 알 테니 굳이 수입액에 대해선 언급할 필요가 없다. 문제는 한 달 생활비다. 남편에게 자세한 생활비 내역을 알려주면 "내가 이만큼 벌어서 아내에게 다 줬다."라는 말을 쉽게 하지 못한다.

1부

남편으로 하여금 '수입금액+지출금액=0'까지 알게 하는 것이 지출 내역을 공유하는 목적이다. 돈을 벌어다 아내에게 줘도 0으로 수렴된다는 사실을 알게 해야 한다. 그래야 쓸데없이 한턱을 낸다거나 친인척 경조사에 돈을 펑펑 쓰는 일을 막을 수 있다. 궁극에는 회사를 습관적으로 때려치우는 버릇 역시 고칠 수 있다.

집은 몸과 마음이 안식을 얻는
최고의 그린벨트가 되어야 한다

세 번째 여우짓은 새 직장에 들어가면 한 달 월급을 다 쓰게 한다거나 고가의 취미 용품을 사주는 식의 보상을 제공하는 것이다. 일종의 취업 세리머니를 티 나게 해주는 것이다. 여기서는 '티 나게'가 핵심이다. 그래야 이직 5~6개월 만에 또다시 직장을 그만두고 싶어 하는 남편 얼굴을 마주하지 않을 수 있다.

남편의 안색이 조금 안 좋거나 힘들다는 식으로 말하면 아내들은 '이 인간이 또 그만두면 어떡하지'라며 걱정하게 된다. 애초에 여기까지 생각해서 내조를 해야 한다. 그래야 남편도 민망해서 그만두겠다는 생각을 하지 못한다.

돈 문제가 생겼을 때 왜 여우짓을 해야 할까? 돈은 돈이고, 집은 집이기 때문이다. 이 둘을 따로 관리해야 집에 사는 가족들이 다치지 않는다. 집은 우리에게 어떤 공간인가. 사회에 나가 전투를 벌이고 돌아와 하루의 말미에 몸을 뉘는 공간이다. 이런 곳은 이유를 막론하고 그린벨트 지역으로 지정해 보호해야 한다.

어느 집이나 남편 퇴직으로 돈 문제가 발생하면 아내의 스트레스는 극에 달한다. 이게 쌓이고 쌓이다 보면 둘 중 하나다. 남편이나 자식을 쥐 잡듯이 잡거나 엄마 혼자서 끙끙 앓거나. 어느 하나 집안의 공기를 무겁게 만들지 않는 것이 없다.

'심리적 이산화탄소'가 집 안 공기를 가득 메워 남편은 남편대로, 아이는 아이대로, 엄마는 엄마대로 숨이 막히고 집에 있기가 싫어진다. 들어가고 싶은 집이 되어야 하는데 점점 눈치를 봐야 하는 집이 되고 만다. 이럴 때일수록 '마음이 아닌 머리'를 동원해서 문제를 해결하는 것이 좋다.

여기에서 권하는 여우짓이란 마음이 아닌 머리로 대처하라는 의미다. 얼핏 들으면 마음을 쓴다는 게 좋은 의미인 것 같지만 엉뚱한 방향으로 불똥이 튀기도 하고, 대개는 감정적으로 나와 오히려 화를 불러오기가 쉽다. 차라리 머리를 써서 가족의 중심 역할을 해내는 편이 가족 화목에 도움이 된다.

돈이 없으면 없는 대로, 많으면 많은 대로 우리는 죽을 때까지 돈 문제에서 자유로울 수 없다. 그렇다면 이 대전제를 받아들여라. 집안 공기를 탁하게 만들지 않도록 최소한의 노력, 집에 대한 예의는 지켰으면 좋겠다. 그래야 돈 문제가 발생했을 때 '우리 집'만큼은 그 돈이 가져다주는 비와 태풍에서 안전해질 수 있을 테니 말이다.

옆집 아줌마부터
친해져라

"오늘 일 끝나면 양푼에다 열무김치랑 콩나물이랑 멸치볶음 넣어서 비벼 먹을까?"

"계란 프라이도 두세 개 넣고 들기름 쪼르르 따라서 쓱싹 비벼 먹으면 진수성찬이 따로 없지."

"그럼 물김치 가져올게. 비빔밥엔 또 물김치가 최고잖아."

"맞다. 어제 식혜 담갔는데 입가심으로 한 잔씩 하자. 나도 집에 다녀올게."

일감이 우리 집으로 몰리기 시작하면서 나는 자연스럽게 '오야지

(おやじ)'가 되었다. 오야지라는 말이 다소 생소할 것 같은데 아마 '오야붕'은 들어봤을 터다. 드라마 〈야인시대〉에 '오야붕'이라는 말이 나온다. 오야지나 오야붕 모두 일본말로 사전에서 뜻을 찾아보니 '직장의 책임자, 가게 주인, 노인 등을 (친근하게 또는 얕보아) 일컫는 말'이라고 나와 있다. 우리말로 바꾸면 '조장' 정도가 된다.

아줌마들끼리 하는 부업이라지만 우습게 볼 일이 아니다. 이것도 엄연히 조직 체계를 갖추고 운영된다. 업체에서 "이거 인형 단추인데 'A 묶음은 개당 10원씩, B 묶음은 개당 20원'씩 쳐줄게요."라며 던져주면 그 일을 맡는 사람이 조장이 된다. 나는 동네 마당발이었기에 어느 집 엄마가 시간이 되는지를 알았고, 일감이 들어오는 즉시 시간이 된다 싶은 사람들을 모집해 '인형 옷에 단추 붙이는 TF(task force team) 팀'을 꾸려나갔다.

그럼 엄마들은 자녀를 데리고 와서는 신랑이 퇴근하기 전까지 우리 집에서 종일 있다가 갔다. 와서 아이를 씻기기도 하고, 화장실도 이용하고, 밥도 비벼 먹고 심심하면 과일도 까먹는 등 그야말로 우리 집이 공용 오피스였다.

나는 그 대가로 1원씩 수수료를 챙긴 뒤 각각 9원, 19원씩을 쳐서 돌려주었다. 그때만 해도 조장은 종이 장부에다 '누가 단추를 몇 개나 달았나'를 기록으로 남기는 것이 관례였다. 남들 눈에는 푼돈처럼 보이겠지만 우리에게는 자존감을 확인하는 유일한 창구였기에 누구보다 책임감을 갖고 임해야 했다. 특히 조장이 이 돈을 푼돈으로 여기는 순간 돈 사고는 필연적으로 따라붙는다.

때론 상처가 배짱과 맷집을
키워주기도 한다

종합장 붙이기 부업을 했을 때의 일이다. 그때는 다른 언니가 조장을 맡았는데 일을 받아서 엄마들에게 시켜놓고는 돈을 떼먹는 사고를 냈다. 공장장에게 먼저 돈을 받아 조장 언니가 임의로 쓴 것이다. 당시 한 엄마가 이 조장 언니를 따르고 좋아했다. 자기 아이가 열이 펄펄 나서 아픈데도 조장이 부탁하면 뿌리치지 못하고 밤새 일을 마무리했을 정도로 그 언니에 대한 신망이 두터웠다.

그러니 배신감이 얼마나 컸겠는가. 아이 엄마는 "언니가 어떻게 이럴 수 있어. 아픈 애를 두고도 열심히 일했는데."라며 한탄을 했다. 그러다 감정이 격해졌는지 그만 조장 언니의 머리끄덩이를 잡았다. 그러자 조장 언니도 같이 머리채를 잡으면서 몸싸움으로까지 번졌다. 이 과정에서 조장 언니의 금목걸이가 뜯겨 나갔고, 얼굴에 손톱자국이 남는 등 경찰이 개입할 정도로 일이 커졌다.

나도 포대기로 싼 아들을 업고 참고인 조사를 받으러 경찰서로 향했다. "이 언니가 돈을 떼어먹었어요."라고 아무리 하소연해도 경찰은 우리들 사정이나 감정 같은 것에는 관심을 두지 않았다. 그냥 '피해를 입은 정도'만 놓고 비교해 처벌 수위를 결정하고 합의하는 데 집중할 뿐이었다.

"자초지종이야 어쨌든 피해는 조장이라는 분이 커요. 목걸이도 망가졌고, 얼굴에 난 흉터로 진단서만 끊어도 아이 엄마가 불리합니다.

합의하지 않으면 떼어먹힌 돈보다 더 큰돈이 들어갈 수 있어요. 한 동네 사람이니 적당히 합의하시죠."라고 운을 뗐다.

그러자 조장은 자신이 더 큰 피해를 입었다며 진단서를 끊겠다고 으름장을 놓았다. 결국 아이 엄마는 조장과 합의를 하고는 터벅터벅 경찰서를 빠져나왔다. 이후 그 누구도 떼어먹힌 돈에 대해선 아무 소리도 하지 못했다.

이 일을 계기로 아무리 화가 나더라도 감정적으로 격해지면 손실이 온다는 걸 깨달았다. 집에서 해댄 것처럼 밖에서도 성질을 피워대는 순간, 나는 본전도 못 찾는 사람이 된다. 그때는 일해서 번 돈을 받지 못했다는 사실이 속상했지만, 지금 와 생각하면 적은 비용으로 세상 공부를 한 셈이다. 세상 공부라는 게 공짜로 되는 것이 아니더라.

온 동네 사람과 알고 지내면 좋은 이유

김미경 강사가 '옆집 아줌마와 그만 만나라'는 내용으로 강연한 것을 본 적이 있다. 조금 친해졌다 싶으면 옆집 아줌마가 자기 자랑을 늘어놓고 그럼 어느새 비교하게 된다. 비교하다 보면 기분 나빠지고 불필요한 감정 소모를 하게 된다는 내용이었다.

하지만 나는 조금 생각이 다르다. 옆집 아줌마는 물론이고 윗집 아줌마, 뒷집 아줌마, 야쿠르트 아줌마, 슈퍼 아줌마, 청소하는 아줌마, 경비 아저씨 할 것 없이 동네 사람과 안면을 트고 지내라 전하고 싶다. 주부의 사회생활 첫걸음은 옆집 아줌마부터 시작되어야 한다. 지금이야 옆집 아줌마지, 딴 동네로 이사 가는 순간 만나고 싶어도 만날 수 없다.

이 미션을 제안하는 데는 중요한 이유가 있다. 돈을 떼어먹은 조장 언니 같은 사람을 걸러내는 눈을 기르기 위해서는 '일정한 양' 이상의 사람을 겪어봐야 한다. 조장 언니를 따랐던 아이 엄마는 자신의 결핍을 채워줄 대상으로 언니를 택했을 것이다. 하지만 그 언니는 자기 이득만 챙길 뿐 부업에 참여한 사람에 대한 관심이나 애정이 눈곱만큼도 없었다. 이처럼 겉으로만 친절한 사람을 선별하는 것은 결국 내 몫임을 기억해야 한다.

어디 이뿐인가. 한번은 이웃 사람들을 우리 집으로 초대해 과일을 깎아주었는데 한 아주머니가 품에서 검은색 봉지를 꺼내더니 나머지 과일을 담는 거였다. 누가 봐도 자기네 냉장고에 있는 과일을 나눠줄 것처럼 생긴 분이라 적잖이 놀랐다. 알고 보니 이분은 아파트 단지에서 '과일 털이범'으로 소문이 자자한 분이었다. 나는 그 뒤로 그 아주머니와 목례만 할 뿐 더 이상의 교류는 하지 않았다.

이처럼 호의를 베풀었는데 상대는 받기만 하거나 조장 언니처럼 남의 몫까지 챙겨가는 사람이 있다. 또는 겉으로는 잘해주는 것 같은데 이상하게 만나고 돌아오면 뒤끝이 개운치 않거나 다음 약속을 잡고 싶지 않은 이가 있다. 이런 이들을 잘 판별해서 걸러낼 줄 알아야 한다.

하지만 사람을 보는 안목은 하루아침에 생겨나지 않는다. 다양한 사람들을 만나보고 그 과정에서 겪은 일들을 통해 만들어진 나의 직관이 뒷받침되어야만 한다. 우리가 자전거나 운전을 배울 때 어땠는지 생각해보자. 이론으로 안다고 해서 운전이 가능하지 않다는 것쯤은 알 것이다. 몸으로 직접 '그 과정'을 익혀야만 내 것이 된다.

대인관계도 크게 다르지 않다. 그러니 이러한 안목을 쌓기 위해서라도 옆집은 물론이고 과장해서 저 멀리 우주에 사는 아줌마와도 안면 정도는 트고 지내는 연습을 해나갔으면 좋겠다.

"사람 보는 눈을 기르기 위해서는 상처도 필요해요. 결국 상처가 맷집과 배짱을 키워주거든요. 남을 이용하는 사람과 인연을 이어나갈 필요는 없지만, 그런 사람들 역시 우리에게 주는 것이 있다는 말이죠."

참고로 나는 부업하면서 만났던 엄마들부터 최근 인연까지 '30년 인연 스펙트럼'을 가지고 있다. 아직까지 얼마나 요긴하게 쓰이는지 모른다.

오지라퍼가
일을 낸다

주부들에게 사회생활을 해보라고 하는 이유는 좋은 사람을 알아보는 안목을 기를 수 있고, 사회라는 큰 울타리에 두 발을 담그는 경험을 할 수 있기 때문이다.

가령 아파트나 빌라에 가보면 부녀회장이나 임원단이 있다. '부녀회장? 아서라! 기센 아줌마들'이라는 선입견이 있어서 그렇지 이분들은 집에 가만히 있는 사람보다 용기가 있는 이들이다.

이들은 귀찮은데도 총대를 메고 주거환경 개선을 위해 밤낮으로 뛰어다닌다. 층간 소음, 주차 시비, 분리수거 관련한 민원이라도 들어오면 대책을 마련한다. 집 주변에서 큰 공사라도 진행되면 동사무소에 항의하고 플래카드를 걸며, 경비 아저씨와 주민 간의 소통을 맡는 창구 역할도 한다. 어디 하나 이들의 손이 닿지 않는 곳이 없다. 하다못해 명절 때 주민들에게 돌리는 인사말 문구를 작성하는 데만도 반나절 이상 시간이 걸린다. 이런 것들이 다 피가 되고 살이 되는 경험이다.

같은 아파트 동일 평수에 산다고 해도 '그냥 주민'으로 사는 사람과 '임원'으로 사는 사람은 다르다. 눈에 담아가는 것들에 있어 천지 차이가 난다. 어디 이뿐인가. 인적 자원에서도 차이가 크다.

종이나 플라스틱을 수거하는 업체 사장과 안면을 트고, 관리실 직원들과 비상 연락망을 구축한다. 그래서 인근 부동산 중개인이나 인테리어 업체 사장들이 공들이는 대상 역시 이들이다. 재개발, 재건축이라도 진행되면 이때부터 임원단은 대형 건설사 직원 및 군청 공무원과 인맥을 쌓는 등 말 그대로 노는 물이 달라진다. 네트워크가 업그레이드되면서 퀀텀 점프를 하는 것이다. 옆집 아줌마도 안 만나는 나와 그 아파트나 빌라의 이해관계자들과 만나는 그들 중 누가 경쟁력이 있는지는 말하지 않아도 알 것이다.

건설적인 오지라퍼가 되어보자

이걸 강조하는 이유가 뭘까? 줄반장, 통반장, 빌라 총무를 하면서 만난 인연 중 좋은 사람들이 많아서다. 경험상 봉사하고 베풀 때 만

난 인연들은 서로 '좋은 것들'을 주고받는다. 반면 인맥 좀 쌓아보겠단 의도로 일부러 가입하고, 힘 잔뜩 주고 만난 인연들은 오히려 내게서 뭔가를 가져가려고만 들었다. 전자는 베풀고 헌신하는 게 우선인 그룹이었던 반면, 후자는 대우를 받는 게 익숙한 그룹이었다. 지금은 인맥을 만드는 그 어떠한 자리에도 나가지 않는다.

그러니 집에 새색시처럼 고이 있지 말고 집 밖으로 나가 '뭘 해볼까' 궁리라도 해봐라. 아줌마의 기를 집 밖에서도 써보는 것이다. '건설적인 오지라퍼'가 되어보자. 복마마가 '30년 인연 스펙트럼'을 만든 것처럼 여러분도 '나만의 인연 스펙트럼'을 만들어보는 것이다.

자, 아파트나 빌라 임원단을 하면서 좋은 그룹과 만났어. 그럼 그들과 잘 지내. 그러다 불교 대학, 기독교 봉사회, 유기견 봉사 활동을 하면서 따뜻한 사람과 만났어. 이들과도 잘 지내. 그러다 평생교육원이나 강의실에서 재테크 공부를 시작했는데 여기서도 마음이 맞는 사람과 만났어. 이들과도 잘 지내. 그런 식으로 계속해서 인연의 꼬리를 늘리는 것이다.

이런 과정을 거치면 자연스럽게 나와 결이 맞는 사람이 누구인지, 나라는 사람은 타인에게 무엇을 줄 수 있는 사람인지가 파악되면서 나만의 바운더리가 만들어진다. 이때 높은 자존감과 건강한 자신감은 보너스로 따라붙는다. 오지라퍼가 되라고 이토록 강하게 권하는 데는 다 이유가 있다. 부자로 입성하는 데 이런 것들이 상당한 도움이 되기 때문이다.

만약 여러분이 백화점에서 역마살과 에르메스 가방 중 하나만 사야 한다면 0.1초의 망설임 없이 역마살을 선택해야만 한다. 에르메스 가방은 사는 순간 집에만 있어도 행복감을 느끼게 한다. 그러니 새로운 기회를 찾아 밖으로 나가지 않게 된다.

하지만 역마살은 당신을 동서남북으로 뛰어다니게 만든다. 그 결과 사람과 기회를 만나게끔 만들어주고, 통장 잔고에 계속해서 돈이 찍히도록 해준다. 돈줄기가 마르지 않도록 해주는 것이다.

소심한 사람도 역마살을 가질 수 있다

내 강연 커리큘럼 중에는 수강생들과 버스를 타고 임장 수업을 하러 가는 과정이 있다. 수강생들을 좀 더 가까이에서 접하다 보니, 이때는 물리적 거리가 좁혀지면서 심리적 거리도 가까워진다.

그런데 사람 성향이 천차만별이듯 나서서 분위기를 띄우는 사람이 있는가 하면 뒷좌석에서 조용히 참관만 하는 사람이 있다. 내가 보기엔 둘 다 부자의 잠재성이 풍부한 사람이다. 그 시간에 경매 물건을 보러 가는 사람들이니 말이다. 이런 이들이야말로 수천만 원짜리 명품 가방을 제치고서 사야 할 역마살을 가진 사람들이다.

"역마살은 성격이 아니에요. 선택인 거지."

오지라퍼가 부자로 입성하는 데 필요한 자질이라고 하니 '성격을 외향적으로 바꾸라는 소린가' 하고 오해하는 이들이 있다. 절대 그런 뜻이 아니다. 갑자기 외향적인 사람이 되겠다며 동네 인싸 흉내를 내는 무리수를 두라는 말로 오해하지 말자. 40대 이상만 되어도 나를 위해 시간을 내는 것 자체가 기적이고 가족들 눈치가 보이는 일이다. 이런 소중한 시간을 단지 인기를 얻기 위해 사용해서는 안 된다.

여기서 '오지라퍼가 돼라'는 말은 이렇게 정리할 수 있다.

- 돈이 되는 곳에 자신을 데려다 놓는 것
- 동서남북으로 임장을 다니는 것
- 공부하는 소모임에 나가는 것

돈이 되는 역마살을 장착하라는 의미로 이해해야 오해가 없다.

"여러분, 잘 생각해보세요. 외향적인 사람이 다른 이들에게 환영받고 사랑받는 것은 맞아요. 그렇다고 하루아침에 우리가 성격을 개조할 수 있나요? 그럴 순 없죠. 대신 좋은 것만 취하면 됩니다. 외향적인 사람들이 가진 장점 중 하나가 역마살이에요. 관계를 통해 에너지를 얻으니 사방팔방 돌아다니잖아요. 그러다 보니 좋은 사람을 만나고, 좋은 기회를 얻어서 성장해가는 거고요. 우리는 그들의 장점인 역마살만 가져 오면 되지 그들처럼 될 필요는 없어요. '집에 있는 걸 좋아하지만 돈이 되는 곳이라면 따라나설 수 있어' 딱 이 마인드만 장착하면 되는 거예요."

이렇게 말하자 뒷좌석에 앉아 있던 분들이 조용히 박수를 치며 웃었다.

스물일곱 살에
대장암 말기가 찾아왔다

"왜 이제야 오셨어요? 복통이 꽤 심했을 텐데."

"네, 배가 아파서 동네 병원에도 가고 약도 처방받아서 먹었죠."

"혹시 그곳에서 뭐라고 하며 약을 처방해줬나요?"

"위염이요. 제가 식당을 하는데 끼니를 자주 놓쳐서…."

"안해진 씨. 대장암 3기 중반입니다. 당장 입원 수속 밟으셔야 합니다."

"…." (뇌 정지 상태)

"수술을 해봐야 전이 상태를 알 수 있습니다. 수술방에서 전이가 확인되면 수술을 포기해야 할 수도 있고요. 일단 빨리 입원하셔야 합니다."

'죽었다'라는 감정은 아직 죽어보지 못해서 모르겠으나 '죽다가 살아났다'라는 감정은 그 누구보다 잘 안다고 자부할 수 있다. 두 번이나 죽음의 문턱까지 갔다 온 사람으로서 그때 느낀 감각들이 내 몸과 뇌 속에 박혀 있기 때문이다. 그리고 그 감각이 모든 선택과 삶의 태도에 영향력을 행사한다.

정확히 스물일곱 살과 마흔한 살, 대장암 말기 선고와 자궁암 선고를 받았다. 두 번째 암 선고는 아들도 대학생이었고, 이미 한 번 겪어본지라 멘탈이 크게 흔들리지는 않았다. 하지만 한창 곗돈 붓는 재미에 빠져 있을 때 찾아온 첫 번째 암은 절망 그 자체였다.

"대장암 말기입니다. 당장 입원 수속부터 밟아야 할 것 같습니다." 라는 소리를 들었을 때 나 역시 펑펑 울며 "애가 무슨 죄가 있어서 엄마를 잃어야 하나요." 그렇게 허공에 대고 화를 냈다. 그때 깨달았다. 사람이 너무 화가 나면 욕 대신 눈물이 나온다는 것을. 그러나 그 눈물로는 아무것도 할 수 없다.

환자의 여생도 하나의 인생이다

암 병동에 있을 때 느낀 것 중 하나가 암 선고를 받은 사람의 시계는 남들보다 배 이상 빨리 간다는 사실이었다. 평범한 사람에게 하루가 스물네 시간이라면 중증 환자의 시간은 열 시간 정도밖에 되지 않는 느낌이었다. 그러다 보니 매사 조급하다. 자신은 물론이고 주변 사람도 채근하게 된다. 열 마디로 찬찬히 설명할 것도 버럭질이나 눈물로 의사소통하고, 열 걸음 걸어야 할 것도 한 걸음으로 가야 하니 스텝이 꼬여 넘어지기 일쑤다.

암 환자라고 하면 병상에 누워 마지막 잎새나 세고 있을 것 같지만 오히려 그 반대다. 환자 본인도 '내게 이런 추동력이 있었나' 싶을 정도로 몸 안팎으로 역동성이 솟구치는 시점이 암 선고를 받은 초반이다. 그러면 어떤 일이 벌어지는 줄 아는가? '눈 떠보니 사고 쳤어' 딱 이 상황이 만들어진다.

내 사연을 유튜브 영상으로 털어놓은 적이 있는데 그 후로 매 기수마다 수강생으로 등록한 암 환자분들이 있었다. 굳이 수업을 신청하지 않더라도 '경매로 부동산 투자를 하고 싶다'며 나를 찾아온 환자분들이 늘어났다. 문제는 나를 찾았을 때는 이미 사고는 있는 대로 쳐놓고 수습이 불가능한 시점이라는 사실이다. 기회가 된다면 한 번쯤은 '워~워'를 하며 말려야겠다고 생각했는데 이번에 지면을 빌려 전하고자 한다.

물론 나는 안다. 마음이 급하다는 것을.

'애는 아직 철부지지, 남편도 돈만 벌어다 줄줄 알았지 살림에 대해서는 하나도 모르지…'

'나는 죽으면 끝이지만 가족들은 어떻게든 살아가야 하는데… 어쩌지?'

이런 생각이 들어 그런다는 것도 안다.

한번은 모자를 푹 눌러쓴 50대 여성이 나를 찾아왔다. 수중에 7,000~8,000만 원 정도 모아놨을 무렵 위암 판정을 받은 모양이다. 이분도 가족들을 위해 뭐라도 해놓고 죽어야겠다는 생각에 3,000~4,000만 원 주고 빌라를 계약했다.

수중에 3,000만 원이 남아 있는 상태에서 '복마마TV'를 보고 나를 찾아온 것이다. 그럴 때마다 얼마나 안타까운지… 내 심정을 아는가? 그분의 이야기를 듣는 순간 나는 발을 동동 구르며 "조금만 더 일찍 오시지. 미치겠어요."라는 말이 절로 나왔다.

그 시절을 살아봤기에 처음 본 사람임에도 내 가족이 사고를 친 것마냥 속이 상했다. 이때부터 생각했다. '워~워~'를 해주는 것이 내가 그들에게 해줘야 할 역할이라는 사실을 말이다.

그런 분들이 찾아오면 나는 "우선 살고 나서 뭐든 합시다."라며 찬물을 확 끼얹는다.

살날이 얼마 남지 않았다고 생각하는 이들은 무의식중에 자신에게 면책권을 준다. 그러니 평상시엔 재테크의 'ㅈ' 자도 모르던 분들이 그렇게 일을 빵빵 터뜨리고 다닐 수 있는 것이다. 이럴 때는 제3자가 열을 식혀줘야 한다. 그럼 암 선고를 받은 분들은 무엇을 해야 할까?

'내가 몸이 아픈 환자구나'라는 사실과 만나야 한다. 아픈 몸을 이

끌고 투자에 나서는 것은 당면한 현실에서 도망치려는 방어기제일 수 있다. 몸부터 추스르고 건강한 식단과 치료에만 전념하자. '나는 신생아구나'라고 생각하는 것이 좋다. 이 과정은 내 몸과 마주하는 시간이며, 오로지 자기 자신만이 해줄 수 있는 애도 과정이다.

그렇게 하면 전혀 다른 상황이 펼쳐진다. 이전에는 자신의 시야에 '암'만 들어왔다면 이제는 '살아 있는 내 몸'이 들어온다. 또 머릿속에 '죽음'만 둥둥 떠다니던 삶에서, 살아내야 할 내 삶도 있다는 사실이 떠다니기 시작한다.

이전에는 암세포, 다시 말해 죽음에만 꽂혀서 지냈다면 점점 내 몸과 여생으로 초점이 옮겨진다. 그리고 그 안에서 '적정한 균형점'이 만들어진다. 이때 가서 가족들을 위해 무언가를 계획해도 늦지 않다는 이야기를 꼭 전하고 싶다.

TO. 존재만으로도 정말 고마운 당신

"만약 암 선고를 받았다면 먹고 싶었던 것 다 먹어보고 가보고 싶었던 곳도 다 가보세요. 어깨 쫙 펴고 날개도 한번 펼쳐봐야 덜 억울해요. 다들 '80~90세까지는 살지 않겠어'라고 생각하며 살아가지만 당장 교통사고나 심장마비로 죽을지 아무도 알 수 없어요.

그들은 갑작스럽게 죽는 거니 죽음을 준비할 새 없이 가는 거지만 우리는 달라요. 우리는 죽음도 준비할 수 있지만, 남은 생도 준비할 수 있어요. 왜 이 시간을 무시하세요. 건강한 사람에게 주어진 수십 년의 여생만큼 몸이 아픈 사람의 몇 달도 똑같이 소중해요. 그냥 하루를 꽉꽉 채워서 살아보세요.

이렇게라도 해야 자신에게 덜 인색해질 수 있어요. 사람이요, 쉽게 안 바뀌어요. 참치김밥이 뭐라고… 그 돈이 아까워서 야채김밥만 먹었잖아요. 왜 죽을 때가 되어서야 '참치김밥의 허들을 넘는 나'로 살아왔을까요? 더 이상 그러지 말라는 거예요.

저도 화장지 하나 마음 편히 사지 못할 만큼 가난한 시절도 있었고, 암으로 죽을 수도 있겠구나 싶은 절망감도 느껴봤어요. 근데 알겠더라고요. 비록 작고 초라한 삶일지라도, 그럼에도 그 안에 나에게 주어진 행복의 양이 있다는 것을요. 반드시 있어요. 이거라도 가져보라는 거예요.

우리, 꼭 그렇게 합시다!

FROM. 언제든 죽을 수도 있다고 생각하는 복마마

암은 끝이 아니다,
또 다른 인생 수업이다

나는 어릴 때부터 꿈으로 가득 차 있었다. 손에 잡히는 대로 책을 읽었는데 소설이나 동화를 보면 주인공들이 온갖 수모를 겪고도 해피엔딩을 맞는 게 특히 좋았다.

'백마 탄 왕자님이 오진 않더라도, 나한테도 분명 좋은 일이 생길 거야.'

'내게도 일곱 명의 난쟁이가 생기겠지.'

'나도 행복한 가정을 이루며 살고 싶어.'

이렇게 해피엔딩만이 유일한 희망이라도 되는 것처럼 그것을 꼭 붙잡았다.

한번은 공장에서 일을 하는데 다리에 실핏줄이 터질 만큼 아팠던 적이 있다. 하루에 열두 시간을 서서 가위질을 했으니 얼마나 힘들었겠는가. 지금도 내 다리에는 실핏줄이 튀어나와 있는데 그때 생겨난 것이다. 당시 나는 너무 힘든 나머지 나도 모르게 순간 숨을 쉬지 않았던 적이 있다. 숨을 쉬지 않으면 죽겠지, 죽으면 이 고통에서 벗어나겠지, 생각한 모양이다. 하지만 이것도 잠시, 10초도 되지 않아 숨을 내쉬고 좋아하는 과자를 먹으며 다시 웃음기를 찾았다.

지금도 그때 일을 생각하면 헛웃음이 나온다. '숨 한번 안 쉬었다고 죽겠어? 그때는 내가 힘이 드니 그랬구나'라며 열두 살의 나를 토닥토닥해주곤 한다.

힘든 고비를 넘기면서 나도 모르게 해피엔딩에 대한 집착이 강해졌던 것 같다. 보상심리라면 보상심리일 수 있고, 해피엔딩을 맞고 말겠다는 집념이라면 집념일 수 있다. 그러다 스물일곱 살이 되던 해에 찾아온 암 선고는 이제 그만 해피엔딩의 환상에서 벗어날 때가 되었음을 깨닫게 해준 계기가 되었다.

'세상은 원래 불공평하구나. 남들은 좋은 일만 생기는데 나는 안 좋은 일만 생기네.' '인생이 언-해피엔딩이라서 동화 속 결말이 해피엔딩이었던 거야.' 암 치료를 받으면서 인생의 불공평함을 완전히 받아들일 수 있다.

그렇게 불공평함을 받아들이고 나니 내 안에서 새로운 생각이 떠올랐다. '그래? 여기까지 온 이상 맞짱 한번 떠보지 뭐'라며 오기가 움트기 시작했다. 해피엔딩은 엔딩이 되어봐야 그 결론을 알 수 있으니 내 끝이 오기 전까지 최선을 다해보고 싶어졌다. 나는 사람들과 대화를 하다가 "인정하니까 바뀌더라 이거예요."라는 말을 자주 내뱉곤 하는데 다 이러한 배경 때문이다.

인정해야 앞으로 나아갈 수 있다

뭐든 인정하는 사람이 빨리 일어서는 법이다. 사업을 했는데 하루아침에 망했어. 뼈 빠지게 고생해서 대학 공부까지 가르쳐놨더니 자식이 뭘 할 생각을 안 해. 친구에게 돈을 빌려줬는데 갚을 생각도 안 하고 미안해하지도 않아. 먹고살 만해지니 남편이 바깥으로만 돌며 딴짓을 해.

이처럼 인생은 '내가 어떻게 살아왔느냐'에 대해선 제값을 쳐주지도 않고 뒤통수를 확 갈겨버린다. 그때는 '나 지금 한 방 크게 맞았네!'라며 인정부터 하는 것이 먼저다. 울고불고 지지고 볶아봤자 이미 뒤통수 맞은 일이 없어지지 않는다. 뭐든 인정해야 홀홀 털고 일어날 수 있다.

그 결과 난 인생의 불공평함, 언-해피엔딩과 맞짱을 뜨는 방법으로 내 현실을 받아들이고 '그러거나 말거나 정신'으로 나대는 방식을 채택했다. 어떤 이는 세상을 탓하며 분노할 것이고, 집에 틀어박혀 무기력하게 사는 이도 있을 터다. 본인 하고 싶은 대로 다 해보자. 그러다가 그 방법마저 싫증이 나면 '복마마표 나대기'도 살짝 채택해주면 고맙겠다.

'뭔가 시도하거나 노력하지 않으면 내 인생에선 해피엔딩이란 건 없어', '인생은 불공평하므로 남들 이상으로 시도하고, 들이대고 나대야지'라며 자신을 기 센 여자로 전환하는 것이다. 여기에서 기 센 여자가 정체성이라면 나대기는 행동양식이다.

흔히 기 센 여자라고 하면 안 좋은 이미지만 떠올리는데 지금이 어떤 시대인가. 기 센 여자가 나대도 되는 시대다. 기가 세서 많은 부를 축적하고, 가족들을 윤택하게 해주면 그 센 기는 매력 자본이 된다. 특히 기가 센 사람일수록 자신이 뭘 원하고 그걸 갖기 위해 무엇을 해야 하는지, 자신만의 좌표를 가지고 있는 경우가 많다. 명확한 목표와 긍정적인 태도까지 따라준다면 여러분의 '기 셈'과 '나댐'은 언제나 바람직한 결과를 만들어낼 것이다.

당시 나는 '기의 방향'을 진로 설정에 몰아서 사용했다. 아프기 전까지는 음식 장사가 천직이라 여기고 살았으나 아프고 난 이후에는 다른 일들이 해보고 싶어졌다. 그래서 음식 장사와 무관한 보험 영업과 부동산 경매에 뛰어든 것이다. 그때마다 '결과가 안 좋더라도 시도해보길 잘했네'라는 기분 좋은 감정과 해피한 엔딩은 아니어도 '해피한 나우(지금)는 만들 수 있네'라는 자기 확신이 생겨났다.

그럼 복마마표 나대기에 대해 좀 더 살펴보자.

'그러거나 말거나 정신으로 나대라고 하니 다른 사람에게 피해를 주면서 나대도 되나'라고 엉뚱하게 해석하는 사람이 있는데 그런 뜻이 아니다. 그러거나 말거나 정신의 첫 번째 대상은 바로 나 자신이다. 스스로 자기 눈치 안 보고, 주제 파악 같은 것도 내려놓고, 해보고 싶은 일에 덤벼보는 것.

사람들이 주체적으로 살지 못하는 이유는 타인이 뭐라고 해서가 아니다. 본인 스스로 자신의 눈치를 보기 때문이다. 이 벽을 깨부수지 못하면 인생은 우리에게 아무것도 내어주지 않는다.

그때의 나는 생(生)을 다시 선물받은 것이나 다름이 없었다. 죽을 수도 있었는데 기적적으로 다시 살아난 인생 아닌가. 그렇다면 기를 쓰고 내게 주어진 '덤'을 '복'으로 전환하고자 노력해야 할 의무가 있다고 믿었다. 이렇게 전하면 도 닦는 소리라며 일축하는 분이 있을지도 모르겠다. 그럴 수도 있다. 인생이 불공평하고 해피엔딩이 아님을 받아들이는 태도를 장착하게 된 건, 보통 사람이라면 겪지 않아도 되는 아픔을 겪어봤기에 가능했던 측면도 있으니까.

그럼 이건 어떤가? 삶이 불공평하다면 자녀들에게 그 격차를 조금이라도 좁혀주는 부모가 되어보는 것이다. 자식 정도는 걸어야 앞뒤 안 재고 덤벼들 수 있다면, 그렇게라도 해서 세상과 진하게 맞짱을 떠봤으면 좋겠다.

솔직히 말해 인생이 모두에게 공평하거나 모두에게 해피엔딩을 선사하지는 않는다. 하지만 '지금 행복할 수 있는 방법'은 얼마든지 있다. 선택은 각자의 몫이다. 그 한 번의 선택이 두 번이 되고, 두 번이

열 번으로 이어지면 우리 인생도 조금은 더 행복한 방향으로 나아
갈 수 있다. 이것만으로도 충분하다.

2부

부동산과 만나기 전에
장사와 먼저 만났다

스물일곱 꽃다운 나이에 찾아온 암.
하지만 내가 누군가. 복마마 아닌가.
불행이 나를 덮쳐도 무릎 꿇지 않았다.
이겨냈고, 일어섰으며, 성공했다.

물론 탄탄대로를 달린 것은 아니다.
잇따른 성공이 오만함을 불러왔고,
나는 한순간에 무너졌다.
많은 것이 내 곁에서 사라졌다.
돈과 사람.

그럼에도 잃은 것보다 더 큰 것을 얻었다.
남은 평생 나를 지켜줄 만큼 강한 멘탈과
인간관계에 대한 뼈아픈 교훈.
지금부터 그때의 이야기를 해보려 한다.

1장

세 번 흥하고,
한 번에 망하다

밥 한번 사 먹어본 적 없던 내가
식당을 하게 되다니

첫 번째 암에 걸리고 난 후 1년 정도는 항암 치료에만 전념했다. 그러다 슬슬 몸이 좀 괜찮아질 때쯤 '이때다' 싶었는지 나쁜 일이 슬며시 치고 들어왔다.

시댁은 오래전부터 분당에서 논밭을 일구며 살았는데 분당이 택지지구로 지정되면서 보상금으로 아파트와 상가 딱지를 받았다. 내명의로 된 첫 아파트였다. 지금이야 사람들이 분당이라 하면 '와' 이러지만, 그때만 해도 허허벌판의 비닐하우스촌이었다. 건물 준공식을 치르고 이제 별들 일만 남았구나 싶을 때쯤 입주자 대표가 잔금을 갖고 도망을 쳤다. 나중에 잡혀서 구속되긴 했지만 우리 돈은 이미 사라진 후였다.

우리로서는 발등에 불이 떨어진 상황이었다. 임차인에게 받은 계약금으로 다른 곳에 투자를 한 상태에서 일이 터졌기 때문이다. 야채 가게를 하겠다고 들어온 임차인은 6개월이면 많이 기다렸다, 더는 못 기다리겠으니 계약금을 돌려달라고 했다. 건설사는 장사를 하고 싶으면 잔금을 내라며 유치권을 걸어버렸다. 속이 바짝바짝 타들어가는 상황이었다.

"상가를 분양받은 주인들이 돈을 걷어서 잔금을 내야 합니다. 그렇지 않으면 저희도 유치권을 풀어드릴 수 없습니다." 건설사가 최후통첩을 해왔다. 우리끼리 회의를 열었다. 공실로 놔두는 게 더 손해라는 것에 합의해 다시 대표자를 선출했고, 돈을 각출해 잔금 납부를 하면서 사건이 일단락되었다.

매번 느끼지만 정말 인생은 기운(氣運)인 것 같다. 안 좋을 때는 기운이 안 좋은 쪽으로만 흐르고, 기운이 좋을 때는 뭐든 좋게 마무리된다. 당시 나는 좋지 않은 일만 연속으로 터졌다. 암에 걸리질 않나, 치료를 마치고 돌아오자마자 사기를 당하질 않나, 불운에 연타 펀치를 맞고 정말 정신이 하나도 없었다.

아프다고 마냥 누워 있을 수만은 없었다. 임차인에게 줄 돈을 빌리러 다니면서 결심했다. '신랑 돈만으로는 생활이 안 되겠구나. 그동안 병원비도 다 못 갚았는데 다시 식당 일을 해야겠다.' 이후 열두 달 붉었으나 하루아침에 지고 만, 한 편의 드라마 같은 나의 식당 창업 이야기가 펼쳐진다.

우연치 않은 시작이 길을 내주기도 한다

내가 처음부터 대단한 포부를 갖고 음식 장사를 시작한 것은 아니었다. 식당 일을 처음 하게 된 계기는 참으로 작고 우연찮은 것이었다. 나는 분당구 서현동에 소재한 지하상가에서 학교 급식을 만들어 배달하는 일을 했다. 일자리를 구한다는 소식을 들은 친인척이 "준이 엄마는 요리를 잘하니 급식이라도 해봐."라며 분당에 있는 세 곳의 학교를 연결해준 것이 시발점이었다. 하지만 세상일이 어디 그렇게 호락호락하던가. 뭣도 모르고 뛰어든 탓에 하나부터 열까지 우당탕탕의 연속이었다.

'학교마다 점심시간이 같으니 배달이 문제네. 세 곳을 동시에 가야 하는데 어떡하지.' '어라? 학교가 방학하면 난 손을 놓아야 하네. 아줌마 월급도 줘야 하고, 가겟세도 내야 하는데.' 이런 아주 기초적인 것조차 일을 다 벌인 후에야 알았다.

'이왕 일은 벌여놨으니 수습해보자'라는 주먹구구식의 정신을 발휘해 발등에 떨어진 불을 하나씩 꺼나가기 시작했다. 배달은 남편이 직장에서 잠깐 나와 그때그때 처리해주는 식으로 수습했다.

문제는 방학이었다. 아줌마 한 명을 직원으로 고용했는데 방학 기간이라 사람을 놀리는 상황이 된 것이다. 그만두라고 하자니 개학하면 사람을 또 구해야 하고… 그건 근본적인 대책이 아니었다. 그래서 생각한 게 일반 식당으로의 전환이었다.

급식 배달에서 일반 식당으로

평소 가게 옆에 일반 식당이 하나 있었는데 장사가 잘되었다. 그 모습을 보고 '저 집은 정착해서 장사를 잘하네'라며 부럽다는 생각을 하던 차였다. 나도 이참에 배달 말고 정착해서 장사를 해보자 싶었다. 무거운 음식들을 들고 학교 계단을 오르는 것도 일인데, 이것만 안 해도 살 수 있을 것 같았다. 그렇게 무작정 일반 식당으로의 전환을 도모했다. 김치찌개, 된장찌개, 제육볶음, 쭈꾸미 삼겹살 등 급조한 메뉴로 부랴부랴 가게를 시작했다.

그런데 웬걸! 직장생활 경험도 없이 이른 나이에 결혼한 나는 그때까지 식당에서 밥을 사 먹어본 적이 단 한 번도 없었다. 외식 경험이 없으니 손님을 어떻게 응대해야 하는지, 찬은 몇 가지를 내놓아야 하는지 등 가게 운영에 필요한 지식이 0의 수준이었다.

한번은 손님이 돈가스를 시켰는데, 이 메뉴가 손이 너무 많이 간다는 생각에 "그냥 김치찌개 드시면 안 돼요?"라고 할 정도였다. 그야말로 서비스 정신이 제로였다. 특히 집밥과 시중에서 파는 음식에는 '간의 차이'가 있다는 것을 몰라 한동안은 좌충우돌의 연속이었다. 지금도 잊히지 않는 메뉴가 바로 순두부찌개다.

순두부찌개를 한 번도 먹어본 적이 없던 나는 '순두부가 흰색이니까 찌개도 맑은 색이겠지'라는 막연한 생각으로 요리해서 손님 테이블 위에 내놓았다. 뚝배기에다 멸치 다시다 국물 좀 내고 그 위에 순두부와 계란만 띄워주면 되는 줄 알았던 것이다. 그러자 한 청년이 "아주머니! 순두부찌개 색이 이게 맞아요? 다른 데는 빨간색이던데." 라며 일러주었다. 그러고서야 '아, 순두부찌개가 빨간색이구나'를 알았다. 그 정도로 나의 경험은 일천했다.

그때 내가 택한 방법은 염탐이었다. 옆에서 식당을 했던 아주머니가 음식 배달을 나가는데 그때는 신문지를 씌워서 음식을 가리던 시절이었다. 손님이 식사를 마치면 다시 신문지를 씌워서 밖에 내놓는데 나는 그것을 열어 손으로 국물을 찍어 찌개 맛을 보고는 '이게 순두부찌개구나'를 알았다.

그뿐 아니다. '찌개 위에 빨간 기름이 둥둥 떠다니네. 이건 뭐지?' 라는 궁금증이 생겨 함께 일하는 아주머니에게 물어보았다. 아주머니는 그게 고추기름이며 어떻게 만들어야 하는지도 일러주었다. 이 외에도 시중에서 파는 음식 양념에 대해 하나씩 하나씩 배우며 음식 장사에 대한 노하우를 체득해갔다. 단기 속성으로 식당 창업 수업을 받은 기분이었다.

방학 동안 일반 식당을 해보니 급식보다 훨씬 나았다. 급식은 음식을 준비해 세 곳의 학교를 도느라 정신이 없었다. 이와 달리 식당은 오는 손님만 받으면 되니 여유로웠다. 무엇보다 식당이라는 공간 안에 내 것이 쌓이는 느낌이 가장 좋았다.

"전 단 한 번도 식당을 해봐야겠다고 생각해본 적이 없어요. 먹고 살려고 학교 급식을 시작했고, 여러 사정 때문에 식당으로 바꾼 것뿐이에요. '하다 보니 식당이 나랑 맞네'를 알게 된 거죠. 우리가 어떤 일을 도모할 때 '준비를 철저히 한 다음에 뛰어드는 방법'도 있지만 '뛰어든 다음 수습해가는 방법'도 있어요."

나중에 얘기하겠지만 투자도 마찬가지다. 시드머니가 충분해서 수도권에 투자하는 방법도 있지만, 지방 물건에 소액 투자를 한 다음에 시드머니를 마련할 수도 있다. 뭐든 일단 시작하고 도전하는 것이 중요한 법이다.

첫 신호탄,
서현동 쭈구미 삼겹살집

　식당을 운영하면서 고객들이 어떤 메뉴를 좋아하는지, 점심시간 과 저녁시간의 동선이 어떻게 되는지, 이 자리가 손님이 모이는 곳인 지 빠져나가는 곳인지에 대한 감각이 생겨났다. 이론으로는 알기 어 려운 정보다. 이런 경험은 직접 그 자리에서 가게를 해본 자만이 알 수 있는 '무형의 자산'이다.

　단연 우리 가게에서 가장 인기였던 메뉴는 쭈꾸미 삼겹살이었다. 그때가 IMF 시기라 서민들에게 쭈꾸미 삼겹살은 소주 안주로 안성 맞춤이었다. 점심과 저녁 모두 이 메뉴를 먹기 위한 손님들로 북적였고 대략 4개월 만에 대기 줄을 세웠다. 그러자 슬슬 지하에서 1층으로 자리를 옮기고 싶다는 생각이 고개를 들기 시작했다.

애초에 서현동의 식당 자리는 학교 급식을 만들 목적으로 택한 곳이라 손님들이 몰려올 것을 예상치 못한 곳이었다. 가게 평수가 8평 정도로 신발을 벗고 들어오면 다섯 개의 좌식 테이블이 겨우 놓이는 구조로 회전율의 한계가 명확했다. 아무리 줄을 길게 세워도 1일 매출액이 40만 원을 넘지 못한 것이다.

규모의 한계

'40만 원의 유리 천장'을 뛰어넘고자 배달도 해봤지만 소용이 없었다. 그때 1차 베이스캠프가 튼튼해야 확장성도 생긴다는 걸 알게 되었다. 우리 가게의 손님들은 기다리는 불편함을 감수하더라도 가게에서 식사를 하고 싶어 했다. 손님들에게 쭈꾸미 삼겹살은 포장이나 배달보다는 홀 메뉴로 적합했던 것이다. 삼삼오오 모여 '정치인 욕하면서 짠, 회사 걱정하면서 짠' 하고 싶을 때 먹기 좋은 메뉴. 그러니 나로선 홀을 늘리는 것 말고는 대안이 없었다. 그래서 홀 서빙을 했던 친구를 불러 의논했다.

"친구야. 너 남편이랑 이 가게 해볼래? 네 남편도 은행에서 명예퇴직하고 힘들어하잖아."

"나야 좋지. 이 정도면 남편이랑 둘이서 충분히 할 수 있어."

"그럼 권리금은 안 받을 테니 처음에 들어간 기본 설치비만 줘."

"정말? 알았어."

그렇게 친구네 부부에게 가게를 넘긴 뒤 나는 곧장 1층 가게를 알아보러 다니기 시작했다.

정자동 먹자골목에서 찾은
두 번째 상가

장사가 잘되긴 했지만 그래도 가진 돈이 많지 않은 때라 이번에도 직접 가게 자리를 알아보러 다녔다. 두 달가량 차를 끌고 다니며 분당에 있는 상가의 통창만 보고 다녔던 것 같다.

손님이 조금이라도 있으면 권리금을 3,000만 원 이상씩 부르던 시절이라 이런 곳은 대부분 중개인을 통해 거래가 이뤄진다. 하지만 공실, 3층 이상, 지하에서도 후미진 곳에 위치한 곳은 '임대 구함'이라고 주인이 직접 써 붙여놓았다. 주로 이런 곳들을 공략해 중개인을 통하지 않고 주인과 직접 계약을 맺을 요량이었다.

겨우 찾아낸 곳이 정자동 먹자골목에 위치한 30평짜리 아구찜 가게 자리였다. 먹자골목이긴 하나 메인 상권에서 벗어난 곳에 자리를 잡고 있었다. 아구찜 하나를 주문해서 먹고 난 후 나는 식당 아주머니에게 물었다. "밖에 써놓은 걸 봤는데 가게 내놓은 건가요?" 그러자 아주머니는 기다렸다는 듯이 "네, 보증금만 주면 돼요. 권리금은 안 받을 테니 인수만 해가세요."라며 반겨주었다.

그날 저녁 곰곰이 생각해보니 '장사가 좀 안되는 곳이면 어때? 8평짜리 지하에서도 했는데. 이 정도면 대박 자리네' 싶었다. 다음 날 나는 건물주와 협상을 시작했다.

상가 자리는 어떻게 찾을까, 복마마의 노하우

건물주 아저씨는 60대 정도로 알고 보니 우리나라에서 최초로 철도를 운전한 기관사였다. 1960년대 1호선 개통식에서 핸들을 잡았으며, 대통령과도 사진을 찍은 분이었다. 오랫동안 기관사로 일하다 퇴직하고, 그간 모은 돈으로 정자동에 건물을 지은 것이다. 어쨌든 그 기념으로 나무 한 그루를 심었는데, 문제는 그 나무가 식당의 간판을 다 가리고 있었다는 점이다. 하필 계절이 여름이라 이파리가 푸르게 자라 간판을 죄다 가리고 있었다.

지금 같으면 그렇게 하지 않을 텐데… 다른 방법을 찾아서 나무도 살리고 가게도 살렸을 터다. 하지만 그때만 해도 혈기 왕성하던 시절이라 '나뭇잎 가지치기'를 계약 조건으로 달았다. 가로수는 지자체에서 관리하니 임의로 손을 댈 수 없지만, 개인이 심은 나무라면 권한이 있을 거라 생각했다. 그래서 무리한 요청인 줄 알면서도 부탁했다.

'복마마TV'에서 소개하는 임장 영상 중 상가가 제법 등장한다. 그때마다 상가 입지에 대해 빠뜨리지 않고 전달하는데, 그중 첫 번째가 울창한 나무가 간판을 가리는 곳은 피하라는 것이다. 대로변에 있는 상가라고 해서 무작정 좋아할 일이 아니다. 나무들이 간판을 가리고 있지는 않은지 체크해보고 움직이자.

두 번째는 8차선 도로보다 2차선과 4차선 도로를 낀 상가를 선택하는 것이다. 8차선 도로는 스쳐 지나가는 도로지 사람이 머무는 곳이 아니기에 상권 형성이 힘들다.

세 번째는 이왕이면 코너 자리가 좋다는 것이다. 코너는 양면에서 가게 노출이 되기 때문에 광고 효과가 뛰어나다. 만약 경매로 코너 상가가 나오면 관심 있게 지켜보기를 바란다.

물론 이 세 가지 조건을 모두 갖췄다고 해서 최상급의 입지라고 말할 수는 없다. 하지만 기본 이상은 되는 자리다.

이때 특히 유념할 사항이 있다. 'ㅇㅇ 스트리트', '먹자골목'처럼 유동 인구가 몰리는 곳에 있다는 이유만으로 덥석 분양받는 것은 피해야 한다.

"메인 상권이란 말에 속아서는 안 돼요. 아무리 인기 지역이라도 내 가게의 운명은 다를 수 있어요. 우리가 같은 부모 밑에서 태어났다고 다 잘 자라나요? 아니잖아요. 내 가게가 속한 '상권의 운명'과

내 '가게의 운명'은 별개라고 생각해야 해요. 경기도 외곽의 메인 상권이었는데 우측 코너에 스타벅스가 입점해 있었어요. 그러니 우측 라인으로는 밤에도 가게들이 번쩍번쩍 불이 켜져 있었죠. 하지만 좌측의 코너 자리는 공실이었어요. 좌측의 대장 자리가 불이 꺼져 있으니 어땠을까? 그쪽 라인도 죄다 불이 꺼져 있겠죠. 이런 곳은 피하셔라 이거예요."

초보자일수록 이런 실수를 정말로 많이 한다. 누구나 쉽게 빠지는 함정이니 이 부분에 줄을 긋고 기억하길 바란다.

정자동 가게,
'오픈발'을 끝까지 성공시킨 비결

"오픈발이 끗발이다."라는 말이 있다. 첫날의 고액 매출이 다음 날로 이어지지 못하고 수그러드는 현상을 비꼬는 표현이다. 문제는 점점 오픈발도 세우지 못하고 그냥저냥 있다가 폐업하는 가게들이 많아지고 있다는 사실이다.

가게를 운영하면서 깨달은 것 중 하나가 '오픈발 이어달리기'다. 말 그대로 첫날 매출이 주욱 이어지도록 만들어야 성공이 가능하는 뜻이다. 이것은 내 철칙이다.

첫째, 이유를 막론하고 오픈발을 세울 것.

둘째, 그 매출을 계속 유지할 것.

이 두 가지 조건이 동시에 충족될 때만 가게를 성공적으로 안착시킬 수 있다. 음식 장사를 해보겠다며 나선 동생들이 여럿 있었는데 그때 마다 난 이렇게 말해주었다. "첫날 매출을 끝까지 가져가야만 성공인 거야. 만약 오픈 날 매출이 저조하잖아. 그럼 그걸로 끝이야."

제대로 준비해서 선빵을 날리라는 뜻으로 하는 이야기다. 지금도 이 생각에는 변함이 없다.

오픈발을 세우기 위한 세 가지 노하우

정자동에서 가게를 했을 당시 나는 오픈발을 제대로 살리기 위해 세 가지 노력을 기울였다.

가게 자리를 보고 메뉴를 결정했다

첫째, 상권 분석과 메뉴 선정이다. 정자동 먹자골목의 경우 지금 은 유명무실해졌지만 당시만 해도 직장인들의 핫플레이스였다. 퇴근 후 약속을 잡는 곳으로 인식되면서 이미 다양한 업종의 상가가 들 어와 있었다. 그곳을 한 바퀴 돌며 분석해보니 감자탕집이 없었다는 점과 이 블록에는 24시간 영업하는 식당이 없다는 사실을 알아냈 다. '여기는 감자탕 가게 자리구나'라는 감이 왔다.

가족과 지인들에게 "이곳에서는 감자탕을 해봐야겠어."라고 했다.

그랬더니 다들 "쭈꾸미 삼겹살로 대박을 쳤는데 왜 메뉴를 바꾸려는 거야?"라며 의아해했다. 이미 검증된 메뉴가 있으니 그걸 그대로 하면 안전하지 않겠느냐는 것이다. 하지만 그러기엔 내가 선택한 가게 위치에 장점보다는 단점이 많았다.

등굣길이나 출퇴근길에 사람들이 많이 다니는 곳을 '개천 상권'이라고 부른다. 이런 곳은 사람들이 지갑을 여는 상권이긴 하나 객 단가가 높은 메뉴로는 승부가 나지 않는다. 객 단가가 높으려면 손님이 오래 머무는 자리여야 하는데 개천 상권은 그냥 지나가는 곳이기 때문이다. 버스 정류장 근처에 코스 요리가 메인인 한정식집이나 일식집이 없는 이유다.

개천 상권은 메가커피나 편의점, 분식 가게가 어울린다. 만약 이런 곳이었다면 쭈꾸미 삼겹살집이 어울렸을 것이다. 직장인들이 퇴근길에 들러서 먹을 수 있는 가성비 좋은 메뉴일 테니 말이다.

하지만 내가 선택한 곳은 개천 상권도 아닐뿐더러 '사람들이 주로 다니는 주동선'이 아닌 '가끔 다니는 부동선'에 위치해 있었다. 기존의 8평짜리 가게보다 입지가 나아서 선택을 했더라도, 가게 운영의 기준을 과거의 업력에 둬서는 안 된다고 판단했다. 그러기엔 단점이 명확한 입지였기에 0에서 출발하는 것이 맞다고 생각했다.

또한 내가 얻은 가게의 구조상 감자탕집이 딱이었다. 내가 그 자리에 입점하기 전에 운영되던 가게 메뉴가 아구찜이었던 터라 식당 구조나 자리 배치도 거기 맞춰져 있었다. 나 역시 직장인들이 좋아할 만한 메뉴여야 한다고 생각했다. 특히 정자동은 택시 정차가 많은 곳이라 기사 식당으로도 손색없는 메뉴여야 했다. 감자탕, 선지해장국, 뼈다귀해장국이야말로 기사들이 선호하는 음식 아닌가.

마침 시누이가 감자탕 식당을 해보겠다며 배우러 다니던 때라 나도 같이 다니기 시작했다. 맛있는 감자탕집을 몇 군데 돌며 레시피를 분석해서 내 나름대로 양념과 재료를 가미했다. 그렇게 우리 가게만의 레시피를 완성했다. 음식 장사를 해왔던지라 메뉴 개발은 어렵지 않았다. 감자탕, 선지해장국을 보름 정도 연습한 다음 '가마솥 감자탕'이라는 간판을 내걸고 가게를 오픈했다.

이처럼 장사를 해보고자 한다면 '편의점 옆 편의점'처럼 주변 상권을 무시한 업종을 택하지 않도록 해야 한다. 그 상권에 맞는 수요 분석으로 업종 선택을 해야 오픈발로 끝내지 않을 수 있다. 가게의 승패는 업종 선택에서 갈리는 경우가 많다는 걸 기억하자.

공략 대상을 명확히 분석했다

두 번째로 한 노력은 정자동 아파트 단지의 주부들을 공략하기 위해 '도자기 그릇'으로 세팅하는 일이었다. 별것 아니라고 생각하겠지만 그렇지 않다. 흙색의 뚝배기에 밑반찬이 담기는 것과 맑은 옥색의 도자기에 담기는 것은 천지 차이다. 일단 상차림의 모양새가 달라진다. 한 끼를 먹어도 대접받는 느낌이 들게 하는 것, 이 또한 외식을 할 충분한 이유가 된다.

이 방법은 주부들을 공략하기 위함이었고 결과는 대성공이었다. 직장인 남성들이 단골일지라도 입소문을 내주는 주체는 주부들이기 때문이다. 단 도자기 그릇으로 세팅한다는 것은 '그릇이 깨져도 상관없다'까지 포함된 의사결정이어야 한다. 주부들은 아이들을 데리고 오는 경우가 많아 그릇이 깨질 위험이 크다. 이때 미간을 찌푸리거나 깨진 그릇을 아까워할 거라면 도자기 그릇으로 세팅을 해서는 안 된다.

디데이 광고를 했다

세 번째로 한 노력은 디데이(D-day) 광고를 하는 거였다. 한 달 전부터 '한 테이블당 소주나 사이다 한 병 제공', '3인 이상 시 1인 공짜', '중자를 시키면 소자 가격으로 제공'이라는 쿠폰을 만들어 전단지에 끼워서 아파트 우편함에다 넣어 홍보했다.

내 가게뿐 아니라 골목상권까지 흥하게 하다

이렇게 해서 '24시간 개점'이라는 정체성이 무색하게 첫날은 저녁 8시에 모든 재료가 떨어졌다. 철저하게 준비하긴 했지만 첫날부터 사람들이 줄을 설 거라고는 생각하지 못했다. '첫날인데 손님이 오면 얼마나 오겠어. 이전에는 40만 원이 최고 매출액이었으니 50만 원만 넘어도 대박이겠다'라고 생각한 것이 실수였다.

사람들이 전단지 쿠폰과 냄비를 가져오더니 "여기에다 포장해주세요."라며 쉼 없이 들이닥치는 것이 아닌가. 결과는 상상 이상이었다. 배달은 해봤지만 포장은 당시의 나로서는 한 번도 해보지 않은 영업 방식이었다. 홀 손님과 포장 손님이 한꺼번에 몰리니 감자탕 재료가 소진되고 말았다. 감자탕은 제대로 삶아내는 데만 두 시간 이상 걸리는 탓에 급조하는 것이 불가능한 메뉴다. 그래서 떠올린 게 쭈꾸미 삼겹살이었다.

"손님, 죄송한데요. 감자탕 재료가 다 소진돼서요. 쭈꾸미 삼겹살이랑 선지해장국도 맛있는데 이걸로 드시면 안 될까요?"

그렇게 말하면 손님들은 '이왕 걸음을 했으니 뭐라도 먹고 가자'며 흔쾌히 허락해주었다. 그렇게 쭈꾸미 삼겹살과 선지해장국까지 팔게 되었고 밤 12시에 정산한 결과 150만 원의 매출을 올릴 수 있었다. 매출액 40만 원이라는 유리 천장을 넘고자 고군분투한 것은 맞지만 그렇다고 첫날부터 네 배가 넘는 매출을 올릴 줄은 상상도 하지 못했다.

당시 건물주도 "사람 한 명 바뀌었다고 가게의 운명이 달라지네."라며 매우 놀라워했다. 건물주가 말하길 예전에는 세를 준 식당에 파리만 날리니 친구들에게 이런 사정을 말도 못 하고 있었다는 것이다. 한데 우리 가게가 손님들로 문전성시를 이루자 친구들과 함께 가게를 자주 찾았다.

변화는 여기에서 그치지 않았다. 우리 가게의 성공 여파로 그 블록의 상권 전체가 살아나기 시작했다. 우리 가게가 북적여 자리가 없으면 옆집에 가서 매상을 올리는 식이었다. 그렇게 상권이 활성화되는 데 일조하며 캄캄한 상가들의 불을 환하게 밝혀주는 역할을 했다.

　그러던 어느 날, 나는 성공의 기세를 몰아가야겠다는 결심을 굳혔다. 더 크고 새로운 것을 해보자. 그렇게 해서 나는 감자탕집을 차린지 1년 만에 재료를 대주던 부부에게 권리금을 받고 잘나가던 식당을 넘겨주게 된다.

잇따른 성공,
첫날부터 줄을 세우다

처음 보증금 500만 원을 가지고 뛰어든 서현 쭈꾸미 삼겹살 식당부터 정자동의 감자탕집까지 연속으로 성공하자 2년도 안 되어 현금 1억 5,000만 원이 만들어졌다. 이 1억 5,000만 원으로 할 수 있는 가게를 찾던 나는 현재 성남시청이 자리한 여수동의 갈매기살 거리를 알아보았다. 성남의 여수동은 왕십리의 마장동과 비슷한데, 갈매기살촌으로 특화된 곳이다. 가든 형태로 자리한 이 식당들은 직장인들의 단체 회식 장소로 유명했다.

이런 곳은 장점과 단점이 명확하다. 이미 거리 자체가 유명해 맛이 기본 이상만 되어도 망하지 않는다는 게 장점이다. 단점은 '여수동? 갈매기살 먹으러 가는 날이네'라는 생각이 들 정도로 메뉴가 거의 고정되어 있다는 점이다. 이미 답이 정해진 곳에 들어가 구색만 맞추면 되는 장사를 하고 싶다면 이런 곳을 찾으면 된다. 단, 가든 형태다 보니 소자본 창업이 어려운 측면이 있다.

상권 분석을 마친 나는 갈매기살 대신 흑돼지 전문점을 해보기로 했다. 그러자 주변에서 말리기 시작했다.

"흑돼지 전문점? 여수동은 갈매기살 먹으러 가는 곳인데 무슨 흑돼지야? 신당동 떡볶이 거리에 순대국밥 먹으러 오는 사람 봤어?"

지인의 말에 나는 이렇게 설명했다.

"고기라는 큰 틀은 유지하잖아. 고기 종류만 다른 건데 뭐. 흑돼지에 대한 사람들 인식이 나쁜 것도 아니고 숯불에 구워주면 소고기만큼 매력적일 수 있어."

"그건 그런데… 안전하게 가자는 거지."

"흑돼지도 안전한 메뉴야. 남녀노소 누구나 좋아하잖아. 가족 단위 손님이 와도 호불호 없이 먹을 수 있고, 인근 공장에서 일하는 근로자들도 좋아할 거야. 흑돼지도 갈매기살 못지않게 외식 메뉴로 괜찮지 않나?"

갈매기살이냐, 흑돼지냐를 두고 주변 사람들과 설왕설래를 한 끝에 흑돼지 전문점으로 생각을 굳혔다. 사실 이런 결정을 한 데는 다른 이유가 있었다. 이미 그곳은 10년, 20년씩 갈매기살 장사만 해오던 원조 맛집들로 가득하다. 동일 메뉴가 모인 '○○촌'에 입성할 때는 이 점을 유념해야 한다. 무엇보다 하루아침에 그들의 장사 노하우와 솜씨를 따라잡기엔 역부족이다.

일반 직장에서도 10년 차와 1년 차 간의 업무 능력은 하늘과 땅 차이가 나지 않는가. 하물며 내 모든 것을 걸고 뛰어든 자영업이다. 이 차이는 하루아침에 메워질 수 있는 것이 아니라고 판단했다. 그렇다고 원조 맛집을 피해야 한다는 것에만 초점을 맞추면 시작도 하기 전에 풀이 죽어 할 맛이 나지 않는다. 원조집과 경쟁해야 할 메뉴는 피하되, 고객들이 그곳에 오는 이유는 충족시켜주는 교집합 메뉴를 고민하는 것. 이게 당시 내가 선택한 방식이었다.

재료 손실도 리스크다

그렇게 나는 삼겹살과 돼지갈비를 메인으로 한 흑돼지 전문 가든을 열었고 첫날부터 손님들로 줄을 세웠다. 예상대로였다. 숯불로 흑돼지를 구워주니 "맨날 갈매기살만 먹었는데 이런 집이 생겨서 좋은 걸.", "흑돼지를 숯불에 구워 먹으니 이런 맛이네."라며 호평이 다수를 이뤘다.

성남 하대원 쪽에는 제법 큰 규모의 공단이 많다. 이곳에서 근무하는 근로자들이 여수동을 회식 장소로 선호했는데, 여수동이라는 회식 장소는 바꾸지 않으면서 메뉴에 변화를 주고 싶어 했다는 사실을 알아냈다. 이들 때문에 우리 가게는 저녁만 되면 뒤집어질 정도로 바빴다.

그러다 얼마 안 돼 재료 부분에서 심각한 문제가 발생했다. 흑돼지 전문점은 고기를 주문할 때 무조건 한 마리씩 통으로 주문해야 한다. 우리는 삼겹살과 목살 외에 다른 부위는 필요하지 않았으니 로스가 생길 수밖에 없었다. 아깝게 버려지는 고기가 절반이 넘었다. 자구책으로 흑돼지 김치찌개도 팔아봤지만 별 효과가 없었다. 사실 여수동은 차가 없으면 올 수 없는 동네다. 누가 김치찌개 하나 먹으려고 운전까지 해가며 이곳엘 오겠는가.

문제는 또 있었는데 일손이 부족하다는 점이었다. 밖에서 숯불에 불을 지펴줄 사람이 있어야 했다. 게다가 반찬의 가짓수도 많고 일일이 고기 불판도 갈아줘야 하고, 손이 열 개라도 모자랄 판에 고기를 내가 직접 썰었다. 다른 집은 고기 자르는 기계를 사용한 반면 우리 가게는 내가 일일이 손으로 썰어서 팔았다.

고기 자르는 기계는 열이 꽤 높은 편이라 그 과정에서 고기의 식감이 상당 부분 죽는다. 반면 사람이 손으로 썰면 고기의 단면이 거칠어지면서 식감이 살아난다. 이건 우리 집만의 노하우이자 자부심이기도 했다. 고객들에게 "이 집은 고기를 좋은 걸 쓰나 봐. 씹히는 맛이 다르다."라는 평을 정말 많이 들었다. 이런 평을 들으니 도무지 기계나 다른 사람의 손을 빌릴 수 없었다.

장사가 잘되어도 그만둘 수 있다

입지의 한계와 심각한 재료 손실, 일손 부족 등의 문제가 겹친 탓에 장사는 연일 잘됐지만 매출로 이어지지는 않았다. 더욱이 정자동 감자탕 가게에서 워낙 매출이 좋았던지라 비교가 되었던 점도 가게 이전을 고민하게 만든 요인 중 하나였다.

남들처럼 고기도 기계로 자르고 그냥저냥 운영했으면 흑돼지 전문점으로 만족했을지도 모른다. 하지만 이전의 전성기와 비교가 되니 도저히 가만히 있을 수가 없었다.

나는 고민 끝에 다시 감자탕 가게를 해보기로 했다. 흑돼지 전문점을 내놓으려 하자 마침 서빙을 하던 직원이 가게 인수를 하고 싶다며 나서주었다. 이전에 하던 감자탕 가게도 재료를 대주던 분이 인수했는데 이번에는 직원이 인수한 것이다.

정자동에서 홈런을 날리고, 서현동과 여수동에서 평타를 치면서 음식 장사에 대한 자신감이 하늘을 찌르기 시작했다.

나는 이렇게 해서
가게를 한번에 말아먹었다

　서현동, 정자동, 여수동에서 평타 이상을 치자 나도 모르게 '나는 식당을 성공시키기 위해 태어난 존재'라는 자신감으로 무장이 되었다. 그리고 이러한 정신머리는 내 비즈니스의 1막이라고 할 수 있는 음식 장사에 종지부를 찍도록 도와주었다. 무슨 일이 있었는지 궁금할 것이다. 지금부터는 '망조 수업'을 해볼까 한다. 승승장구한 이야기는 들어봤어도 '나는 가게를 이렇게 해서 말아먹었다'라는 이야기는 처음 들어볼 것이다.

- 서현동에서의 쭈꾸미 삼겹살 식당 → 성공
- 정자동에서의 감자탕집 → 성공
- 여수동에서의 흑돼지 고깃집 → 성공
- 야탑동에서의 감자탕집 → 실패

그렇다. 나는 흑돼지 전문점을 넘기고 나서 호기롭게 시작한 감자탕집을 실패하고 말았다. 나는 왜 내내 잘하다 갑자기 폭망하게 됐을까? 사람이 장사를 하다 보면 실패를 할 수 있다. 아니 성공하는 가게가 드물 만큼 많은 사람이 실패를 맛본다. 골목만 지나가도 간판을 올렸다 내렸다 하는 장면을 심심찮게 볼 수 있다. 그 정도로 음식 장사만큼 망하기 쉬운 사업이 없다.

하지만 코로나 사태처럼 천재지변이 아니고서는 '그냥 온 실패'란 없다. 실패 원인을 면밀히 검토해야 같은 실수를 반복하지 않을 수 있다. 독자들 중 음식 장사를 고려하는 이가 있다면 내 경험을 타산지석으로 삼기를 바란다.

당시 내가 폭망한 것은 세 가지 이유 때문이었다.

투자 비용이 너무 많이 들었다

첫째, 과도한 투자 비용이 발목을 잡았다. 사실 이게 폭망한 이유 중 9할을 차지한다. 처음 서현에서 가게를 했을 때만 해도 보증금

500만 원에 월세가 30만 원이라 고정비가 크지 않았다. 정자동과 여수동 가게 또한 규모는 있었지만 이미 가게의 꼴이 잡힌 상태에서 들어갔기에 추가 비용이라고 해봤자 1,000만 원 안쪽이었다. 하지만 맨 마지막 식당이었던 야탑의 신축 상가는 임대료만 700만 원인 데다 초창기 인테리어 비용만 1억 가까이 들어갔다. 이걸 알았다면 절대 거기로 들어가지 않았을 것이다.

처음 야탑 상가를 봤을 때 내 가슴은 한없이 벅차올랐다. 지금도 그 기분이 잊히지 않는다. 이전 가게들과 달리 대로변에 자리 잡고 있을 뿐 아니라 주차장 완비에 홀도 1, 2층을 쓸 수 있었다. 뭔가 대단한 업적을 이룬 기분이 들었다. 더욱이 야탑은 성남 종합 버스터미널이 있어 분당에서도 교통의 요충지로 손꼽힌다. 그냥 군더더기 없는 입지, 딱 그 자체였다. 이번에도 나는 건물주와 직접 계약을 하고 곧장 인테리어 공사에 착수했다. 문제는 하나부터 열까지 다 '내 돈'으로 만들어야 했다는 점이다.

"도시가스부터 수도시설까지 다 돈이네."

"1, 2층을 다 써야 하니 뭐든 두 배의 비용이 들어가는군."

"홀서빙하는 사람도 두 배 더 써야 하고."

"주차장이 있는 건 좋은데 관리는 누가 하지?"

"신규 상가라서 단골이 없으니 손님 한 명 한 명 내가 발굴해야 하는군."

성격상 한번 길을 정하면 바로 '고(Go)'를 외치는 편이라 주변에서 아무리 만류해도 귀에 하나도 들어오지 않았다. 아니 그때까지 한 번도 망해본 적이 없었기에 아무 소리도 들리지 않았다는 게 정확한 표현이다. 자신감이 자만심으로 변질되니 정말 아무 소리도 와닿지 않더라.

가게마다 먹성의 차이가 있다

폭망한 두 번째 이유는 '과도한 투자 비용＋입지의 맹점' 때문이었다. 나는 정자동에서 운영했던 24시간 감자탕집을 야탑에서 다시 열었다. 이번에도 오픈 첫날부터 사람들로 줄을 세웠다. 그쯤 되니 '이게 기본값이구나' 싶어 놀라지도 않았다.

그런데 무언가가 이상했다. 분명 정자동에서 감자탕집을 했을 때와 비교하면 야탑 가게가 규모 면에서 두 배 반 이상 컸다. 그럼에도 매출은 반토막이 나거나 많아야 정자동 매출액과 비슷한 정도에서 그치는 날이 많았다. 나가는 고정비가 배 이상 높은 상황이라 이런 식이 계속된다면 문제가 생길 게 눈에 보였다.

나중에 알고 보니 정자동은 아파트 단지가 즐비한 주거지역이자 직장인들이 퇴근 후 약속을 잡는 상업지역이 혼합된 상권이었다. 즉 돈을 쓰러 나오는 유동 인구가 모이는 장소였다. 아파트 단지가 즐비한 것은 정자동과 같지만 야탑은 퇴근 후 사람들이 모이는 곳이 아닌 빠져나가는 상권이었다. 이 차이는 고스란히 먹성의 차이로 이어졌다.

정자동은 퇴근 후 연인끼리 데이트를 하거나 친구들끼리 삼삼오오 모여 만남을 갖는 장소다. 머무는 성격이 강한 덕에 감자탕집에 와서도 술이며 이것저것 다른 메뉴를 주문한다. 택시 기사도 서너 명이 와서 2~3만 원짜리 감자탕을 시키는 등 가게의 먹성이 컸다.

이에 비해 야탑은 주부들이 메인 고객이었다. 오래 머물기보다 한 끼 때우러 오는 경우가 많았다. 그렇다 보니 후다닥 먹고 일어설 수 있는 7,000원짜리 뼈다귀해장국이 많이 나갔다. 그도 그럴 것이 아이까지 데려온 주부들 입장에서는 시간이 오래 걸리는 감자탕은 부담스러웠을 터다. 그때만 해도 키즈 카페 같은 개념이 없던 때라 더욱 그랬다.

정자동에서 3만 원어치 팔 것을 야탑에서는 7,000원 선에서 그치니 매출 면에서 재미를 보지 못했다. 하지만 바깥에서 보면 장사가 잘되는 맛집처럼 보이는 착시 효과가 있었다. 손님들 중엔 연예인들도 많아서 벽에 사인도 빼곡히 걸려 있었고, 겉으로 보면 대박 난 맛집처럼 보였다.

지금 와서 하는 고백인데 만약 1억 원이라는 투자 비용이 없었다면 계속 가게를 끌고 갔을 것이다. 대박까지는 아니어도 흑자가 나던 상황이었고, 그 상태로만 가도 '누적된 입소문' 덕에 그 골목에서 대장 가게 정도는 충분히 될 수 있었을 것이기 때문이다. 단, 전제가 있다. 초기투자 비용으로 들어간 빚을 떠안을 정도의 '금전적 체력'이 뒷받침된다면 말이다. 그러나 나는 그런 능력이 되지 않았고 결국 쫄딱 망하고 말았다.

지키는 것이 더 힘들다

이병철 회장이 운칠기삼(運七技三)에 대해 말한 적이 있다. 운이 7할이요, 재능이나 노력이 3할이라는 뜻이다. 경험해보니 딱 맞는 말이다. 3할의 노력이 따라줘서 매출이 일어나면 거짓말처럼 딱 그만큼 마이너스가 났고, 이것이 반복됐다.

예를 들면 이런 식이다. 한번은 예기치 않게 뭉칫돈이 들어왔다. 직원들도 "사장님, 이번 주는 여유가 생기겠어요."라며 신나 했다. 그 순간 갑자기 비가 내렸고 그 탓에 그날 장사가 반토막이 되었다. 평소라면 150만 원어치는 팔았을 테고, 그럼 뭉칫돈은 여유 자금이 되어 다음 날 편하게 일을 했을 것이다. 하지만 매출이 70만 원으로 주니 여윳돈 들어온 게 티가 나지 않았다. 이런 일이 반복되자 '이 터가 나랑 안 맞나' 싶은 생각까지 들었다.

한참 시간이 지나고 난 후에야 그때는 나의 타이밍이 아니었다는 걸 알게 되었다. 노력해도 운이 따라주지 않으면 망한다는 것을 말이다. 이제는 그런 때가 오면 힘을 주는 대신 그 상황에 몸을 맡긴다. 이게 안 좋은 상황에서 나를 보호하는 방법임을 잘 알기 때문이다.

고(故) 정주영 회장과 이병철 회장이 한국 경제사에 끼친 영향력은 실로 대단하다. 많은 사람들이 둘 중 누가 더 대단한 분인지 얘기하곤 한다. 물론 두 분 다 훌륭하지만 내가 보기엔 이병철 회장이 더 대단하다.

현대 정주영 회장은 정말 아무것도 없는 상태에서 기업을 일궜다. 하지만 이병철 회장은 어떤가. 지역 유지의 아들이었다. 기득권인 상태에서 삼성의 토대를 닦았기에 그것이 더 대단한 거다.

"도전할 때 어떤 사람이 더 힘든 줄 아세요? 가진 게 있는 사람들이 더 힘들고 불리해요. 애초 0에서 시작한 사람들은 0에서 1로, 1에서 10으로 만들면 되니까 앞만 보고 달리면 돼요. 그냥 이것만 하면 되니까. 하지만 100을 가진 사람은 100을 지키면서 200을 만들고 500을 만들어야 해요. 지키기도 하고 키우기도 해야 하니 배 이상 힘이 들 수밖에 없어요. 그런 면에서 보면 저는 지켜내지 못해서 망한 케이스였어요. 밀어붙이고 달릴 줄만 알았지, 지키는 방법에 대해선 알지 못했던 거예요."

유에서 무를 만들 때는 잃을 게 없기에 앞만 보고 달려가면 된다. 반면 가진 게 있는 상태에서 나아가려면, 있는 걸 지키면서 달려가야 하기에 그만큼 더 어렵다.

감당 가능하면
실수지 실패가 아니다

내가 야탑동 감자탕 가게를 실패한 마지막 이유는 오만함 때문이었다. 당시 나는 권리금이 없는 곳만 찾아 장사를 했고, 그곳에서 빠져나올 때는 3,000만 원에서 5,000만 원 정도의 권리금을 받고 나왔다. 6~8개월 만에 죽은 가게를 살리고 나오니 '난 똥만 싸도 잘되네' 하는 생각이 들었다. 다른 말로 권리금 부심이 든 것이다.

요즘에야 가게 폐업률이 높다 보니 권리금은 고사하고 공실만 안나도 복이라는 소리가 나오지만 1990년대만 해도 달랐다. 그때는 자영업자의 천국이었다. 건물주 부심보다 권리금 부심이 더 위력을 발휘하던 때가 바로 1990년대다.

권리금은 건물주와 상관없이 가게를 하는 사람들 간에 '너 이 정도 기틀을 마련했네. 그 바통 내가 받아서 하는 대신 얼마 내놓을게'라는 일종의 수고 비용이다. 이게 구체적인 숫자로 증명되다 보니 웬만한 멘탈이 아니고서는 정신줄을 잡는 게 쉽지 않았다. 직장인의 1년치 연봉을 반년 만에 받았으니 어깨에 뽕이 생길 수밖에.

망하고 난 후에야 깨달은 사실이지만 가게를 운영하는 중간에도 위험 신호가 분명 있었다. '여기에서 멈춰', '일 그만 벌려', '물러날 때야'라는 빨간 경고등을 하루라도 일찍 봤다면 망할 때 망하더라도 상가만 날렸을 것이다. 그럼에도 난 이 경고를 무시했다. 몸을 사리기는커녕 성남 모란역 근처에 2호점을 내는 등 오히려 판을 더 키웠다.

다행히 모란 2호점에서는 매출이 잘 나왔다. 하지만 야탑에서 발생하는 적자를 메우기에는 역부족이었다. 상황이 점점 안 좋게 흘러갔다. 그때는 온전한 내가 아니라 오만함이 주체가 되어 가게를 운영해갔다.

암이 완치되고 난 뒤 온갖 어려움 끝에 지푸라기라도 잡는 심정으로 다시 장사에 뛰어들었다. 언제 또 암이 재발할지 모르니 가게라도 가족들에게 남겨주고 가자, 다짐한 나였다. 하지만 이런 초심은 언젠가부터 야심에게 자리를 내주고 말았다. 그럴싸한 입지에 가게를 내고 떵떵거리며 장사를 해보겠다는 헛된 야심 말이다.

초심을 못 지킬 수도 있다. 하지만 야심에 눈이 머는 것은 어리석은 일이다. 그때 나는 '가족을 위해 무언가라도 만들어놔야지'라는 초심과 '이 가게를 크게 키워보고 싶다'라는 야심 사이에서 적절히 균형을 잡았어야 했다. 돌이켜 보면 이 부분이 늘 아쉽다.

"'초심의 자리'에 야심이 들잖아요. 그때부터 망조가 드는 거예요. 장사하는 사람들은 언제 코로나가 터지고, 언제 장사하던 곳이 경매로 넘어갈지 몰라요. 그러니 장사가 잘될 때 2호점, 3호점 낼 생각을 하기보다 내 건물에서 장사할 생각을 해야 합니다."

전염병은 우리가 통제할 수 없지만 장사할 장소는 통제 가능한 변수다. 만약 내가 과거에 내 건물에서 장사를 했다면 망하지 않았을 테고, 망하더라도 빚이 훨씬 적었을 것이다. 실패를 두려워해서는 안 되지만 수습 가능한 정도는 알고 덤비는 것이 중요하다.

나는 이 한 번의 실패에서 대단히 중요한 교훈을 얻었다. 그리고 이 깨달음은 이후 나의 인생을 완전히 뒤바꾸어놓았다.

2장

하루아침에
세상 인심이 달라졌다

인간관계 제1원칙

호에는 호로,
불호에는 불호로

자본주의 사회에서 인심은 돈과 같이 움직인다. 돈 많은 곳에는 인심이 따르고 돈 없는 곳에서는 인심이 떠나는 법. 나는 이것을 인심과 돈의 앞 글자를 따 '인돈의 법칙'이라 부르기로 했다. 망하고 나서 깨끗이 인정하게 됐지만 이것을 완전히 받아들이기까지 마음고생 또한 컸다.

"준이 엄마 쫄딱 망했대. 가게랑 사는 집에서도 쫓겨나고 지금은 보험 설계사로 일한대."

"한참 잘나가더니 인생사 새옹지마네."

이런 소문이 하루 이틀도 안 되어 퍼져나갔다. 신기했다. 좋은 소식은 오랜 시간이 지나야 퍼지는 반면, 나쁜 소식은 삽시간에 퍼져나간다는 것이.

돈과 인심은 같이 움직인다

소문대로 나는 가게를 정리하자마자 보험 영업에 뛰어들었다. 먹고 살아야 하니 당장 뭐라도 해야만 했다. 하지만 지인들에게 보험 하나만 들어달라는 부탁을 할 때마다 거절당하기 일쑤였다.

"사정이 딱한 건 알겠는데 우리도 힘들어서."

"요즘 보험 들어달라고 난리네. 누구는 들어주고 누구는 안 들어주면 뒷말이 나오잖아. 미안해."

이런 얘기를 들을 때마다 허탈감이 밀려왔다. 생색을 내려는 것은 아니나 그동안 낸 밥값이 얼마인가. 때만 되면 아끼지 않고 쓴 돈은 또 얼마인가. '내가 베푼 게 얼마인데 몇만 원짜리 보험도 거절하는 구나' 싶어 여러 감정이 오고 갔다.

이처럼 사업을 했다가 망하면 제일 먼저 체감하게 되는 것이 박해지는 인심이다. 사람들은 보통 여기에서 많이 무너진다. 그런데 이때 중심을 잡고 현실을 받아들이는 것이 중요하다. 누굴 위해서? 바로 나 자신을 위해서! 그래야만 앞으로 나아갈 수 있다.

주부들 중 부동산 중개소를 차리거나 보험 설계, 다단계 영업을 하는 이가 많은 것으로 안다. 모두 영업이 핵심인 직군이다.

처음 도전하는 사람이 있다면 지인에 대한 기대치를 대폭 낮출 것을 권하고 싶다. 보통 영업이라고 하면 지인 영업을 통해 한 줌의 모래를 만들고, 외부 영업을 통해 점점 키워나가는 그림을 연상한다. 하지만 현실은 녹록지 않다. 경험해본 결과, 지인이 도와주면 감사하지만 최우선 고객은 아니라는 마인드가 훨씬 도움이 된다.

당장 나부터도 그랬다. 회사에서 준 고객 명단이 너덜너덜해질 때까지 붙들고 전화를 돌렸다. 기댈 곳이 없으니 고객 한 사람 한 사람이 소중하고 절실했다. 특히 그때가 생필품 구매에도 부담감을 느낄 정도로 어렵던 시기라 이 사람은 화장지 20개짜리, 이 사람은 버스비, 이 사람은 쌀 20킬로그램. 이런 식으로 고객과 살림살이를 대응해가며 영업에 임했다. 그러자 성과가 따라왔다. 헝그리 정신의 효과를 톡톡히 본 셈이다.

만약 지인들이 보험을 들어줬다면, 이들에게 정성을 쏟느라 더 많은 물고기가 있는 바다를 소홀히 했을지 모른다. 회사에서 준 명단을 허술하게 대했을 것이고, 그랬다면 좋은 실적을 내지 못했을 것이다.

영업직을 준비한다면 기억하라. 지인 영업은 많아야 다섯 명 안쪽이다. 회사에서 준 고객의 수가 훨씬 많으므로 이들에게 내 에너지의 대부분을 쓰겠다고 마음먹고 뛰어들어야 한다.

관계에서의 멘탈을 강하게 하려면

망함을 딛고 일어선 자의 멘탈은 이전과는 비교가 안 될 정도로 강해지는데 특히 사람을 대하는 멘탈이 강해진다. 이게 이후의 삶을 살아가는 데 있어 엄청난 경쟁력이 된다는 점에서 '나의 망함'은 옳았다. 그만큼 내게 가져다준 것이 많다.

음식 장사와 보험 영업을 하면서 사람에 대해 산전수전공중전을 다 겪었다. 그래서인지 주변에서도 인간관계에 대한 상담을 많이들 해온다.

"저희 시누이는 받을 줄만 알아요. 제가 밭농사 지을 때 일 한번 거들어준 적 없거든요. 그런데 무슨 때만 되면 내려와서 들기름, 고구마 할 것 없이 몽땅 차로 실어가요."

"저는 내내 참아주고 배려해줬는데 어쩌다 실수 한번 했다고 소리를 지르더라고요. 이제는 저도 굳이 배려 안 해주려고요."

"돈을 빌려준 건 난데, 왜 본인이 더 당당한 거죠? 돈은 갚지도 않고 거짓말이나 하고… 이제는 누구도 믿지 못할 것 같아요."

이런 하소연을 정말 많이 듣는다. 그럼 나는 복마마의 '인간관계 3원칙'에 대해 알려주곤 한다. 제1원칙은 얌체처럼 자기 것만 챙기는 이들을 조용히 물리치는 데 꽤나 유용한 방법이다.

관계에서의 멘탈을 다른 표현으로 바꾸면 '뜸 들이기' 정도가 될 것 같다. 압력밥솥으로 밥을 지을 때 뜸 들이기가 밥의 풍미를 결정하는 것처럼 관계에서도 뜸 들이기가 관계의 질을 결정한다. 뜸 들이기에서의 뜸(炎)은 불 '화(火)'와 오랠 '구(久)'의 합성어다. 속에서 열불이 나는 상황을 오래 지켜보고 견디는 힘. 이 힘을 얼마나 가졌느냐가 관계에서의 멘탈을 결정한다.

실컷 고생해서 지어놓은 농작물을 차로 실어 가는 시누이나 돈을 빌렸음에도 당당하게 구는 지인들. 이런 사람들은 바깥에서 보면 염치가 없는 사람이지만, 그들 시점으로 보면 멘탈이 센 사람이다. 참고로 '뜸'이라는 한자어에는 '버티다'라는 의미도 들어 있다.

'그 사람이 무슨 짓을 했느냐'와 별개로 '불편한 상황을 얼마나 잘 버티느냐'는 하나의 능력으로 봐야 한다. 다행히 나이 50이 되면 웬만해선 다들 뜸 들이기의 달인이 된다. 사소한 일에 욱하며 손실을 자처하는 젊은이들을 보면서 '나도 한때는 저랬었지'라며 웃어넘기는 것만 봐도 나이가 주는 내공이란 게 있기는 한 모양이다.

인간관계에도 뜸 들이는 기술이 필요하다

뜸 들이기를 관계에 어떻게 적용하는 것이 좋을지 알아보자. 가장 먼저 염치없는 사람들을 대할 때는 내 쪽에서 해주던 배려, 양보, 희생을 회수해야 한다.

시누이가 농작물을 차에 실으면 그중 상태가 좋은 것들을 다시 내려놓으며 이렇게 말하는 것이다. "저도 좋은 것 좀 먹고 살려고요." 아니면 "농사를 접어야 하나. 요즘 무릎 관절이 안 좋아서." 그렇게 아픈 시늉이라도 해보자. 그럼 상대방은 살짝 기분이 상할지는 몰라도 '저러다 진짜로 밭농사 접겠다고 하는 거 아냐'라는 생각에 딱히 말을 보태지 않을 것이다.

또 돈을 빌린 후 당당하게 나오는 사람에겐 돈 대신 다른 거라도 받아내면 된다. 어차피 내 주머니에서 나간 돈은 언제 돌아올지 모르는 법. 그냥 없는 셈 치면 좋겠지만 돈을 빌려간 상대가 뻔뻔하게 나오면 얘기가 달라진다.

그 사람에게 '네가 돈을 갚을 때까지 내가 원하는 것을 들어줘'라는 메시지를 심어주는 것이 중요하다. 설사 불편한 공기가 맴돌더라도 이 공기를 견뎌내야 한다. 이렇게라도 해야 돈은 돌려받지 못할지언정 관계의 주도권 정도는 가져올 수 있다.

강한 사람 앞에서는 약하게 굴고, 약한 사람 앞에서는 강하게 구는 사람이 있다. 그런 사람들을 볼 때 어떤 느낌이 드는가. 왠지 편협해 보이면서 가볍게 느껴진다. 강약약강(強弱弱強)으로 처세하기보다는 호(好)에는 호로 반응하고, 불호(不好)에는 불호로 반응하는 사람이 되는 것이 중요하다. 그래야 사람이 우스워 보이지 않는다. 날 호구로 보는 사람에게는 강한 멘탈로 맞대응하고, 좋은 사람에게는 한없이 베푸는 미덕을 발휘하는 것만으로도 강단 있는 사람이 될 수 있다.

남에게 베푸는 미덕이 선이라고는 하나 이것도 상대를 가려서 해야 한다는 걸 명심하자.

아닌 사람은
굳이 붙잡지 마라

잘못한 것이 없음에도 나를 업신여기는 사람이 있다면 뒤돌아서서 그대로 가라. 이것이 복마마의 인간관계 제2원칙이다. 이런 사람은 금전적인 피해를 입히는 사람보다 더 안 좋은 영향을 미치기도 한다.

피해야 할 사람은 피할 것

그뿐만이 아니다. 이런 경우 '나만의 속앓이'로 끝날 공산이 크다.

예를 들어 나를 무시하는 대상에 대해 주변 사람에게 물었을 때 "털털하니 사람 좋잖아.", "기가 세서 그렇지 사람은 괜찮아."라는 평가가 들려온다면 어떻게 해야 할까? 그 사람이 나에게만 다른 얼굴을 보여준다는 사실을 깨달아야 한다. 그리고 이렇게 말하라. "맞아요. 성격이 쿨한 것 같더라고요."라며 한발 물러서야 한다. 절대 그 자리에서 그 사람에 대해 안 좋은 여론을 흘리지 마라. 그 일이 역공의 빌미가 될 수 있기 때문이다.

'똥이 무서워서 피하냐, 더러워서 피하지'라는 마인드는 이럴 때 쓰라고 만들어진 것이다. 그냥 똥 밟았다 생각하고 무조건 피하는 것이 좋다. 동시에 앞으로 이런 사람이 내 인생에 들어오지 못하도록 촉을 세워두는 것도 필요하다.

불행 중 다행으로 이런 유형을 알아차리는 몇 가지 시그널이 있다. 당신 혼자서만 '좋게 생각해야지, 둥글게 굴어서 나쁠 건 없잖아'라고 읊조리는 횟수가 많아진다거나 '왠지 불편한데 내가 참으면 되지'라며 인내심 테스트할 일이 많아진다면 그게 바로 시그널이다.

이럴 때는 의문을 가져보자. '왜 나만 참아야 하지?', '사람과 만나 좋은 기운을 얻어야 하는 거 아닌가? 이게 기본값인데, 왜 자꾸 미심쩍은 기분이 들지?'라고 말이다. 실제로 이런 고민을 상담해온 동생에게 다음과 같이 조언했다.

"폭발해야만 맛이 아닌 거야. 너의 에너지가 계속 소모되는 느낌이 들면, 그 자체만으로도 안 좋은 인연인 거야. 처음엔 마음이 불편해도 '그냥 넘어갈까'라는 생각이 들 거야. 그러다 점점 속이 시끄러워지고 그 일을 고민하게 돼. 그것만으로도 이미 너는 엄청난 손실을 입은 거야. 그러다 결국 폭발하면 문제는 더 복잡해져. 꼭 끝을 봐야겠어? 네 에너지를 돈으로 환산해봐."

개인적으로 내게 금전적 손실을 끼치는 사람보다 나의 존엄성을 훼손하는 사람이 더 나쁘다고 생각한다. 문제는 내가 그것을 문제삼기 애매하게 만들 정도로 상대방이 고수일 때가 많다는 점이다. '아슬아슬한 선'을 잘 타는가 하면, 기가 막히게 뒤로 빠진다. 이런 사람을 참아가면서까지 만날 필요가 있을까. 이런 사람은 내가 대통령 딸이 되지 않는 이상, 나에 대한 태도를 바꾸지 않을 사람이다.

나는 그 동생에게 "참을 만큼 참아서 터지는 거랑 네가 선택적으로 시작을 하지 않는 거랑은 달라. 전자는 내내 끌려다니다가 어쩔 수 없이 끝난 경우고, 후자는 네가 주체적으로 그 관계를 선택하지 않은 거야. 둘 중 어떤 경우가 건강하다고 이야기할 수 있을까? 당연히 후자 쪽이겠지."라고 말했다. 그렇게 대인관계에서 주체성을 갖는 것이 나쁜 사람을 쫓아내는 본질적인 방법임을 일러주었다.

나는 부자가 되기 위한 인성적 요건으로 자기 주도성, 주체성을 첫 손가락에 꼽는다. 대인관계에서도 마찬가지다. 인간관계에서 주체성을 가지면 비록 상대에게 거절당하고 상처받는 일이 생기더라도 금방 회복한다. 이런 사람은 주체성과 주도성을 발휘해 어떤 상황에서도 자신의 것을 지켜낼 줄 알기 때문이다. 그냥 당하면 상처가 되지만 알고 당해주면 내 직감이 맞은 것이 되므로, 자존감이나 자기 확신에 금이 갈 일이 없다.

고마움이 크면 미움은 수그러든다

앞서 이야기한 동생처럼 상대측이 아슬아슬한 선을 탄 것은 아니지만, 살짝 자존심에 금이 갈 일이 있었다. 어디에 가나 아픈 곳을 콕 집어 말하길 유독 잘하는 사람이 있다. 그 언니도 그랬는데 내가 보험사에 다녔을 때의 일이다.

장사하다 망하고 보험회사에 다니던 시절인데, 기본급도 없던 때라 삶이 곤궁했다. 하루하루 살아가는 것이 빠듯하다 보니 적금에 들 엄두조차 내지 못했다. 한데 마침 회사에서 이율이 좋은 상품이 나왔다는 소문이 돌기 시작했다.

"이번에 회사에서 10년짜리 적금이 나왔는데 이율이 높은가 봐. 우리도 하나씩 들자."

직원들끼리 모여서 이야기 나누는 것을 듣고 "응. 나도 해볼래."라며 살짝 말을 얹었다. 그런데 문제의 그 언니가 "너 지금 형편 안 되잖아."라며 사람들 많은 곳에서 갑작스레 면박을 주는 것이 아닌가. 언니는 아무 생각 없이 한 말이겠지만 나에겐 상처가 되었다.

"언니는 왜 비수 꽂는 말을 해. 이번이 처음이 아니잖아. 꼭 아픈 곳을 찔러야 직성이 풀려요?"

어찌나 민망하던지 나도 모르게 맞받아쳤다. 그러자 그런 내 모습을 처음 봐서 당황했는지 그 언니는 이내 "미안하다. 앞으론 조심할게."라며 사과를 했다. 언니가 곧장 사과를 해오자 나도 머쓱해졌고, 그 자리에서 그만 웃어버렸다.

그 언니는 말을 직설적으로 하는 단점은 있으나 뒤끝이 없는 성격인 데다 평소에도 잘 베푸는 사람이었다. 밉지만 미워할 수 없는 캐릭터라고나 할까. 내 형편이 어려운 걸 알고 우리 애 옷도 사주곤 했다. 하루는 카드를 내주며 필요한 것이 있으면 사라고 할 만큼 인정이 넘치는 사람이었다. 그 언니와는 지금까지도 좋은 관계를 유지하고 있다. 비록 언니의 말 때문에 상처를 받긴 했지만 도움을 받은 일이 더 많았기에 고마운 사람으로 기억한다.

백 명의 사람은
백 개의 기회다

어떤 사람에게 실망하거나 무시를 당하면 그 사람이 안 보고 싶어진다. 하지만 그럴 때마다 관계를 정리하면 주변에 한 사람도 남지 않을 수 있다.

안부 인사만 잘해도 인연은 유지된다

40대 중반을 넘어서고 50대에 들어서면 주변에 사람이 확 줄어드는 것이 체감된다. 나이를 먹을수록 새 인연을 들이는 것만큼 기존 인연과의 관계에도 신경을 써야 할 이유가 여기에 있다. 내 경험상 새로 알게 된 인연에게 한 번, 기존 인연에게 한 번 번갈아 가며 안부 인사만 해도 관계의 바운더리는 꽤 견고하게 지켜지더라.

나와 같은 일이 여러분에게도 있었을 터다. 만일 평소 여러분에게 고마운 존재였음에도 작은 일로 마음 상한 사람이 있다면 내 이야기를 떠올려봤으면 한다. '어떻게 내게 그럴 수 있어'라는 미움보다 '그동안 도움을 받았던 게 많으니까'라는 고마움에 방점을 찍었으면 좋겠다.

그런 사람들이 있다. 말 한마디로 자기 복을 걷어차는 사람, 그럼에도 미움과 고마움을 저울질했을 때 고마움 쪽으로 더 기우는 사람 말이다. 이런 사람이라면 가끔 만나더라도 인연을 이어나가는 것이 좋다.

살면서 어떻게 좋은 소리만 들으며 살 수 있겠는가. 단, 상대에게 '그 말은 내게 상처가 되는 말이다'라는 언질 정도는 해주자. 그래야 조심하는 척이라도 할 테고, 관계가 나빠지는 걸 막을 수 있으니까.

장점에 눈을 돌려라

이쯤에서 복마마의 인간관계 3원칙 중 마지막 제3원칙에 대해 말해야겠다. 어떠한 일로 상처를 입었다면 '트라우마에서 장점으로' 시선 넓히기를 해봤으면 좋겠다.

우리는 상처받는 말을 들으면 본능적으로 그 말에 꽂힌다. 특히 내 처지가 안 좋을수록 민감도가 높아진다. 이럴 때는 미움에서 고마움으로, 단점에서 장점으로, 나를 화나게 만든 단일한 사건에서 그 일이 일어난 맥락으로 시야를 넓히는 것이 좋다. 그래야 그 사람을 감정적으로 대하지 않을 수 있고, 나아가 한 사람 때문에 나머지 사람들에게도 마음의 문을 닫는 실수를 저지르지 않을 수 있다.

한 사람이 미운 것과 다른 사람 전체에게 마음의 문을 닫는 것은 다르다. 많은 이가 상처를 입으면 오직 그것에만 꽂혀서 '이제 사람 자체를 믿지 못하겠어', '아무도 만나고 싶지 않아', '어차피 인생은 혼자야'라며 마음의 문을 닫아버린다.

한 명 때문에 100명의 인연을 포기하는 실수를 저지르지 말자. 이렇게 일을 키우는 이유는 그만큼 상처를 입어서이기도 하지만 내 멘탈이 약하기 때문이기도 하다. 이래서 멘탈이 중요하다. 내게서 좋은 것들을 지켜내기 위해서라도 우리는 멘탈을 꼭 키워야 한다.

이제껏 살아보니 대부분 좋은 기회는 사람들이 갖고 왔다. 100명의 인연을 '100개의 기회'라고 바꿔서 표현하면 조금은 쉽게 이해가 되려나. 내가 만나는 사람, 그 인연은 모두 기회다. 그 기회를 쉬이 놓치지 말자. 그랬으면 좋겠다.

나의 마음속에는
여러 개의 문이 있다

이참에 복마마가 관계에서 멘탈을 지키는 세 가지 방법에 대해 공유해볼까 한다.

미워하는 마음보다 고마워하는 마음

관계 멘탈을 키우는 첫 번째 방법은 미워하는 마음보다 고마워하는 마음을 넓게 가져가는 것이다. 이렇게 세팅되기 위해서는 점수를 매기는 방식이 중요한데 미움에는 -1점을 매기는 대신, 고마움에는 +3점을 매기는 것이다. 즉 주변의 누군가가 미워지면 -1점을 차감하고, 그 사람을 떠올렸을 때 고마운 일이 있다면 +3점을 더해준다.

내 상황에 빗대어 살펴보자.

'언니가 사람들이 다 보는 앞에서 면박을 줬어. 이건 마이너스 1점이야. 하지만 평소 내게 많은 것을 나눠주고 우리 아들 결혼식에도 와줬으니까 이건 플러스 3점이야. 합쳐서 플러스 2점이네. 그럼 난 열 배로 잘해야겠다.' 이런 식으로 계산하면 그 언니를 고마운 지인으로 정리할 수 있다.

물론 모든 일에 플러스, 마이너스로 점수를 매길 필요는 없다. 더구나 매사를 계산하라는 뜻은 절대 아니다. 단지 자신이 어떤 사람에게 상처를 받았거나 그 일로 속상할 때, '그래도 고마운 사람'임을 일깨우기 위한 도구로 활용해보라는 말이다. 정말로 미운 사람이거나 별 도움이 안 되는 인연이라면, 여러분 역시 그 인연을 오래 끌고 오지 않았을 터다. 그래도 뭔가 고맙고 소중한 사람이라고 생각하기에 심사숙고를 하는 것이리라.

이처럼 고마움에 가산점을 주다 보면 고마움이 미움보다 큰 값을 유지하면서 관계에 대한 긍정적 감정이 생겨난다. 이 긍정을 무기로 서운하거나 상처받는 상황과 맞서는 것만으로도 관계 멘탈을 견고하게 지킬 수 있다.

"인생이란 게 참 그래요. 아무것도 없을 때도 괴롭지만 돈이 쌓이기 시작해도 괴로워요. 그만큼 '사람의 드나듦'이 잦아지잖아요. 그분들이 올 때 좋은 것만 주고 가나요. 아니죠. 저는 예전에 비해 사람에게 상처받는 일이 열 배는 늘었어요. 하지만 사람에 대한 애착, 고마움은 100배가 더 늘었어요. 이 100배가 열 배의 상처를 덮어주는 거예요. 여러분도 복마마처럼 미움보다는 고마움에 가산점을 줘보세요. 그래야 행복해질 수 있어요."

마음속에 여러 개의 문을 두어라

관계 멘탈을 키우는 두 번째 방법은 마음속에 여러 개의 문을 만드는 것이다. 내 마음속에는 여러 개의 문이 존재한다. 사극 드라마에서 신하가 왕을 알현하기 위해 여러 개의 문을 통과하는 장면을 본 적 있을 것이다. 딱 그 그림을 연상하면 된다.

"복마마 님은 항상 웃고 있어서 금방 친해질 것 같아요."

"엄마처럼 포근하게 안아줄 것 같아요."

"사람 좋아 보이는 인상이 마음을 편안하게 해줘요."

나는 이런 소리를 많이 듣는데 실제로도 사람들이 다가오면 마음의 문을 활짝 여는 편이다. 사람들과 한데 섞여 지내는 것을 워낙 좋아하다 보니 오픈 마인드가 생활이 된 측면도 있다. 단, 내 마음속에는 여러 개의 문을 둔다. 역설적으로 들리겠지만 그래야만 다양한 사람과 좋은 관계를 유지할 수 있다.

마음의 문이 2중, 3중으로 되어 있는데, 대문 역할을 하는 맨 앞문은 항시 열려 있다. 주로 내 채널의 구독자나 수강생들에게 개방된다. 조금 깊숙한 곳으로 들어가면 중문이 나오는데 이건 우리 회사 직원들, 그리고 나와 알고 지낸 지 좀 되는 지인들에게 여는 문이다. 이 문이 열리는 데는 다소 시간이 필요하다.

맨 마지막 문인 안채 문은 가족, 서로 치부나 비밀을 공유할 정도로 친한 친구에게만 개방한다. 결코 자동문처럼 모든 문을 동시에 열지 않는다. 이건 나처럼 자기 사업을 하거나 영업직처럼 여러 사람과 만나는 사람이라면 필수로 가져가야 할 옵션이다.

아무래도 사업을 하다 보니 다양한 제안을 받는다. 이때 밉보이기 싫어서 예스를 해버리면 직원들이 뒷수습하느라 진을 빼야 한다. '사장은 마음이 좋은데 직원들이 싸가지가 없어'라는 평을 듣는 대부분의 회사가 사장이 허허실실인 경우가 많다. 이래선 안 된다. 의사결정권자가 어느 정도 필터링을 해줘야 주변 사람이 덜 피곤해진다. 그 방법 중 하나가 마음속에 여러 개의 문을 두는 것이다.

예를 들어 이민숙이라는 사람이 있다고 해보자. 몇 번 대화를 나눠보니 이 사람과 일하면 시너지가 날 것 같아 내 쪽에서 프로젝트를 제안했다. 그런데 민숙 씨가 썩 내켜 하지 않는 분위기다. 이럴 때면 나는 즉시 일시 정지 버튼을 누른다. '민숙 씨하고는 비즈니스를 하는 인맥보다 그냥 한 사람으로 알고 지내야겠다'라는 식으로 관계를 재정립하기 위해서다.

원래 성격 자체가 이런 구분이 잘 된다. 상대가 비즈니스 관계인지,

그냥 한 사람으로 좋은 건지 빨리 구분해야 서로 어색해지지 않을 수 있다. 이런 방법을 터득한 것도 다 오래전부터 마음 안에 여러 개의 문을 두고 살아온 덕분이다.

이런 상황에서 문이 한 개인 사람은 '거절을 당했네'라는 생각에 괜히 속이 좁아진다. 민숙 씨와 티나게 거리를 두거나 버럭 화를 낸다. 문이 하나밖에 없기에 반응도 단순하다. 문이 하나라는 의미는 '상대를 문 안으로 들이느냐, 문밖으로 보내느냐' 둘 중 하나만 택해야 함을 의미한다. 상대가 내 제안을 거절했으니 문밖으로 보내는 것 말고는 다른 방도가 없다.

문이 여러 개인 나는 다르다. '조금 안쪽에 있는 문을 열어주려고 했는데 민숙 씨는 아닌가 보네. 그럼 바깥에 있는 문에서 만나자고 해야겠다'라고 생각한다. 이렇게 민숙 씨와의 거리를 조절하는 식으로 문제를 해결한다. 그러니 화를 내거나 관계를 단절할 이유가 없다.

"손절한다는 건 뭘까요? 문이 하나밖에 없는 걸 의미해요. 문이 하나밖에 없으니까 뭔가 해볼 수 있는 여지가 없죠. 기회가 제한되는 거예요. 저처럼 마음의 문이 여러 개잖아요. 그럼 손절 대신 '오픈&클로즈'로 접근이 가능해요. 상대에게 안채 문을 열었다가 아니다 싶으면 닫고, 현관문을 열었는데 아니다 싶으면 닫아요. 그냥 대문 근처에 두면 되는 거예요. 그게 그 사람과 나와의 적절한 거리인 거죠. 자영업을 하거나 영업하는 사람이라면 반드시 '여러 개의 문'을 가지고 있어야 해요. 비록 대문 앞에 그 사람을 두게 되더라도 인연은 이어지는 거잖아요."

'을'에게는
아무 일도 일어나지 않는다

관계에서 멘탈을 키우는 세 번째 방법을 이어서 소개한다. 인맥 대신 나 자신에게 집중하는 것이다. 관계에서 한쪽은 무언가를 잔뜩 가지고 있는 반면, 다른 한쪽은 빈손이라면 필연적으로 갑과 을이 만들어진다. 그냥 자연스레 관계가 그렇게 된다. 이런 수직적인 관계에서는 을이 갑을 따라다니며 비위를 맞춰야 하는데 이 과정에서 나의 멘탈이 탈탈 털린다.

• 마음에도 없는 말을 해야 한다.

- 내 뜻과 다른 선택을 해야 한다.
- 내 의중과 상관없는 리액션을 해야 한다.

내가 당당해지면 좋은 인연이 알아서 찾아온다

이 과정에서 내가 나를 소외시키는 결과를 가져와 무력감과 우울감이 생겨난다. 그러니 멘탈이 바사삭 깨질 수밖에. 차라리 직원이 사장을 모시는 거면 그에 대한 보상으로 월급이라도 받지, 언제 올지 모를 갑의 은총을 받기 위해 나 자신을 속이는 일을 하는 것은 바보 같은 짓이다.

실제로 나는 인맥을 만드는 데 목적을 두거나 이데올로기를 앞세우는 모임에는 일체 참석하지 않는다. 그럴 시간에 우리 직원들에게 말이라도 한 번 더 걸고, 필요한 것이라도 사러 나가는 게 훨씬 이득이기 때문이다.

이와 관련한 주제로 30대 직원들과 대화를 나눈 적이 있다. 지방으로 임장을 가면 차 안에서 많은 시간을 보내는데 이때 빠지지 않고 등장하는 주제가 '인맥과 돈'이다.

김대리 : 한국은 인맥으로 통하잖아요. 인맥만 좇는 것은 문제가 되지만 아예 무시할 수도 없는 것 같아요.

복마마 : 그건 김대리 말이 맞아. 모든 일의 시작과 끝은 결국 사람이

야. 나를 흥하게 만드는 것도 사람이고 망하게 만드는 것도 사람이야. 그런데 '어떤 과정으로 서로 연결되느냐'가 중요해. 자연스럽게 연결되어야 상호 존중이 만들어지거든.

김대리 : 모임에 가서 만나는 게 자연스러운 것 아닌가요?

복마마 : 어떠한 모임이냐가 중요하겠지. 김대리가 한 가지 알아야 할 게 있어. 을이 '저 사람이 갑이겠구나'를 알아보기도 하지만 갑 역시 '얘는 자신감이 없네, 을을 자처하는군' 하며 한눈에 알아볼 수 있어. 우리가 어떤 사람을 처음 보면 그 사람을 탐색하잖아. 이때 껍데기만 보진 않거든. 겉만 번지르르한 사람들이 워낙 많으니까 알맹이를 보는 거지. 소위 말하는 경쟁력 있는 사람과 원원하려면 방법은 두 가지야. 하나는 내가 그들과 동등한 갑이 되거나 함께 시간을 보내고 싶을 만큼 좋은 사람이 되는 거야. 그런데 아이러니하게도 이 두 유형은 애써 인맥을 쌓으려고 노력하지 않아. 이미 주변이 좋은 사람들로 북적일 테니까.

김대리 : 그러겠네요. 오히려 사람이 귀찮을 수도 있겠어요.

복마마 : 그렇지. 그러니 잘 생각해야 해. 특정한 대상을 두고 '저 사람과 친해져야지'라고 생각한다는 것 자체가 그 사람에게 나는 경쟁력 없는 사람이라는 걸 스스로 직감하기 때문일 수도 있어. 이런 상태에서는 아무 일도 일어나지 않아. 가슴 아픈 말이지만 이게 현실이지.

김대리 : 가슴이 아픈 정도가 아니라 가슴뼈가 부서지는 말이네요.

복마마 : 김대리가 갑이라고 생각해봐. 본인이 만나고 싶은 사람과 약속을 잡고 싶지, 본인을 원하는 사람과 만나고 싶지는 않잖아. 을의 입장에서는 어떤 것도 일어나지 않아. 그러니 인맥에 투자하지 말고, 내가 잘되는 데 에너지를 써야 해.

좋은 사람은 좋은 사람을 볼 줄 안다

부자가 되기 위해 어느 정도는 돈과 인맥을 좇아야 한다. 하지만 좋은 인맥을 갖기 위해 모임에만 투자해서는 안 된다. 신기하게도 이것만 하는 사람은 내내 이것만 한다. 많은 이가 독서 클럽에 가입해서 새벽마다 활동하고, 주말마다 자전거나 등산 동호회에 가고, 날이면 날마다 술자리에 참석하며 '인맥 쌓기'라는 명분을 내세운다. 약속이 많은 것이 인맥이 많은 것과 동의어라도 되는 양 거들먹거리면서 말이다. 하지만 딱히 실속은 없다.

모임을 통해 좋은 사람과 인연을 맺고 싶거든 따로 만나고 싶은 사람이 되어라. 내세울 만한 타이틀이 없어도 괜찮다. 평소 다른 사람의 이야기를 잘 들어주고, 공감 능력이 뛰어나다면 그 모임에서도 꽤 괜찮은 사람의 눈에 들 확률이 높다.

우리가 이 정도 살면서 느낀 게 있다면 '스펙과 커리어'가 좋은 사람은 쉽게 만나볼 수 있어도 '경청과 공감'을 잘하는 사람을 만나기란 하늘의 별 따기라는 사실이다. 이런 사람은 흰색 바탕에 검은 반

점처럼 어디에서나 눈에 들어온다.

진짜 좋은 사람은 겉만 번지르르한 사람보다 '내적 소질'이 뛰어난 사람을 알아보는 선구안을 지녔다. 그 결과 경청과 공감 능력이 뛰어난 사람에게 자신의 시간과 곁을 내주려 한다. 우리는 이것을 두고 '유유상종'이라 부른다.

지금까지 관계에서 멘탈을 지키는 방법에 대해 알아보았다. 이것을 간략히 정리하면 다음과 같다.

첫째, 미움보다 고마움에 가산점을 주면서 관계에 대한 긍정성을 유지할 것.

둘째, 마음 안에 여러 개의 문을 둠으로써 손절보다 오픈&클로즈로 대처해나갈 것.

셋째, 인맥 형성보다 내가 잘되는 것에 시간을 쓸 것.

첫째와 둘째 방법이 사람, 관계, 상대방에 초점을 두는 거라면 셋째 방법은 나 자신에 초점을 두라는 지침이다. 궁극적으로 관계에서 멘탈을 지킨다는 것은 '나와 상대', '나와 관계', '나와 특정한 대상'의 균형을 맞춰 시너지가 나는 관계로 발전시킨다는 의미다.

돈 때문에
아이들에게 미안해하지 마라

집이 망하면 어른은 책임을 지느라 정신이 없는 반면, 자녀들은 크나큰 좌절과 상처를 떠안게 된다. 성인의 배 이상으로 실의에 빠진다. 어른들이 잘못해서 망한 것이고 거기서 갈등이 비롯됐음에도 엄마 아빠가 자신 때문에 싸우는 거라며 눈치를 보게 된다. 나 역시 장사를 말아먹었을 당시 아들이 걱정되었다. 마음에 상처를 입은 것뿐만이 아니라 의식주 면에서 불편해졌기 때문이다.

지금도 기억하는 일화가 있다. 아들이 중학생이었을 때 영어 과외를 시켰는데, 하루는 아들에게 이렇게 말했다. "준아, 오늘 선생님께

가서 이번 달 교습비를 못 준다고 말해야 할 거 같아. 다음 달에 드리겠다고 전해줘." 그렇게 아들을 보내놓고 마음이 좋지 않았다. 그러다 오후쯤 돼서야 영어 선생님에게 전화가 왔다.

선생님 : 어머니 준이에게 이야기 들었어요. 장사를 하다가 최근에 문을 닫았다고요. 경제적으로 힘들다고 들었는데 학원비는 다음에 주셔도 됩니다. 제가 전화를 드린 이유는 준이 앞에서 당당해져야 한다는 걸 말씀드리고 싶어서예요.

복마마 : 선생님… 뭐라 드릴 말씀이 없어요.

선생님 : 많이 힘드실 걸 알지만, 애 앞에서는 티를 내시면 안 돼요. 집안 형편이 어려워진 걸 알면 아이들은 미안한 마음이 생겨요. 그러면 아이는 어디에 가서나 미안한 사람이 되고 죄인이 돼요. 어머님은 누구보다 당당할 자격이 있으세요.

복마마 : 정말 감사합니다.

선생님 : 부모가 풍파 앞에서도 굴하지 않고 당당하게 처신하는 모습을 보여줘야 아이도 어려움을 만났을 때 당당히 맞서 싸울 생각을 하더라고요. 준이를 '중심이 선 어른'으로 키워주세요. 이 이야기하려고 전화를 드렸습니다.

복마마 : 정말 감사합니다. 장사에 실패한 것도 처음이고, 장사에 실패한 엄마가 된 것도 처음이라, 애 앞에서 어떻게 처신해야 하나 고민이었어요. 그런데 선생님께서 이렇게 용기를 주시네요. 선생님 말씀대로 하겠습니다.

선생님과 통화하는 내내 울었던 기억이 난다. 정말 그때는 절망감의 한복판에 있을 때라 따뜻한 말 한마디가 큰 힘이 되었다. 그리고 선생님과 통화를 끝내고 눈물의 수도꼭지도 꽉꽉 잠갔다.

집안 사정이 힘들어지면 직격탄을 받는 쪽은 자녀들이기에 보통의 부모들은 '내 새끼가 힘들어지는 구간'에서 망연자실한다. '유복한 집에서 태어났으면 하고 싶은 공부도 하면서 자랄 텐데 이런 엄마 아빠라서 미안해'라고 생각하는 게 한국의 부모들이다. 하지만 부모의 이런 자세는 자녀에게 도움이 되지 않는다.

선생님 말대로 집에서 허구한 날 "엄마 아빠가 망해서 미안해."라는 소리만 하거나, 기가 죽어 있는 모습만 보이면 아이는 습자지처럼 그 모습을 자기 것으로 빨아들인다. 집 밖에서도 어깨를 펴지 못하는 것은 물론이고, 친구가 잘못한 일임에도 오히려 자기가 미안해하며 낮은 자세를 취하게 된다. 이런 아이는 착하다는 소리는 들을지언정 자립심이나 뚝심을 가진 어른으로 성장하기 어렵다.

돈이 없어도
가족의 화목은 지켜내야 한다

실제로 나는 선생님과의 통화를 마치고 30년 된 구옥을 뜯어고치듯 이전의 마음가짐을 뜯어고쳤다. 통화 이전에는 '교습비도 밀리고 선생님에게 돈 이야기를 하게 해서 미안해'라는 태도였지만, 통화 이후엔 태도를 바꿨다. 아들에게 "엄마는 24시간 차 안에서 쪽잠을 자며 가게를 지키려고 했어. 결과가 안 좋았을 뿐이야. 최선을 다한 엄마에게 응원을 보내줘."라고 부탁했다.

'사춘기라서 혼자만의 공간이 중요할 텐데 지하에 살게 해서 미안해'였던 자세도 '아들, 엄마가 지하 중에서도 가장 좋은 방을 알아냈다. 엄마 대단하지?'라며 뻐기는 자세로 탈바꿈시켰다. 그러자 아들의 태도도 달라졌다. "엄마 최고! 엄마는 뭘 해도 잘하잖아."라며 오히려 힘을 보태어주었다.

30년 동안 세상과 부대끼며 느낀 점이 있다면 '결국 멘탈이 강한 아이가 살아남는다'는 사실이다. 집안이 좋고 학벌이 좋아도 쫄보 심장을 가진 아이는 고만고만하게 살 수는 있어도 그 이상을 누리며 살지는 못한다.

지금의 아이들이 살아갈 세상은 '변수투성이'다. 어떠한 변수가 생겨도 무너지지 않고 살아남을 정도의 자립심, 생존력을 부모들이 자녀에게 몸소 가르쳐줘야 한다.

이런 내 교육관 때문인지 아들은 내가 무슨 잘못을 하면 "엄마, 이건 엄마가 나에게 사과해야 할 것 같은데."라고 요청한다. 아들에게 자초지종을 듣고 나서 내가 잘못을 했으면 "그 부분은 엄마가 미안해. 미처 거기까지는 생각하지 못했어."라며 사과한다.

단, 이때도 비굴한 태도를 보이지 않는다. 비굴한 사과는 10의 잘못을 해놓고 100만큼 미안해하는 모습을 보이는 걸 말한다. "엄마가 무조건 다 미안해. 다시는 안 그럴게." 이런 식의 사과는 좋은 사과가 아니다. 오히려 감정에 호소하는 것으로 비칠 수 있다. 사과도 당당하게 하는 것이 좋다. "이번엔 엄마가 판단을 잘못했어. 그 부분은 미안해."라고 내가 잘못한 부분에 대해서만 깔끔하게 사과를 하면 된다.

"남편이 퇴직해서 형편이 이전만 못해졌어요."

"남편이 손을 다치는 바람에 운영하던 가게 문을 닫았어요."

가끔 이런 식의 하소연을 해오는 주부와 만날 때가 있다. 집에서 쉬는 남편과 싸우기도 싫고, 지푸라기라도 잡는 심정으로 경매 수업을 들으러 왔다는 그녀들에게 나는 물개박수를 쳐준다. 뭐라도 해보겠다며 용기를 낸 엄마의 모습, 그 자체가 아이에게는 살아 있는 교육이 되기 때문이다.

나는 경매 수업을 들으러 오는 이들에게 이런 이야기를 해준다.

"집이 어려워지잖아요. 그 공기가 아이에게 가지 않도록 칸막이를 쳐줘야 해요. 물론 한집에 사니 그 공기를 못 느낄 수는 없어요. 요즘 아이들 눈치가 백단이잖아요. 하지만 '집안 형편은 형편이고, 아빠는 여전히 네 아빠야. 그리고 넌 여전히 아빠의 자식이야'라는 걸 아이에게 인식시켜주어야 해요. 그럼 아이는 '엄마는 아빠가 일을 그만둬도 타격을 안 받네. 집에 돈이 있거나 없거나 가족을 대하는 태도가 일관적이네'라며 엄마에 대한 신뢰를 갖게 돼요.

돈이 뭐예요? 있다가도 없고, 없다가도 있는 게 돈이잖아요. '돈의 유무'에 따라 엄마가 가족을 대하는 태도나 기분이 달라지면 어떻게 되는 줄 아세요? 그럼 아이들도 '돈 많은 부모'만 우대하고, '가난해진 부모'를 무시해요. 그러니 우리가 어떻게 해야 할지 분명해지죠. 평상시에 돈과 가족을 대하는 태도를 분리하는 연습을 해야 합니다."

돈은 언제든 있을 수 있고 없을 수 있다. 돈의 유무에 따라 태도가 변하고 분위기가 달라져서는 안 된다. 일관성 없는 부모는 신뢰를 주지 못한다. 당당하게, 일관성 있게, 가족과 아이를 지켜내는 강단이 우리에겐 필요하다.

부모는 부모일 뿐
신이 아니다

옆집에 놀러갔더니 남편 자랑, 자식 자랑, 돈 자랑만 한다. 그래서 내가 작아지고 우울해진다면 그런 사람과는 적당한 거리를 두는 것이 좋다. 가만히 보면 우리나라는 유달리 남과 비교를 많이 하는 문화가 있다. 남 험담하는 것도 결국 비교에서 나온 말이 대부분이다. 아마 비교하는 문화가 없어지면 공중에 떠다니는 험담의 90퍼센트는 사라지지 않을까 싶다.

"복마마 님은 세상 혼자 사세요. 남과 비교를 해본 적도 없죠?"라며 진담 반, 농담 반 섞인 구독자들의 댓글이 달린 것을 본 적이 있다. 아니, 나도 사람인데 왜 없겠는가. 하지만 그때마다 필사적으로 '비교 접근금지'를 선언해 내 인생에 들어오지 못하게 했다.

자녀 앞에서 부모는 왜 늘 작아지는가

분당에서 음식 장사를 할 때의 일이다. 시댁이 분당이었기에 결혼한 뒤로는 줄곧 분당에서 살았는데 그 덕에 아들은 초중고를 분당에서 나왔다. 한번은 아들이 학급 부회장이 되어 학부모 모임에 참석했다. "엄마는 왜 학교에 안 와? 반장이나 부반장 엄마들은 오는데…."라고 해서 얼떨결에 참석한 것이다.

그런데 웬걸, 다른 엄마들은 아들 하나인 나와 달랐다. 첫째는 이미 해외로 보내놓은 상태에서 둘째, 셋째를 키우는 이들이 많았다. 나이도 나보다 열 살에서 스무 살 위인 분들이다 보니 마치 6학년 고학년생과 이제 막 학교에 입학한 1학년생이 한자리에 있는 느낌이었다.

이게 다가 아니었다. "하버드 보내놓으면 지들이 알아서 살겠지.", "영국에 가면 1억은 우습게 깨지는데 아이가 원하니까 보내야죠." 등 한 번도 들어보지 못한 딴 세상 이야기를 늘어놓는 게 아닌가. 전부 처음 들어보는 얘기라 대화에 낄 수조차 없었다.

나는 집으로 돌아와 아들을 앉혀놓고 말했다. "너 부회장 하고 싶어? 그럼 해. 대신 엄마는 학교에 안 갈 거야."

아주 단호하게 내 입장을 전달했다. "네가 임원이라서 한턱 쏠 일이 있으면 그건 낼게."라며 엄마로서 할 수 있는 역할만 전달하고는 학교 방문에 대해선 선을 그었다.

사회생활을 20년 이상 한, 멘탈이 센 엄마도 자녀 문제 앞에서는 와르르 무너지게 되어 있다. 부모란 그런 존재다. 자녀 앞에서는 절대적 약자이지 않은가. 이럴 때는 어떻게 해야 할까?

우리가 로또에 당첨되지 않는 이상 있는 부잣집 사람들이 자녀에게 해주는 것을 우리 아이들에게 그대로 해줄 수 없다. 그러니 이럴 때는 세 가지 전략으로 엄마의 멘탈을 지켜내야 한다.

첫째, 나와 남편이 아이에게 해줄 수 있는 것들은 다 해주고 있는가를 자문해본 뒤, 70퍼센트 이상 해주고 있다고 판단되면 그걸로 됐다고 선언할 것. 우리는 우리답게 최선을 다하면 된다.

둘째, '저 집은 자녀들 유학도 보내주고 이것저것 다 해주는데 우리는 못 해주네'라는 생각에 감정이 다운되지 말 것. 그런 감정은 비교에서 온 일시적인 감정임을 눈치 챌 것. 그래야 비교가 파생시킨 나쁜 공기가 집에 퍼지는 걸 막을 수 있다. 대부분 남편과 자녀가 다치는 구간이 이 지점이다. 오늘 처음 본, 이름도 성도 모르는 아줌마들 때문에 우리 집이 망가지게 내버려둬서는 안 된다.

셋째, 비교라는 의자 근처엔 얼씬도 하지 않겠다고 스스로 결심할 것. 99명의 사람들이 그 의자에 앉는다고 해서 나까지 엉덩이를 디밀 필요는 없다. 그 의자에 앉는 순간 내 인생은 '-100'점이 되는데 왜 스스로 안 좋은 환경을 만들려 하는가. 그러지 말자.

모든 부모 마음은 한결같다. 내 자식이 상위권 대학을 나와 유학도 좀 다녀오고 그럴듯한 기업에 다니길 바라는 마음. 하지만 이게 말처럼 쉬운 일은 아니다. 대기업 공채의 문이 점점 좁아지는 현실을 감안하면 이건 거의 기적이다. 자녀에 대한 기대치를 내려놓으라는 말이 아니니 오해하지는 말자. 자녀가 살아가야 할 현실을 명확하게 인지하자는 뜻이다. 현실을 외면한 채 과한 기대감에 휩싸여선 안 된다.

설사 100명의 아이들이 이런 인생을 살 수 있다 해도, 그 안에서 선택받는 아이들은 또 생겨나게 마련이다. 그럼 그때 가서 또 '왜 우리 아이는 톱티어에 들지 못하는 거지'라는 생각이 든다. 그때도 내가 뒷받침을 못 해줘서 그런 거라며 자책할 것인가? 끝도 없는 싸움에 휘말릴 필요가 없다. 이럴 때는 고민의 내용을 다르게 가져가야 한다.

"나는 왜 아이에게 이것밖에 못 해주는 부모인가?"가 아니라 "아이들에게 내가 부모로서 해줄 수 있는 것은 무엇인가?"로 질문을 바꿔라.

밥 차려주는 게 엄마의 절대 사명은 아니다

다행히도 아이에게 해줄 수 있는 한 가지가 있다. 엄마가 이것을 갖추면 누구라도 내 자녀를 잘 키울 수 있다. 단, 이것을 하려면 엄마인 내 존재부터 바꿔야 한다. 그동안 밥만 차려주고 학원만 보내주는 존재였다면 이제는 자녀들에게 세상의 변화를 읽어주는 엄마로 대변신을 해야 할 때다. 엄마의 역할을 바꿈으로써 자녀들에게 새로운 모습을 보여주자. 그리고 이것의 전제 조건은 집밥 만능론에서 벗어나는 것이다.

모임 자리에 나가 보면 남편과 아이들 밥 차려준다고 중간에 일어나거나 저녁상을 차려야 한다며 본인 일은 뒤로 미루는 이들이 있다. 자기를 위한 일은 아예 꿈도 못 꾸는 이들의 특징이 바로 집밥 만능론을 맹신한다는 점이다. 한 끼 굶는다고 가족들이 어떻게 되지 않는다. 집에서 아무리 영양가 있는 식단을 짜서 밥을 해줘도 학원에 가서 탕후루 두 개, 마라탕 한 그릇만 먹으면 균형은 깨진다.

"애들 밥 차려주는 게 엄마의 절대 사명이 아닙니다. 밥 걱정하며 집에만 있지 말고, 세상을 공부해서 자녀들에게 보여주세요. '아들딸들아, 보라! 너희가 뛰어들 세상은 이렇게 변하고 있다'라며 엄마가 먼저 보여주는 거예요."

이제 엄마의 역할이 바뀌어야 한다. 아무것도 없던 시절에야 먹고 사는 게 사명이었으니 집밥이 중요했다. 하지만 지금은 영양 과잉의 시대 아닌가. 그러니 조금 덜 먹어도 괜찮다. 대신 밥보다 더 중요한 걸 주는 엄마가 되자.

자녀 입장에서 밥만 차려주는 엄마는 집에서 삼시세끼를 해결해야 할 취준생 때까지만 필요하다. 취업과 동시에 독립해서 나가는 아이들은 명절이나 집안 행사 때 얼굴을 보여주는 손님으로 전락해버린다. 하지만 아이가 대학이나 전공을 고민할 때, 취업이나 퇴직을 고민할 때, 창업에 뛰어들거나 유학을 준비할 때 함께 방향성을 고민해주는 엄마라면 이야기가 달라진다. 자녀를 죽을 때까지 끼고 살라는 의미는 아니다. 엄마의 정체성, 역할에 변화를 주라는 의미다.

바야흐로 창의성, 자립심, 멘탈이 강한 아이가 인재로 인정받는 시대다. 동일한 업무를 맡겼을 때 대체 불가능한 사람으로 거듭나게 해주는 충분조건이 창의성이라면, 자립심과 강한 멘탈은 도태되지 않기 위한 필요조건이다. 그런데 부모가 창의성과 자립심이 왜 필요한지, 멘탈을 강하게 하려면 무엇을 해야 하는지 모른다면 자녀들에게 가이드 자체를 제시할 수 없다.

《엄마의 20년》이라는 책에는 이런 구절이 나온다. "엄마가 반찬 한 가지에 연연하면 아이도 평생 반찬 생각밖에 못 해요. '큰 시야'가 '큰 가정'을 만들고 '큰아이'를 만듭니다." 자녀에게 식탁에 오를 반찬만 보여주는 엄마로 남을 것인가, 세상을 보는 시야를 넓혀주는 엄마로 거듭날 것인가. 그 선택은 다른 누구도 아닌 우리 자신에게 달려 있다.

자식보다
집이 먼저다

세상에서 가장 안 오르는 물가가 무엇인지 아는가? 바로 자녀가 부모에게 주는 용돈이다. 그 용돈이란 게 10만 원 내외로 고정되어 있다. 언제적 10만 원인가 싶다. 어쨌든 물은 위에서 아래로 흐르는 것이 맞긴 하다. 부모 입장에서 자녀에게 용돈을 받으면 흐뭇하고 키운 보람이 느껴져서 좋지만 이것도 한두 번이다. 기본적으로 물줄기는 위에서 아래로 흐르는 것이 보기에도 좋고 자연의 이치에도 맞다.

단, 여기서 말하는 물줄기가 '큰돈'이라면 사정이 달라지는데 아무리 부모와 자식 간이라도 큰돈이 오고 가는 것은 지양해야 한다.

경매 과정 중 '명도'라는 것이 있다. 의뢰인을 대신해 경매 물건에 살던 집주인이나 세입자를 내보내고, 새 주인이 그곳에 편안하게 들어올 수 있도록 하는 일련의 소통 과정이다. 짧게는 2개월에서 길게는 수개월 넘게 이 과정이 이뤄지는데 이때 자연스럽게 이전의 점유자와 대화를 나누게 된다. '사업을 하다가 집이 경매로 넘어가게 됐다', '보증금도 못 받고 쫓겨 나가게 생겼다', '갭투자를 우습게 본 것 같다' 등 집이나 공장을 경매로 내놓을 수밖에 없는 사연들이 가지각색이다. 그런데 여기엔 아주 중요한 포인트가 있다. 이 사연들 중 절반 이상이 바로 자녀들 때문에 생겨난다는 점이다.

특히 1억도 안 되는 시골 주택이 경매로 나오는 99퍼센트의 이유는 자녀에게 그 집을 담보로 대출을 해주었기 때문이다. 이것 말고는 마지막 보금자리인 농가주택이 경매로 나올 이유가 없다.

"사업을 해야 하는데 급전이 필요해요. 안 그럼 공장이 경매로 넘어가요."

"직원들 월급이랑 거래처 외주 비용을 줘야 해요. 한 번만 도와주세요."

"세입자에게 전세금을 빼줘야 하는데 담보 대출 좀 받아주시면 안 될까요?"

"저 결혼하는데 1억만 도와주세요. 여기는 시골이랑 달라서 집값이 너무 비싸요."

자녀들의 요구에 부모 마음이 약해지는 건 인지상정. 결국 인감도장을 내주고 만다. 이런 사연을 접할 때마다 '이분들은 이제 어디로 가셔야 하나' 싶은 마음에 돌아오는 발걸음이 천근만근이 되곤 한다. 그럼 본인들 때문에 길거리에 나앉은 부모를 자녀들이 모셔갈까? 그럴 리가. 그러고 싶어도 그러지 못하는 상황이 열 중 열이다.

집문서를 내주기 전에 점검해야 할 것

50~60대 수강생들에게 누누이 전하는 것 중 하나가 자식들에게 재산을 함부로 물려줘서는 안 된다는 이야기다.

"우리가 힘들게 번 돈으로 마련한 집은 어때요. 함부로 대출을 받거나 일을 벌이지 못하죠. 피땀 흘려서 마련한 집인데 어떻게 이걸 담보로 일을 벌여요. 명도할 때도 세입자는 몇억 보증금을 떼이더라도 포기하고 나가는 반면, 집주인들은 집에 대한 애착 때문에 쉽게 못 나가요. 항상 세입자보다 집주인이 점유하고 있을 때 명도가 어려웠어요. 전성기 때 집을 마련해서 들어온 거라 이걸 놓는 게 죽을 맛일 거예요. 저도 집과 상가를 날려 먹고 나서 그걸 되찾으려고 경매에 입문한 케이스거든요. 집에 대한 애착이 그 정도로 무서운 거라고요. 똑같은 집이라도 그 애착이 부모와 자식 간에 다를 수밖에 없다는 말이에요."

나는 이런 이야기를 아주 힘주어 전한다.

그럼 어디에선가 "그래도 자식이 힘들어하는데 어떻게 보고만 있어요."라는 자그마한 소리가 들린다. 당연히 그럴 것이다. 아들을 둔 엄마인 내가 왜 그걸 모르겠는가. 만약 경매에 입문하지 않았다면 나 역시 여느 부모처럼 '정'만으로 아들을 키웠을 것이다.

자녀의 어려움을 보고만 있을 수 없다면 다음의 두 가지라도 확인 해보길 바란다.

첫째는 부모가 내미는 그 손길이 자녀에게 단비에서 그치는 건지, 가뭄을 말끔히 씻겨줄 정도의 비인지 확인해보는 것이다. 이 점이 아주 중요하다. 부모는 자녀에게 전 재산을 내어주는 건데, 이러한 도움이 한강에 돌 던지기 수준이라면 그 누구에게도 좋을 것이 없다.

"이것도 아니고 저것도 아닌데 왜 둘 다 망하는 쪽을 선택하세요. 그러지 마세요. 눈에 넣어도 아프지 않을 자식이라도 부모의 마지막 은신처마저 내줘서는 안 돼요. 차라리 망했으면 자녀더러 고향으로 내려오라고 하세요. 부모 그늘에서 다시 시작하라고 하는 편이 더 나아요." 나는 이 점을 강조해서 이야기하는데 결과적으로도 이게 서로에게 도움이 된다.

아닌 게 아니라 실제로 후회 섞인 한탄을 하는 할머니 할아버지들의 이야기를 숱하게 들어온 복마마다. "제가 생각을 잘못했어요. 아들에게 집문서를 내줄 것이 아니라 방 한 칸을 내어줬어야 해요. 그랬다면 이 집이라도 살려서 나중에 물려줄 수 있었을 텐데요."라며 많은 이들이 뼈저린 후회로 가슴을 친다. 이 부분에 대해 진지하게 고민해봐야 한다.

두 번째로 체크할 점은 자녀에게 도움을 주는 것이 부모로서 떳떳하게 해주는 것인지, 자녀 눈치가 보여서인지다. 즉 기싸움에서 밀려 어쩔 수 없이 내어주는 건지 자문해야 한다. 이건 혼자 있을 때 스스로에게 물어보는 것이 좋다. 확인 방법도 간단하다. 자녀가 도와달라고 찾아왔을 때 그 한순간을 넘기는 것이 힘들어 마지못해 내어주는 거라면 후자에 해당한다.

어릴 때부터 다른 사람의 몫까지 자기가 누려야 직성이 풀리는 성향의 자녀일수록 돈을 빌리러 왔음에도 당당하게 군다. 어차피 '이 집의 모든 자원은 내 것'이라는 생각이 밑바닥에 깔려 있기 때문인데, 지금은 그 대상이 부모의 재산이 된 것뿐이다.

이렇게 되면 집은 집대로 저당 잡히고 설상가상 형제의 난으로 번지게 된다. 다른 자녀들이 부모에게 발길을 끊는 것은 덤이다. 정 자녀의 등쌀에 못 이겨 도와주려거든 다른 자녀와의 불화까지 내다보고 움직여라. 뒷감당은 부모 본인의 몫이다.

돈을 주면 업보가 되고
복을 주면 보물이 된다

이 모든 비극에서 안전해지기 위한 근본적인 해결책이 하나 있다. 이는 수강생들과 티타임을 가지면서 도출한 아이디어다.

복마마 : 돈이 있으면 있는 대로, 없으면 없는 대로 골치가 아파요.

수강생 : 저희는 가진 것도 없고, 줄 것도 없어서 형제의 난 같은 건 걱정할 필요가 없어요.

복마마 : 왜 줄 게 없어요. 한 가지 알려드릴까요? 돈이 많든 적든 상관없이 자녀에게 줄 수 있는 게 있어요.

수강생 : 그게 뭔데요?

복마마 : 복이에요. 자녀에게 돈을 물려주면 업보가 되지만 복을 물려주면 큰 애, 작은 애 할 것 없이 골고루 혜택이 간답니다. 우리 나이대가 되면 돈도 중요하지만 돈이 다가 아니라는 것도 알게 되잖아요. 자식 문제도 똑같아요. 재산 때문에 자식 신세 망치는 집들을 여럿 봐서 돈만 갖고는 안 된다는 걸 저는 이미 알고 있답니다. 차라리 그 돈으로 어려운 이웃을 돌보거나 기부를 하는 식으로 복을 짓는 게 나아요.

수강생 : 복마마 님이니까 복을 이야기하네요. 복은 저도 줄 수 있을 것 같아요. 나이를 먹으니까 무형의 유산에 대해서도 관심이 생기더라고요. 정말 돈보다 중요한 복을 물려줘야 겠어요.

복마마 : 그럼요. 자식들도 그런 부모를 더 존경하고 따라요. 부모에 대한 자부심을 갖게 하는 거야말로 지금 우리가 고민해봐야 할 주제 아닌가 싶네요.

수강생들과 이렇게 의미 있는 대화를 나누고 헤어진 적이 있다. 말로만 끝날 게 아니라 진짜 이런 부모들이 많아졌으면 좋겠다. 돈 대신 복을 물려주어 더 큰 복을 짓는 선순환이 가능하도록.

자식들에게 돈을 물려주면 당장은 좋지만 그것으로 끝인 경우가 많다. 하지만 복은 다르다. 내가 가진 재능, 시간, 마음, 돈을 이웃과 나누면서 짓는 복은 지금 당장은 자녀에게 닿지 않더라도 언젠가는 혜택을 보게 되어 있다. 그뿐 아니다. '부모에 대한 긍정적인 상'을 갖게 만드는 데도 도움이 된다. 이것 하나라도 자식들에게 줄 수 있다면 부모로서 성공한 인생이지 않을까.

3부

가장 밑바닥일 때
감히 100억을 꿈꿨다

가난을 안다고 말하는 사람은 많다.
나도 그중 한 사람이다.
부를 안다고 말하는 사람도 많다.
나 역시 그중 한 사람이다.
가난과 부, 모두가 뼈에 새겨져 있다.

가난을 아는 자에서 부를 아는 자로
나는 어떻게 스스로를 탈바꿈했을까?
너무 쉬워서 누구나 따라 할 수 있지만,
더없이 기본적이고 중요한 것들을 정리해보았다.

나는 장사와 몇 가지 사업, 그리고 부동산 경매를 통해
나름대로 큰 업을 이루었다.
흙수저 중의 흙수저에서 나름 잘나가는 사람이 되었다.
숱한 시행착오 끝에 얻은 이 교훈이
더 많은 이에게 도움이 되었으면 좋겠다.

1장

부자는 돈이 아니라
습관이 만든다

좌측에는 원대한 꿈,
우측에는 작은 목표

"난 망한 것도 힘들지만 망하기 전이 더 힘들었던 것 같아."

가게를 접고 나서 가족들에게 건넨 내 솔직한 심경이다. 그럴 수밖에 없는 게 열 곳 넘는 부동산에 가게를 내놓았음에도 초기 투자 비용이 센 탓에 적임자가 나타나지 않았다. 그럴수록 빚의 규모는 커져가고, 속은 있는 대로 타들어갔다. 하루는 하도 답답해 시누이랑 철학관을 찾아갔다.

복마마 : 가게는 언제쯤 팔릴까요?

점쟁이 : 다 때가 되면 팔려. 몇 개월만 기다려봐. 그 안에는 팔려.

복마마 : 그럼 저… 오래 살긴 할까요?

점쟁이 : 걱정하지 마. 벽에 똥칠할 때까지 사니까.

복마마 : 아, 그렇군요. 알겠습니다.

그때가 언제인지 궁금해서 찾아갔건만 점쟁이는 막연하게만 대답해주었다. 그러고 석 달 후 인형 눈알 붙이는 일을 할 때 알고 지낸 부부가 찾아왔다. 자기네가 가게를 인수해보겠다고 했다. 친구 남편이 야탑 근처에서 회사를 다니는데 평소 우리 가게를 눈여겨보고 있었다는 것이다. '내심 이거 한번 해보고 싶다' 생각하던 차였는데 매물로 나왔다는 소식을 듣고 그 길로 나를 찾아왔다.

참으로 신기했다. 처음 쭈꾸미 삼겹살집을 넘겨받은 친구 역시 부업을 함께 했던 친구네 부부였는데, 이번에도 그 멤버가 인수를 해간 것이다. 이래서 인연을 잘 이어가는 게 중요하다. 개당 10원, 20원 하던 부업을 했을 때 닿은 인연이라고 해서 소홀히 여겼다면 나는 내 가게를 맡아줄 적임자를 제때 찾지 못했을 터다.

'권리금 없이 그냥 팔 테니 열심히 해보라'며 손을 턴 나는 음식점 사업에서 완전히 손을 뗐다. 지금도 그때만 생각하면 뼈가 시릴 정도로 아픈 경험이었으나 한편으로는 '젊어 망해서 다행이다'라는 생각도 든다.

망하지 않고 성공하면 좋겠지만 인생은 공짜로 무언가를 내주지 않는다. 간혹 자신은 아직 실패한 적이 없다며 자랑하는 이들과 만

난다. 그럼 '제대로 도전을 해보지 않았거나 곧 망할 사람이겠구나'
라고 생각하며 웃어넘긴다. 악담이 아니라 이게 현실이고 진실이다.

부끄럽지만 100억을 벌겠노라 다짐했다

- 가족들 건강하기
- 아들 장가 보내기
- 경매로 '100억?' 벌기

경매일을 배우기 시작할 때쯤 A4지 세 장에 소원을 쓴 적이 있다.
첫 번째 소원이야 가족을 둔 사람이라면 누구나 생각할 법하지만 통
장에 100억 원이 찍히게 해달라는 소원은 로또 당첨만큼이나 허무
맹랑하다. 나도 무안했던지 '100억?'이라고 적어놓고 아무도 보지 못
하게 꽁꽁 숨겨두었다.

누구라도 100억 원은 상상조차 할 수 없는 금액일 것이다. 아마
100억 원보다 '당장 100만 원이라도 주워봤으면 좋겠다'고 생각하는
이가 더 많지 싶다. 지금 와 고백하면 100억 원은 나름 고심해서 쓴
금액이었다. 절대로 장난삼아서 쓴 금액이 아니다.

나는 경매 수업을 들으러 오는 수강생들에게 "여러분도 등기부등
본의 주인이 될 수 있습니다."라고 이야기를 해준다. 심지어 사본이
긴 하나 등기부권리증을 나눠주며 그곳에 본인의 이름을 적도록 한

다. 30억 이상 되는 강남 아파트 등기부등본에 이름을 적음으로써 한 번도 꿈꾸지 못한 목표를 갖도록 하기 위해서다. 다들 민망한지 곳곳에서 웃음소리가 새어 나온다. 나는 그것을 가족들이 다 볼 수 있도록 냉장고 문 앞에 붙여두라고 한다.

"제가 지금 당장 30억짜리 아파트를 가지라고 하는 게 아니잖아요. 그런 '꿈을 꾸는 내가 되어보자'라는 거지요. 언감생심 가능한가 싶은 목표를 가질 때는요, 진지하게 전략적으로 접근하면 망해요. 그렇잖아요. 내 이름으로 땅 한 평 갖고 있지도 않은데 무슨 강남 아파트를 꿈꿔요. 이럴 때는요, 논리적 계산 다 빼버리고 그냥 유치하게 접근하는 거예요. '원대한 꿈은 유치하게, 잡히는 목표는 전략적으로'가 핵심이에요."

이렇게 하고 나면 무슨 일이 벌어지는 줄 아는가. 처음에는 강남 아파트의 소유주가 되는 것을 꿈꾸는 자신이 허무맹랑하고 유치하게 느껴진다. 하지만 그 근방에라도 가면 눈길 한번, 발길 한번 주게 된다. 신기하게도 정말 그렇다. 처음으로 내 이름 석 자를 써본 등기부등본의 물건이기에 자신도 모르게 관심이 가는 것이다. 이런 경험을 자꾸 해봐야 한다.

마음속에 큰 꿈을 품는 건 중요하다. 그래야 그에 준하는 무언가라도 갖고자 하는 열망이 생기고, 우리의 뇌가 그 길을 찾으려 하기 때문이다.

현재 당신이 꿈꾸는 것이 무엇이든 현실 가능성을 제쳐두고 10억 자산가 되기, 강남 아파트 입성하기, 1만 평 토지의 주인 되기와 같은 큰 목표를 적어보라. 바로 여기에서 부의 씨앗의 만들어지고, 실행의 단서가 탄생한다. 큰 목표는 장난 반, 진담 반으로 접근하면 민망함이 덜어진다.

그러다 월 47만 원짜리 편의점 알바, 100만 원 남짓한 사무직 알바, 순 매출 250만 원 정도 되는 가게 주인, 2,000만 원짜리 토지, 7,000만 원짜리 지방 아파트 투자 등 당장 가질 수 있는 것들을 도장 깨기하듯 해보는 것이다. 이 일을 다 하는데 10년 정도 걸려도 상관없다.

복마마의 100억 만들기 프로젝트	
좌측(커다란 목표)	우측(작은 목표)
	2,000만 원짜리 토지 지분 투자
	7,000만 원짜리 지방 아파트 투자
· 100억 부자 되기	1억 원짜리 상가 투자
· 강남 래미안 아파트 소유주 되기	2억 9,000만 원짜리 화성 아파트 투자
	4,900만 원짜리 경기도 광주 임야 투자
	1억 2,000만 원짜리 경기도 용인 빌라 투자
	총합 :

다시 말해 좌측에는 원대한 목표를 두고, 우측에는 자잘하게 이룬 목표들로 채우면 된다. 그럼 어느 순간 좌측과 우측의 총합이 비등

비등해지는 날이 반드시 찾아온다. 이게 복마마가 100억 원의 자산을 만든 원리다.

'한 번에 100억을 벌 것이다', '곧장 강남 아파트에 입성하고 말 것이다'라는 소망은 뜬구름이다. 하지만 100번의 실행과 시행착오의 총합, 이 경험을 갖고 노력한다면 충분히 현실 가능한 이야기가 된다.

참고로 나는 100억 부자라고 적고 나서 정확히 14~16년 만에 목표 금액을 달성했다. 당신이라고 못 할 이유가 없다. 14~16년 동안 노력한다면 충분히 100억 부자가 될 수 있다.

0의 구간

중간만 선택하는 것도
습관이다

다음 페이지에 나오는 그래프는 30년간 내가 해온 수입 활동을 정리한 것이다. 처음에는 개당 10~20원짜리 부업을 하루 종일 해도 채 1만 원도 벌지 못했다. 일당 1만 원 받던 내가 현재는 한 시간당 55만 원의 컨설팅 비용을 받는다. 무려 55배나 몸값이 뛰었다.

하지만 여러분이 집중해야 할 부분은 따로 있다. 바로 중간에 보이는 0의 구간이다. '0의 구간을 어떻게 견디느냐'가 그 사람이 지닌 돈의 멘탈, 부의 그릇을 결정하기 때문이다.

첫 번째 0의 구간은 야탑의 감자탕 식당을 정리하고 보험 영업에

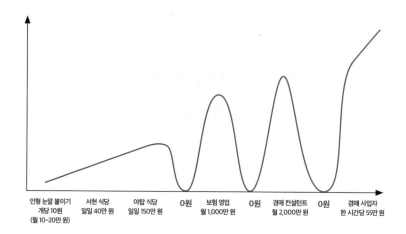

인형 눈알 붙이기
개당 10원
(월 10~20만 원)

서현 식당
일일 40만 원

야탑 식당
일일 150만 원

0원

보험 영업
월 1,000만 원

0원

경매 컨설턴트
월 2,000만 원

0원

경매 사업자
한 시간당 55만 원

뛰어든 초창기였다. 이때는 0이 아니라 빚을 떠안고 가게를 정리했으니 '마이너스 구간'이 더 맞는 표현이다.

내 인생의 첫 실패이기도 했고, 가장 많은 것들이 밀물처럼 떠내려가던 때라 힘든 시기였다. 특히 나 때문에 가족들이 연대 책임을 진 점과 믿었던 사람들이 등을 돌린 점이 가장 힘들었다.

두 번째 0의 구간은 보험 영업을 잘하고 있다가 부동산 경매로 진로 변경을 하던 시기다.

보험 영업으로 자리를 잡을 때쯤 딴생각이 고개를 들었다. 집과 상가를 되찾아야겠다는 일념으로 경매 공부에 매진했는데 이때 남편이 '미친 사람 같다'는 소리를 할 정도로 경매를 파고들었다. 이제는 때가 되었다고 생각한 나는 "보험에서 경매로 말을 바꿔 타야 할 것 같다."며 가족들에게 선빵을 날렸다. 당연히 가족들의 첫 반응은 반대였다.

그 심정도 이해가 가는 게 워낙 많은 빚을 지고 가게를 접은 탓에 나와 남편의 월급이 빚 탕감으로 모두 빠져나갔다. 아직 생활이 안정되지 않았는데 또 모험을 하겠다니 말리는 것도 당연했다. 그럼에도 나는 경매를 선택했다.

"사람이 저 밑바닥까지 떨어지잖아요. 그럼 '중간' 가지고는 만족이 안 돼요. 바닥에 떨어졌을 때 위를 보면 뭐가 보여요? 하늘밖에 안 보여요. '꼭대기까지 올라가야 하늘을 볼 수 있겠구나' 하는 생각에 정신세계가 무장되면서 죽자 살자 덤벼들게 돼요. 반면 어설프게 넘어지잖아요. 그럼 지금 있는 곳에서 몇 칸 위, 중간만 가도 된다며 타협해요. 몇 칸만 올라가도 충분히 살 수 있을 것 같거든요. 그러니 중간에 만족하고 계속 중간에만 머무르는 거예요."

보험 영업을 잘해서 1,000만 원의 성과급을 받았으나 이걸 포기하고 경매로 넘어왔다. 그 돈이 아까워서라도 더욱 이를 악물고 열심히 할 수밖에 없었다. 다시 보험 쪽으로 돌아간다 해도 맨땅에서 시작해야 하는 만큼 경매에 사활을 걸어야만 했다.

세 번째 0의 구간은 경매 컨설턴트로 일하다가 경매 사업자로 변신을 도모한 시기다.

처음 경매에 뛰어들고 나서 6개월 정도는 수입이 0원이었다. 보험 영업 때와 마찬가지로 경매 컨설턴트로 일했을 때 역시 가져가는 돈이 없었다. 그러다 8개월 만에 2,000만 원 정도의 수입이 생겨나기 시작했고 이후 2년 동안 경력을 쌓다가 '나도 내 회사를 차려야겠다'라는 생각이 들어 또 일을 벌였다. 막상 사업가로 변신하니 직원 월급부터 사무실 임대료까지 나가는 돈이 많았다.

누구나 자신이 힘들게 산다고 생각한다

이쯤에서 뜬금없는 질문을 하나 해보자.

"과연 복마마만 모험을 하면서 살아갈까?"

우리가 어떤 민족인가. '너도 해? 그럼 나도 해'의 민족이다. 옆 가게가 마라탕으로 재미를 보면 나도 해야 하고, 앞 가게가 메가커피를 팔면 나는 컴포즈커피라도 팔아야 하는 게 한국인이다. 여러분도 알고 보면 모험가의 기질을 갖고 있다는 뜻이다. 어디 이뿐인가.

2021년 대한민국은 '부동산 투자하기'인지, '부동산 갖기 운동'인지 헷갈릴 정도로 유례없는 불장의 시장을 맞았다. 경매 역시 감정가보다 웃도는 금액으로 낙찰이 될 정도로 투자 시장이 뜨거웠다. 이미 한국인 대다수의 DNA 안에 투자자의 기질, 모험가의 끼가 들어 있다는 뜻이다.

그럼에도 왜 이런 끼를 삭히려고 하는가. 대부분의 사람이 지옥철을 타고 회사로 향한다. 출근할 때는 몸이 축 늘어지고, 퇴근할 때는 내일이 오지 않았으면 좋겠다고 바라면서도 좀처럼 직장인이라는 정체성에서 벗어나지 못한다. 그러다 회사에서 나가라고 하면 그제야 명퇴를 결정하고 느닷없이 치킨집을 오픈한다. 이거야말로 신밧드의 대모험이 아니고 뭐겠는가.

겉에서 보면 다들 평범하게 사는 것처럼 보여도 그 사정을 들어보면 각자 자신들은 굴곡 있는 삶을 살고 있다고 생각한다. 그런데도 왜 중간만 선택하는가.

여러분들이 착각하는 것 중 하나가 사업을 벌이고, 기본급 없이 성과급만으로 일해야 하는 영업 직군의 종사자들이 직장인보다 몇십 배는 힘들게 살 거라고 생각한다는 것이다. 나는 동네 뒷산에 오르고 있지만, 저들은 한라산에 오르고 있을 거라고 여긴다. 그러곤 아예 그쪽으로는 시선조차 두지 않는다.

하지만 이는 두려움이 만든 착시 현상일 뿐이다. 리스크가 아예 없다고 말할 순 없지만 만약 그 리스크를 포함하고도 이득의 파이가 더 크다면 어쩔 텐가. 중간 선택지에 머물 때보다 '조금만 더' 노력하면 다다를 수 있는데, 그때도 외면할 것인가.

"성공과 실패가 한 끗 차이라면 중간 레벨의 선택지와 도전을 요구하는 선택지 역시 한 끗 차이일 수 있어요. 중간 선택지는 리스크가 1도 없다고 장담할 수 있나요? 아니잖아요. 회사에서 나가라고 하면, 이거야말로 큰 리스크 아니에요? 남편이 직장생활을 하고 있을 때 아내들이 모험의 기틀을 마련해두는 게 더 안전하게 살아가는 방법이 될 수 있어요."

만약 도전해보고 싶은데 무엇에 도전해야 할지를 모르겠다면 경매 공부를 권하고 싶다. '나이 들어 괜한 모험을 했다가 지하로 떨어지면 어떡해요?'라고 생각할 수 있다. 그럴수록 경매만 한 모험이 없다. 그래서 더 권하는 것이다. 제대로 배우지 않고 '혹'해서 투자하는 것이 문제지, 제대로 배우기만 한다면 경매는 매입과 동시에 수익이 나오는 안전한 투자처다.

간혹 "복마마 님도 투자에 실패한 적 있으시죠? 그런 얘기는 쏙 빼놓고 좋은 말만 하시는 거 아니에요?"라며 떠보는 분이 있다. 나는 맹세코 한 번도 경매로 경제적 손해를 입은 적이 없다. 손해를 보는 물건에는 아예 관심조차 두지 않을뿐더러 처음 경매에 뛰어들었을 때의 초심, 처음 그 자세 그대로 투자하기 때문이다. 초심을 잃어서 가게를 말아먹고 그 고생을 했는데 어떻게 또다시 같은 실수를 하겠는가. 다시는 그런 실패를 맛보고 싶지 않다.

가난

낱개 구매의 덫

돈에 쪼들린다는 것을 맨 처음으로 느끼게 된 계기가 있다. 바로 두루마리 휴지를 한 개씩 사는 일이었다. 예전에는 20개짜리 묶음을 몇 개씩 쟁여두며 살았는데 가진 돈이 없다 보니 낱개로 사는 일이 많아졌다. 어디 화장지뿐인가. 가게를 했을 때는 식자재 마트에서 세제, 계란, 라면, 기름, 과일, 참치캔을 박스째 구매해서 사용했다.

박스가 아닌 낱개로 제품을 구입하면 개당 구입 단가가 상승하면서 한 달 생활비에서 생필품이 차지하는 비중이 커진다. 생활에 여유가 있는 이들이 20~30퍼센트 할인된 가격으로 물건을 사는 것과 달리 여유가 없는 이들은 정가로 물건을 구매해야 하기 때문이다.

한번 생각해봐라. 대량 구매를 하려면 '큰 묶음'으로 상품을 진열해놓은 대형 마트로 가야 한다. 낱개 상품 자체를 진열해놓지 않으니 소량으로 구매하려면 편의점 말고는 대안이 없다. 사회 구조 자체가 가난한 사람이 더 가난해지도록 설계되어 있단 말이다.

낱개 구매의 벽에 부딪힐 때마다 이를 악물고 열심히 살아야겠다고 다짐했다. 마트에 갈 때마다 '카트에서 A를 덜까, B를 덜까'를 고민하는 삶에서 벗어나고 싶었다. 무엇보다 가족들에게 다시 '집다운 집'을 찾아주고 싶다는 열망이 꿈틀댔다. 그래도 신기한 게 마음만큼은 그렇게 편안할 수가 없었다. 악착같이 매달리고 있을 때는 힘들었는데, 막상 손을 놓으니 안온함 그 자체였다.

가게를 정리하고 나서 생계 자금이 필요해 보험 영업에 뛰어들었다. 하지만 영업 일이 기본급 없이 성과급만으로 돈을 가져가는 구조다 보니 6개월 동안은 무보수로 일을 했다. 그래서 평일 저녁에는 생맥주집에서 서빙 알바를, 주말에는 나이트클럽에서 5만 원 받고 컵 닦는 알바를 했다. 정말 그때는 1만 원 한 장, 10만 원 한 장이 그렇게 소중할 수가 없었다.

나는 지금도 나이트클럽 입간판을 보면 컵 더미가 자동으로 연상될 만큼 '컵 멀미'를 한다. 여러분이 상상하는 것 이상으로 정말 많은 컵이 밀려 들어온다. 접시야 음식을 담으니 수백 개의 안주를 시키지 않는 이상 떠밀리듯 들어올 일이 없지만 컵은 다르다.

입에 한번 털면 비워지는 게 술잔이요, 술병 아니던가. 게다가 어려웠던 시절이었기에 서민들이 없는 돈으로 하기 가장 쉬운 게 술 마시는 일이었다. 콜라를 마시는 유리컵부터 위스키잔, 맥주잔, 소주 잔들이 쉴 새 없이 설거지통으로 밀려 들어왔다.

문제는 컵의 두께가 얇다 보니 목장갑 두 겹을 끼고, 그 위에 고무 장갑을 껴야만 손이 날아가지 않을 정도로 위험했다는 점이다. 웨이 터들도 바쁘다 보니 컵을 산더미처럼 쌓아 대충 밀어 넣는데, 그럼 컵들끼리 부딪쳐 깨지는 일이 다반사다. 까딱하면 손을 베기 일쑤였 다. 지켜야 할 가족이 없었다면 절대 견디지 못했을 시간이었다.

나는 등에도 심장이 있음을 안다

호프집도 그렇고 나이트클럽도 그렇고 밤 12시가 돼서야 끝나는 탓에 날마다 새벽에 집에 도착했다. 하루는 골목 귀퉁이를 도는데 작은 체구를 한 사람이 서성이는 모습이 보였다. 시어머니였다. 며느 리가 들어오지 않으니 밖에서 기다리고 있었던 것이다.

"어머니! 날씨도 춥고 캄캄한데 왜 안 주무시고 나와 계세요?"

"네가 안 들어왔는데 어떻게 자아."라고 하던 어머님의 음성이 군 고구마만큼 따뜻했다. 순간 '엄마가 내 곁에 있었다면 이런 모습이었 겠지' 싶은 생각이 들었다. 늦은 시간까지 딸이 들어오지 않으면 엄 마들은 이런 식으로 마중을 나갔을 테니까.

그런 마음을 시어머니 덕분에 처음 느껴본 것 같다. 참고로 우리 시어머니는 입이 짧은 탓에 몸무게가 40킬로그램이 채 나가지 않는 분이었다. 치매로 병원에 왔다 갔다 할 때는 내가 업고 다녔는데 지금도 병원 근처에 가면 그때가 생각난다.

사람들은 누군가 안는 일을 가슴으로만 한다고 생각한다. 아이를 안는 것도, 사랑하는 사람을 안는 것도 가슴으로 하니까. 하지만 나는 '등'으로 누군가를 담을 수 있다는 사실을 안다. 어릴 적 외할머니를 업고 병원으로 뛰었던 일도, 시어머니를 업고 병원에 다녔던 일도 모두 등으로 했으니 말이다.

나는 등에도 심장이 있음을 안다. 그래서 남보다 두 배 더 베풀고 살기로 했다. 이런 나를 어떻게 함부로 대하겠는가. 여러분도 한때나마 자녀들을 등에 업고 달래본 경험이 있을 것이다. 이런 자신을 절대 함부로 대해서는 안 된다.

비교라는 의자엔 얼씬도 하지 마라

나 자신을 함부로 대하는 대표적인 행동으로 남과의 비교가 있다. 아무래도 부동산 쪽에 있다 보니 투자 성공담 혹은 실패담을 자주 듣는 편이다. 그런데 실패하는 사람들에게서 한 가지 공통점을 발견했다. 바로 '누가 ○○에 돈을 묻어놨다더라'라는 말만 믿고 돈을 투자하는 것이다.

이건 주식, 코인, 부동산, 채권 등 투자 종류와 상관없이 공통적으로 나타나는 모습이다. 코인 투자를 귀동냥으로 하는 사람이 주식 투자라고 진지하게 하겠는가. 절대 그렇지 않다.

만약 여러분보다 못사는 줄 알았던 친구가 집을 두 채나 샀다는 이야기를 전해 들었다고 해보자. 그럼 여러분의 마음이 흔들리기 시작한다. 이전까지는 없었던 '내 집 마련 계획'에 시동이 걸리면서 어느샌가 네이버 부동산을 기웃거리고 있다. 내 집 마련을 하는 것은 바람직하지만 그 동기가 이런 식이면 곤란하다는 말이다.

현대 사회에서 비교를 아예 안 하고 살 수는 없을 터다. 워낙 보이는 것도 들리는 것도 많은 세상이니. 하지만 비교가 동기가 되어 '투자 결정'으로 이어지는 것은 곤란하다. 투자는 절대 그런 식으로 접근해서는 안 된다.

그나마 내가 0의 구간에서 잘 견딜 수 있었던 것은 '살기 위해서라도 긍정적이어야 한다'라는 평소 나의 신념 덕분이었다. 위기를 견디기 위해서는 위기 구간 내내 견디는 능력이 필요하다. 절체절명의 순간, 딱 그 한 점의 위기를 넘길 정도의 힘만 있으면 된다. 이 한 점의 힘이 위기 구간을 살려내는 것이다.

상대가 불행하면 내가 행복하고, 상대가 잘되면 내가 뒤처진다고 느끼는 삶의 태도는 단지 인성에만 영향을 끼치지 않는다. 이런 인성을 가진 사람들은 대체로 질투, 견제, 비교의식, 열등감, 우월감에 반응해 행동 방향을 결정한다. 그러니 절대 큰돈을 만질 수 없다.

왜 그러냐고? 이런 사람들은 모든 관계를 수직적으로 인식하기 때문에 자신 말고는 죄다 아래로 떨어뜨려야만 직성이 풀린다. 당연히 이 세상에 나 혼자밖에 없으며 돈과 관련한 의사결정을 내릴 때 역시 1인분 이상을 생각하지 못한다. 나만 만족하면 되므로 단기적인 투자 결정에 쉽게 현혹된다.

반면 긍정적인 사람, 다른 사람과 함께 살기를 원하는 사람은 수평적인 인간관계를 추구한다. 수평은 땅과 같아서 최대한 많은 사람이 서 있을 수 있는 공간을 마련한다. 이런 사람들은 응원, 자기실현, 충만함, 나아감, 공유에 반응하며 이러한 감정을 느낄 수 있는 목표에 관심을 둔다. 당연히 투자할 때도 나 혼자만의 만족보다는 주변 사람과 나눌 정도의 부를 목표로 삼을 공산이 크다. 이런 사람에게 큰돈이 따라붙는 것은 자연의 이치다.

"비교를 많이 하는 사람일수록 불행과 행복을 느끼는 게 너무 얕아요. 고통을 처절하게 느껴본 사람들은 절대 가볍게 행동하지 못해요. 그 깊이를 알기 때문이죠. 저도 망하기 전에는 남과 비교도 하고 질투도 했어요. 그런데 망하고 나서는 남을 함부로 판단하거나 남의 것을 부러워하지 않아요. 그 사람이 저걸 얻기 위해 무엇을 감당했는지 아니까요. 그 사람의 성과에는 그 험난한 시간까지 모두 포함되어 있다는 것을요. 우리는 그렇게 가볍게 살라고 태어난 존재가 아니에요. 더 넓게 보고 더 크게 자신을 사용할 줄 알아야 해요."

강의 시간에 늘상 강조하는 이야기다. 이 지면을 빌려 또 한 번 여러분에게도 힘주어 말해주고 싶다.

부자는
돈만 많아서는 안 된다

"어떻게 부자가 되셨어요?"

새로운 사람과 만날 때마다 빼먹지 않고 나오는 질문이다. 다들 그럴듯한 대답을 기대하고 던지는 질문이지만 내 대답은 의외로 소박하다.

"부모 재산을 물려받은 케이스가 아닌 이상, 자수성가형 부자들은 돈이 많아서 부자가 됐다고 생각하지 않아요. 돈을 벌면서 파생된 습관이 부자로 만든 거죠."

이 말을 좀 더 자세히 풀어서 설명해주기 위해 복마마만의 부자

공식을 정리해보았다.

복마마의 부자 공식

• 일(돈) × 자기 주도적인 습관 = 부자

우선 자기 주도적인 습관이 중요하다. 이는 돈을 벌면서 파생된 습관인 동시에 돈을 벌기 위해 반드시 갖춰야 할 선행 조건이다. 자기 주도성이 없으면 큰돈이 들어오더라도 그 돈을 지켜낼 수 없으며 오히려 돈에 끌려다니기 쉽다.

대표적인 케이스가 로또 1등에 당첨되고서도 파산 신청을 하는 사람들이다. 이와 관련한 기사가 나오면 빠뜨리지 않고 보는 편인데 이들에게는 한 가지 공통점이 있다. '어떻게 하다 보니 파산을 하게 됐다', '어느 순간 이렇게 되어 있었다'라는 것이다. 내 돈임에도 불구하고 나의 의지는 없고, 당첨금만 있는 생활을 수년간 지속하다 보니 맞게 된 결과다. 다시 말해 주도권을 갖고 살아본 경험이 없어서 생겨난 일이다.

일확천금이 생기면 티를 내지 않아도 그 사람에게서 나오는 아우라가 달라진다. 먹는 게 달라지고 여행지가 달라지고 차가 달라진다. 특히 돈 씀씀이가 헤퍼지면서 망설임이 없어진다. 우리가 흔히 말하듯 신수가 훤해지는 것이다. 지인들이 이런 낌새를 기가 막히게 눈치 채고, 당첨자 주변으로 모여들면서 동업을 유도하거나 사기를 친다. 그렇게 돈을 까먹는 건 순식간이다.

그런데 말이다. 과연 이게 그들만의 이야기일까? 나라면 다를까? '나 같으면 당첨금을 허망하게 날리는 일은 없어. 회사도 계속 다닐 거고 아무도 모르게 혼자만 알고 있을 거야'라고 생각하는 이가 있을 것이다. 하지만 큰돈을 만져본 경험이 없어서 하는 생각이다. 웬만큼 돈에 대한 내공이 있지 않은 이상, 돈은 우리를 맨정신으로 살게 내버려두지 않는다.

타인에게 책임을 떠넘기면 안정감 외에는 가질 수 있는 게 없다

질문을 바꿔보자. 만약 목 좋은 상가가 3분의 1 가격으로 경매 물건으로 나왔다고 해보자. 내 수중에 그만한 자금도 있고 마침 상가를 원하던 차였다. 마음만 먹으면 당장 입찰할 수 있는 상황이라면 여러분은 단독으로 의사결정을 할 수 있는가? 최대한 솔직하게 답해야 한다.

이게 로또 당첨금 사용과 무슨 연관이 있느냐고 묻겠지만 당첨금도 내 자산이요, 투자 자금도 내 자산이다. 내 자산을 주체적으로 사용할 수 있는가를 묻고 있다는 점에서 이 둘은 같은 주제로 묶인다.

"이거 낙찰 한번 받아볼래요? 제가 도와드릴까요?"라고 하면 어떤 반응을 보일까? "아들이 가게를 할 거라 아들에게 물어봐야 해요."

또는 "남편이랑 상의 좀 해볼게요." 열에 아홉은 이렇게 말하며 꽁무니를 뺀다. 그럼 나 역시 "한두 푼도 아닌데 당연히 상의해야죠."라고 대꾸하는 선에서 면담을 마무리한다. 아직 시간이 필요한 사람임을 알기에 물러나는 것이다.

과연 이런 사람이 10억 원, 20억 원에 달하는 당첨금을 주체성 있게 운영할 수 있을까? 사기만 안 당해도 다행이지 싶다.

그럼 열에 아홉 말고, 열에 한 명은 어떤 식으로 대응할까? 자기 주도성을 가진 이들은 포기를 하더라도 그냥 포기하지 않는다.

예를 들면 이런 식이다. 남편이 "요즘 누가 상가에 투자를 해."라고 반대하면, 실물을 보기 위해 남편과 함께 임장을 다녀온다. 아니면 복마마라도 만나러 오는 의지를 보인다. 남편이 안 간다고 버티면 "복마마에게 컨설팅받을 건데 같이 가. 안 그럼 당신 골프채 갖다 버릴 거야."라는 식으로 으름장을 놓아 남편을 따라나서게 만든다. 해당 물건에 대해 본인만큼 남편도 숙지하도록 판을 짜는 것이다. 이렇게까지 했음에도 남편이 "영, 안 땡기는데."라고 하면 그때는 상가에 대한 입찰을 포기한다. 대신 반드시 다음 기회를 잡아낸다.

이렇게 주도적으로 움직이면 남편의 태도도 달라질 수밖에 없다. 아내와 다니면서 '집사람이 영 맹탕은 아니네. 믿고 맡겨도 되겠어'라는 확신을 얻게 될 테니 말이다. 이런 결과까지 예상하고 자기 주도적으로 움직인 결과다. 지금 당장 자신이 원하는 그림으로 판을 짜는 것. 이게 자기 주도적인 사람의 특징이다.

단순히 허락만 구하는 사람과 본인이 책임질 영역까지 생각하고 제안하는 사람 간에는 상대방이 느끼는 신뢰도 면에서 차이가 상당하다. 전자는 '자신이 없으니 말을 하다 마네'라고 느끼게 하는 반면 후자는 '뭘 해볼 생각이긴 하네'라며 없던 관심도 생겨나게 만든다. 여러분은 어느 쪽에 더 가까운가.

책임감은 힘이 있음을 느끼게 해준다

인생에 변화를 주는 방법에는 여러 가지가 있지만 책임을 지는 것만 한 방법도 없다. 자신이 생각하는 바를 실행하고, 그 결과에 책임을 져보는 것이야말로 내 삶의 주도권을 쥐는 가장 좋은 방법이다. 설사 이 과정에서 손실이 나고, 실수해서 가족들에게 다소 걱정을 끼치더라도 그 손실이나 실수 또한 내 몫이라는 자세를 보인다면 분명 가족들도 당신을 응원할 것이다.

"뭔가 하는 것 같더니 사람이 생기가 도네."

"세상이 만만치 않은데 비교적 잘 견디고 있어."

언젠가부터 가족이 당신의 지원군이 되어 있을 것이다. 왜냐고? 그들 또한 집에서 무기력한 아내, 수동적 엄마로 있는 당신보다 무언가 해보겠다며 고군분투하는 당신을 더 가치 있는 사람으로 느낄 것이기 때문이다.

만약 주 1~2회라도 일을 다니고 있다면 당신은 이미 자기 주도권을 갖고 있는 사람이다. 일은 복마마의 부자 공식에서 중요한 축을 담당한다. 사람 대부분은 돈이 많으면 부자라고 생각하지만 이는 초등학생 수준의 접근 방식이다.

돈이 켜켜이 쌓여야 부가 되며, 이 안에는 '기간'과 '일'이라는 두 개의 변수가 들어 있다. 마트 캐셔, 청소 일, 공공근로 등의 일이라도 하고 있다면 이 사람은 부자가 되는 중요한 변수를 갖고 있는 사람이다. 조금 있어 보이게 표현하면 현금흐름을 가지고 있는 능력자들이다. 일정한 현금흐름을 갖고 있으면 투자에 실패하더라도 회복이 가능하다. 그뿐만 아니라 '아랫목에 숨겨둔 밥 한 공기'처럼 마음 한구석에 든든함이 생긴다.

투자든 일이든 한 분야에 책임감을 갖고 행동하는 순간, 나에게도 무언가를 바꿀 수 있는 힘이 있음을 느끼게 된다. 이것만으로도 중년에 찾아오는 무력감, 우울감이 상당히 줄어드는 효과가 있다.

다음의 질문에 '예스'라는 답이 나오도록 세상 밖으로 발을 내딛어보았으면 좋겠다.

• 가족들 말고 나 자신을 위해 아침에 눈을 떠야 할 이유가 있는가?

- 가족들 말고 지키고 싶은 것을 가지고 있는가?
- 마트나 백화점 말고 정기적으로 가는 곳이 있는가?
- 월세든 월급이든 나만의 현금흐름을 갖고 있는가?
- 70~80대가 되었을 때 가족들 말고 만날 수 있는 사람이 있는가?

지금 당장은 단 하나의 예스가 없어도 괜찮다. 하지만 5년 후에도 똑같다면 당신이 당신 인생에 요구한 것이 그만큼 적다는 방증이다. 당신 스스로 자초한 결과니 그 역시 당신이 책임질 몫이다.

아무거나 주문하면
아무 인생이나 살게 된다

투자에 나설 엄두가 나지 않으면 '돈'을 빼고 자기 주도성을 기르는 훈련부터 해나가길 권한다.

경매 컨설팅을 하면서 부자들을 만나보니 그들은 겉으로는 부자라는 티가 나지 않는 특성이 있다. 매일옥션 사무실이 한남동이라 한남더힐에 사는 사람들도 상담하는데 이들의 차림새는 생각보다 소박하다. 본인이 주소를 대지 않으면 그곳에 사는지조차 모를 정도로 검소하다. 대신 이들은 대화할 때 그 진가를 드러낸다.

이들은 주도권을 갖고 모든 상황과 대상을 선택하는 것이 몸에 배어 있다. 어차피 선택과 책임은 내 몫이니, 자기에게만 물어보면 된다며 일목요연하게 투자 방향을 전하곤 일어선다. 이런 사람을 상대하면 '선택과 결정에 능수능란한 사람이구나. 자기 확신이 있으니 뭘 해도 성공하겠다'는 인상을 받는다.

그럼 부자들에게만 선택권이 주어지는 걸까? 그렇지 않다. 누구나 아침에 눈을 뜨는 순간부터 잠드는 순간까지 선택이란 걸 하면서 하루를 보낸다. '지금 일어날까, 10분만 더 잘까', '머리를 감을까, 그냥 나갈까', '이 옷을 입을까, 저 옷을 입을까', '점심으로 밥을 먹을까, 면을 먹을까' 등 일상의 모든 것이 끊임없는 선택의 연속이다. 아무것도 아닌 것처럼 보이지만 이런 선택의 방향에 따라 자기 주도적인 사람이 될 수도 있고, 주어진 대로 살아가는 사람이 될 수도 있다.

부자들은 부가 지켜지는 방향으로 루틴을 만들어가고 가난한 사람들은 돈이 빠져나가는 방향으로 루틴을 만든다. 새벽 5시에 일어나서 경제 기사를 보는 사람과 늦게 일어나서 아점(아침 겸 점심)을 먹는 사람 중 '돈이 붙는 의사결정'을 누가 더 잘할 수 있을까? 이는 말하지 않아도 알 것이다.

아무거나 달라고 말하는 것도 습관이다

일상생활을 살아가는 순간마다 선택하고 책임지는 훈련을 해서 습관으로 만들자. 이는 부자가 되는 데 있어 굉장히 중요하다.

식단만 해도 그렇다. 가족들이 좋아하는 식단만 고집할 것이 아니라 '나는 오늘 무엇이 먹고 싶은가?'를 자기 자신에게 물어보자. 반찬 하나라도 내가 좋아하는 것을 만들 필요가 있다. 나는 경제적으로 여유가 없던 시절에도 내가 좋아하는 과일은 반드시 샀다. 장바구니에 나를 포함시켜야 가족들도 '이건 엄마가 좋아하는 것'이라고 인식할 줄 안다. 내가 나를 대접해야 남도 나를 대접하는 법. 나를 대접할 줄 아는 것도 주체성을 기르는 좋은 방법이다.

부자들은 메뉴를 고를 때 절대 "아무거나 주세요!"라고 말하지 않는다. 꼭 코스 요리가 아니어도 괜찮다. "이 집은 장어 요리를 잘해요. 밥도 간이 슴슴해서 맛있어요.", "이 집은 정말 좋은 팥으로 팥죽을 직접 만들어요. 그러니 팥죽은 꼭 시켜야 해요." 이런 식으로 그 가게만의 시그니처 메뉴를 잘 파악해서 선택한다. 이 역시 손님과의 식사 자리를 자신이 책임지겠다는 태도다.

반면 상대에게 "드시고 싶은 것 드세요. 저는 다 좋아요."라고 말하며 메뉴 결정권을 넘기는 사람은 수동적인 사람일 확률이 높다. 괜히 자신이 원하는 것을 시켰다가 낭패를 보면 안 되니 뒤로 빠지는 것이다. 먹는 것 하나 가지고도 그 사람이 얼마나 주체성을 갖고 살아가는지를 엿볼 수 있다.

그다음으로 매일 반복해야 하는 일은 시간을 정해두고 반드시 그 시간에 해내는 습관을 들이는 것이다. 나 같은 경우 법원 경매 사이트나 매일옥션 홈페이지에 들어가 하루에 두세 시간씩 물건 검색을 한다. 이 짓을 하루도 빠뜨리지 않고 20년 동안 하고 있다. 보통 퇴근 후 집에서 쉴 때 하는데 배터리가 금세 방전되어 '검색용 스마트폰'을 따로 두고 사용할 정도다.

'물건이 남양주 다산 신도시에 있네. 카카오 맵을 켜서 가는 데 걸리는 시간 좀 볼까'라며 앱으로 이동 거리를 체크하고, 네이버를 검색해 위성사진을 띄워 현장 위치를 체크한다. 머릿속에 물건지의 위치와 이미지를 넣기 위해서다. 운동, 취미, 반려동물 산책시키기 등 여러분도 날마다 하는 스케줄이 있다면 최대한 고정된 시간에 하길 권한다. 그래야 그 시간에 대한 책임감과 주도권이 생겨나면서 가족들에게도 그 시간을 배려받을 수 있다. 진짜다. 날마다 내가 해야 할 일을 꾸준하게 하는 것만으로도 가족들의 배려와 존중을 얻어낼 수 있다.

시간에 대한 책임감이 없는 사람들 중 부자가 된 사람은 한 명도 없다. 부자들은 아무리 바빠도 어떻게 해서든 자기 시간을 마련하며 시간을 지배한다. 이들이 돈보다 시간을 중요하게 여기는 이유는 무엇일까? 시간이라는 그릇 안에 돈, 기회, 중요한 의사결정과 실패를 만회할 만한 또 다른 도전, 적절한 휴식과 운동 등 부를 지키는 요소들을 담을 수 있어서다. '돈 그릇'은 돈만 담을 수 있지만 '시간 그릇'에는 모든 것을 담을 수 있다. 그러니 부자들이 돈보다 시간을 중시하는 것은 당연하다.

일은 '현금흐름'이라고 말하고
투자 경험은 '용기'라고 말한다

끝으로 부자로 거듭나기 위해 갖춰야 할 자기 주도성 훈련에서 가장 중요한 것은 소액이라도 직접 투자에 나서보는 것이다. 2,000만 원을 가지고 실행한 경험이 있어야 수천, 수억 원이 나가는 부동산 투자에 발을 들여놓을 수 있다. 지방의 맹지도 5,000만 원은 그냥 넘어간다. 이런 금액을 집행하려면 1,000~2,000만 원 정도는 직접 집행한 경험이 있어야 용기라도 내볼 수 있다.

충북 단양에 500평짜리 임야를 소개한 적이 있다. 감정가가 1,000만 원으로 두 번 유찰되어 500만 원에 나온 것이다. 가격이 내려간 이유는 그 임야가 맹지였기 때문이다. 맹지는 도로가 없는 땅이라서 미래가 없는 땅으로 불리기도 한다. 하지만 묻고 싶다. 어디에 가서 500만 원으로 500평의 땅을 살 수 있는지. 특히 임야라 하면 경사도가 심한 산이 주를 이루는데 그 물건은 낮은 산이었다. 충분히 출구 전략을 짤 수 있는 물건이라고 판단해 영상을 올렸다. 그런데 해당 영상 댓글을 보면 맹지라서 조심스럽다는 반응이 주를 이룬다.

솔직하게 묻고 싶다. 정말 맹지라서 투자를 피하는 것이냐고. 500만 원을 집행하는 것이 두려워 평계를 대는 것은 아니냐고 말이다. 만약 그 물건이 임야가 아니라 아파트나 빌라였음에도 망설였다면, 당신은 돈을 집행할 용기가 없는 사람이다. 절대 임야나 맹지라서 망설인 것이 아니다.

소액이라도 직접 투자를 해봐야 한다. 첫 투자의 벽, 얼마나 빠른 시간 안에 그 벽을 넘느냐에 따라 돈에 대한 자기 결정권이 생겨난다. 내 이름으로 된 등기부등본을 가져본 사람은 절대 이전처럼 살지 못한다. 나는 이러한 경험을 독자들이 하루 빨리 해보기를 진심으로 바란다.

20일 만의 퇴사
중간에 그만두는 것도
용기다

보험 영업을 계속해야 하나 고민이 깊어질 때쯤 교회 사람에게 한 가지 제안을 받았다. 요즘 힘들다고 들었는데 콜센터 직원으로 일해 보지 않겠느냐는 것이었다. 나로선 상상조차 할 수 없는 일이었다. 한 달만 열심히 하면 정규직 전환이 가능할 뿐만 아니라, 대기업 통신사라 비교적 복지도 잘되어 있었다. 특히 기본급이 있다는 것만으로도 먹고살 수 있겠다 싶어 제안을 받아들였다.

호기롭게 보험 회사에서 콜센터로 자리를 옮겼다. 하지만 20일 만에 다시 원위치로 돌아왔다. 교회 사람을 통해 들어갔기에 난 특혜

채용의 주인공이 되었다. 잘 해내야 한다는 압박감과는 다르게 업무 내용이 하나도 이해되지 않았다. 전화가 오면 응대를 해줘야 다른 직원들도 그만큼 일이 줄어드는데 나는 내 몫을 해내지 못했다. 인터넷도 제대로 쓸 줄 몰랐고, 통신 용어는 왜 죄다 영어로 되어 있는지 아무리 외워도 입에 달라붙지 않았다.

슬슬 직원들 눈치가 보였다. 자기들은 전화 응대하느라 정신이 없는데, 나는 팀장 커피 심부름이나 하고 있으니…. 그들 눈에는 내가 잉여 인간으로 보였을 터다.

시간의 타이트함도 부담되는 요소였다. 평균 주 2회 정도는 오전 7시에 열리는 회의에 참석해야 했고, 직원들이 주로 20대다 보니 밤늦게까지 회식하는 일도 잦았다. 도저히 일과 살림을 병행할 자신이 없었다.

주부들이 보험 일에 뛰어드는 이유에는 여러 가지가 있겠지만 시간의 자유로움을 빼놓을 수 없다. 늦게 출근해도 실적만 내면 인정을 해주니, 가정을 뒷전으로 미룰 수 없는 입장에서는 이만한 자리가 없다. 그때는 자유로움이 얼마나 큰 메리트인지 알지 못했다.

운이 좋아 정규직이 된다 해도 이 생활을 유지하는 건 힘들겠다고 판단했다. 결국 나는 20일 만에 콜센터를 그만두고 다시 보험 영업으로 돌아왔다.

사람 마음이 참 간사하더라. 이전에는 기본급도 없이 일한다며 입이 이만큼 나왔었는데, 콜센터에서 와장창 깨지고 턴을 하자 새삼 보험 일이 소중하게 느껴졌다. '엉덩이에 땀띠가 나도록 영업을 해보자'며 힘을 냈고 다시 자리를 잡기까지 3~4개월가량의 기간이 필요했다.

여러 일을 해봐야 내 일인지를 알아본다

자, 다른 곳에 갔다가 다시 돌아왔으니 이제 어떻게 해야 할까? 뭘 어떡해. 최선을 다해야지!

점심시간도 없이 계속 전화기를 들고 보험 영업에 나섰다. 종일 전화기를 들고 영업을 하니 귀에 불이라도 난 것처럼 뜨거워지는데 이 열기를 식히는 시간 말고는 계속 수화기를 붙들고 살았다.

참고로 그때만 해도 보험 설계사들이 대면 미팅을 통해 실적을 올리는 식의 영업 방식이 대세였다. 지금도 이 방식이 유효해 고수는 하고 있으나 내가 일한 곳은 전화로 보험 실적을 올리는 신사업 부서였다. 보험 업계에서 최초로 시도한 방식인 만큼 회사에서도 깊은 관심을 갖고 지켜보았고 나로선 기회였다. 조금만 잘하면 눈에 금세 띌 수 있는 환경이었기 때문이다.

이 기회를 잘 활용해야겠다고 생각한 나는 출근하자마자 점심시간도 없이 일에만 매진했다. 직원들이 함께 어울리자고 해도 오직 '영업'에만 몰두했으며 그 결과 입사 1년 만에 1등 사원이 될 수 있었다. 내 기억으론 그곳을 다니는 내내 영업실적 1위를 놓치지 않았다.

내 옷을 찾기 위해서는 어울리지 않는 옷도 많이 입어봐야 한다는 사실을 깨달았다. 그냥 깨달아지면 좋겠지만 겪어야만 알 수 있는 것들이 있다. 일도 마찬가지다.

'이거 해보니까 별로네.' '나랑 안 맞는 옷이네.' 이처럼 나와 맞지 않는 걸 파악하는 것도 중요하다. 나만 해도 그렇다. 콜센터 직원으로 근무했지만 적응하지 못하고 중간에 뛰쳐나왔다. 그러고 나서야 보험 영업을 대하는 내 태도가 180도 달라졌다. 처음에는 기본급도 없는 일, 어쩔 수 없이 하는 일이었지만, 딴 곳에 다녀오고 나서는 그 일을 제대로 대우하기 시작했다.

안다. 일을 시작한다고 주변에 전부 말을 해놨는데 그만둔다고 하면 욕을 먹지나 않을까 걱정된다는 것을. 그래도 괜찮다. 어떤 일을 시도했을 때 처음부터 맞으면 좋겠지만 맞지 않는 경우도 생길 수 있다.

'생각한 거랑 다르네', '내 적성이랑 안 맞네' 하는 깨달음도 소중하게 여길 줄 알아야 한다. 그런 생각이 든다고 해서 실패자가 되는 것은 아니다. 만약 누군가가 "사회생활이 쉬운 줄 알았어?"라며 당신의 선택을 함부로 평가한다면 '아직 몇 번의 기회가 남아 있으니 섣불리 평가받고 싶지 않아'라며 선을 그을 줄도 알아야 한다.

"무슨 일이든 해보기 전에는 그 일에 대해 알기 어려워요. '100퍼센트 나랑 맞는 일'을 목표로 하기보다 60~70퍼센트만이라도 맞는 일을 목표로 삼으세요. 나머지 30~40퍼센트는 노력으로 채워나가면 돼요. 단, 막상 해보니 나랑 20~30퍼센트만 맞다면 70~80퍼센트는 노력으로 메워야 할 수도 있죠. 그때는 그만둘 줄도 알아야 해요. 여러 일을 해봤지만 경험상 내가 노력해야 할 퍼센테이지가 50이 넘으면 힘들어져요. 설사 결과가 좋다 해도 에너지를 너무 많이 쏟아야 하니 그 일을 지속하기가 힘들어요. '다음엔 이렇게도 해보고, 저렇게도 해봐야지' 딱 이 마인드로 일을 찾으면 돼요."

체면도 '잘' 사용하면 도움이 된다

그다음으로 해주고 싶은 조언은 체면 사용법이다. 92세의 일본인 교수가 쓴 《자네 늙어봤나, 나는 젊어봤네》를 보면 '어떤 일을 선택할 때 전문 분야에 집착해서는 안 된다'라는 지침이 나온다. 타인의 시선을 중시하는 한국인들에게 이만한 구직 지침도 없는 듯싶다.

저자는 책에서 '전문 분야'라고 했지만 이걸 한국식으로 번역하면 '체면을 살리는 분야'로 표현할 수 있을 것 같다. 복마마가 누구인가. 체면을 언제 차리고 언제 차리지 말아야 할지, 각 단계마다 가이드를 마련해두었다. 다음을 참고하자.

- 직업을 선택하는 단계 : 체면 빼기. 그럼 선택지가 다양하게 보일 것이다.
- 직업에 뛰어드는 단계 : 체면 빼기. 무슨 일이든 가벼운 걸음으로 시작하라.

- **직업에 집중하는 단계 : 체면 살리기.** 어떤 일을 시작했을 때, 그때가 바로 체면을 차리는 단계다.

체면(體面)에서 '면(面)'은 얼굴을 나타낸다. 내 얼굴이 손상되지 않을 정도로 열심히 하면 그 일이 당신에게 '전문 분야'가 되어줄 것이다.

이게 바로 복마마가 전하는 체면 사용법이다. 열심히 해야 한다는 말이 고루하게 들리겠지만 이것만큼 '확실한 방법'이 없다. 일을 하다 보면 돈이 벌릴 수도 있고 그렇지 않을 수도 있다. 이때 '돈이 안 벌린다'는 이유로 그만두면 하수다. 이럴 때는 '돈이 벌리진 않았지만 일은 벌었네'라며 사고를 확장해야 중요한 부분을 놓치지 않는다.

돈이 벌릴 때 열심히 하는 것은 누구나 할 수 있는 일이지만 돈이 안 벌릴 때 열심히 하는 것은 아무나 할 수 없는 일이다. 그렇다고 무보수로 계속 일을 하라는 뜻은 아니다. 3개월이면 3개월, 6개월이면 6개월, 열정페이로 일해도 되는 기간을 정해놓자. 그리고 그 기간이 지났음에도 보수가 기대만큼 나오지 않는다면 그때는 다른 일자리를 찾아봐야 한다.

왜 돈만 번다고 생각하는가. 일도 엄연히 버는 것이다. 일을 잔뜩 벌어놔야 돈도 붙고, 더 좋은 기회와 네트워크도 따라붙을 수 있다. 사람들이 돈만 잔뜩 번 사람은 졸부라고 부르지만 '돈과 일' 둘 다 가지고 있는 사람에겐 전문가라는 수식어를 붙인다. 여러분은 졸부가 되고 싶은가, 전문가가 되고 싶은가? 뭐 요즘은 졸부를 희망하는 사람들이 많은 것으로 아는데 전문가가 되는 것도 욕심을 내봤으면 좋겠다.

방법은 간단하다. 그게 무엇이든 '일(직업) 중에서도 일(업무)'을 잡아서 깊게 파보는 것이다. '일 중의 일'은 순서대로 '직업'과 '업무'를 뜻한다. 만약 자신이 헤어 디자이너라면 미용 업무를 담당하지만, 그 중에서도 펌, 커트, 염색, 샴푸 등 다양한 일이 있을 것이다. 이 중 하나씩 마스터하겠다는 마인드로 그 직업을 대해보자.

예전에 임장을 갔다가 그 동네 미용실에 간 적이 있다. 누가 봐도 이제 갓 미용을 시작한 초보였다. 그런데 이 친구가 "저는 손님들 머리가 젖은 상태로 나가는 꼴을 못 보겠어요. 모근이 바짝 말라야 머리 숨도 살아나거든요."라며 마치 세계에서 드라이를 제일 잘하는 디자이너가 되고야 말겠다는 듯한 신념으로 내 머리를 말려주었다. 순간 '이 친구는 자기만의 철학이 있구나. 잘될 수밖에 없겠다'는 생각이 스쳤다. 그리고 그 사람에게서 아우라가 느껴졌다.

내가 하는 일이 반드시 거창하지 않아도 된다. 대신 '이거 하나만큼은 내 것으로 만들어놓겠어'라는 마인드로 그 일을 대한다면 자신도 모르는 사이에 당신은 전문가가 되어 있을 것이고 그만큼 삶의 여유가 생겨날 것이다.

큰 단위의 시간
vs.
작은 단위의 시간

인생을 변화시키기 위해서는 시간, 공간, 만나는 사람을 바꿔야 하는데 여기에도 우선순위가 있다. 사람마다 다 다르겠지만 내 우선순위는 다음과 같은 순서다.

• 시간 > 만나는 사람 > 공간

시간을 알뜰하게 쓴다는 것은 '하루의 여백을 잘 만든다'는 의미다. 이 여백이 넉넉해야 좋은 사람과도 여유 있게 만날 수 있다. 시간이 촉박함에도 섣불리 약속을 잡아놓고, 쉽사리 약속을 취소하려 드는 사람과 마주할 때가 있다. 그렇게 하는 건 '시간 따로 관계 따로'로 생각했기 때문이다. 시간은 돈도 만들어내지만 다른 한편으론 사람을 담는 그릇이기도 하다. 항시 이 그림을 머릿속에 넣고 살아야 신용을 잃지 않을 수 있다.

이런 이유로 '시간'과 '만나는 사람' 순으로 중요도를 매긴 것이다. 그다음이 공간이다. 어느 집에서 살고 어느 회사에서 어떤 직책을 갖고 일하는가가 인생을 변화시키는 열쇠가 된다.

간혹 우스갯소리로 "그 돈 다 벌어서 언제 쓰고 가려고?", "복마마님은 자산가니 그 돈 다 쓸 때까지 눈 못 감겠어요."라는 농을 들을 때가 있다.

그럼 나는 웃으며 이렇게 말한다. "아닌데요. 저는 죽음을 인정했어요. 전 이미 죽음 문턱까지 한번 갔다가 살아난 사람이잖아요. 내일 당장 죽을 수도 있다는 걸 받아들였어요. 돈이 중요하지 않다는 게 아니라 제게 돈이 1순위는 아니란 뜻이에요." 여러분도 한번 생각해보길 바란다. 시간이 무한하지 않음을 체감한 사람에게 돈이나 명품? 이런 게 다 무슨 소용인지.

항암 치료가 시작되어 토하느라 정신이 없어지면 저런 건 안중에도 두지 않게 된다. 오직 내게 주어진 시간만 늘리고 싶어진다. 지금 이 순간도 시간이 돈보다 우선이다.

그럼 여러분은 내 이야기에서 무엇을 차용해야 할까? 복마마를 따라서 아프기라도 해야 할까? 당연히 아니다. 지금까지 인생이라는 테이블 위에 '돈'과 '34평 아파트'만 올려놓고 살았다면 이제는 '시간'도 같이 올려놓으면 된다. '누가 더 시간을 많이 가지고 노느냐'에 따라 극적인 변화를 꾀할 수 있기 때문이다. 복마마만의 팁을 주자면 '큰 단위의 시간'과 '작은 단위의 시간'을 동시에 가지고 놀면 의미 있게 인생을 변화시킬 수 있다.

부동산도 시간을 먹고 자란다

시간에도 단위란 것이 있다. 인생, 사계절, 1년, 청춘, 중년, 노년 등은 큰 단위의 시간으로 평소엔 잘 인식하지 못하는 시간이다. 반면 한 시간, 반나절, 아침, 점심, 저녁, 1분기, 하루처럼 손에 잡히는 단위를 작은 단위의 시간이라 지칭한다.

보통 시간 하면 대개 후자를 떠올린다. 대략 어림잡아도 그 시간의 양이 얼마인지, 그 시간이면 무엇을 할 수 있는지 알 수 있으니 인지하기가 편하다. 반면 큰 단위의 시간은 막연하다. '1년 후? 그게 뭐?', '중년이라서 뭐?', '노년이면 거동도 마음대로 못 하잖아'라며 자신도 모르게 그 시간을 불친절하고 무감하게 대한다. 그리고 이 부분에서 중요한 실수가 일어난다.

작은 단위의 시간과 큰 단위의 시간을 동시에 고민해야 좋은 선택을 할 수 있다. 그리고 좋은 선택들이 쌓여야 답답했던 내 인생에 창하나 낼 정도의 변화가 만들어진다. 이는 부동산 투자에서도 알게 모르게 영향을 끼치는 요인이다.

"삼성이 들어온다고 해서 지식산업센터를 분양받았어. 막상 뚜껑을 열자 너도나도 세를 내놓아서 세입자 구하기가 하늘의 별 따기야. 1년 만에 급매로 내놓았는데도 안 팔려."

"2억짜리 땅이 3회나 유찰되어 8,000만 원이 됐네. 처음엔 그곳에다 배추도 심고 상추도 심으려 했는데 웬걸! 수도 설비 업체 여러 곳에 문의해봤는데 수도를 끌어다 쓸 수 없대. 민가가 하나도 없는 곳에서 나 혼자 '나는 자연이다'라며 신나 했어. 이건 뭐 팔기도 어렵고, 내가 사용할 수도 없어."

이런 케이스를 이틀에 한 번꼴로 보게 된다. 둘 다 미래를 내다보지 않고 당장의 상황만 고려한 투자 결정이다. 부동산 투자로 인생을 변화시키기 위해서는 훈련을 많이 해봐야 한다. 특히 '작은 단위 시간'과 '큰 단위 시간' 둘 다를 고려한 결정이 중요하다.

"흔히 사람들은 '인생 습관 따로, 투자 습관 따로'라고 생각해요. 투자는 누가 하는 걸까요? 그 습관을 가진 내가 하는 거죠. 시간을 하찮게 여기는 사람이 좋은 투자를 할 수 있을까요? 지금 좋아 보이니 미래에도 좋을 거라고 막연히 생각하는 사람들이 너무 많아요. 이래 놓고 부동산 투자를 하고, 주식 투자를 해서 부자가 되고 싶다고 말해요. 눈먼 투자로는 10원 한 장 벌 수 없어요. 오히려 돈이 안 나가면 다행이에요."

결과는 아주 잠깐이지만
과정은 아주 긴 시간이다

이번에는 작은 단위의 시간을 붙잡는 방법에 대해 알아보자. 나는 실제로 하루, 한 시간의 가치를 돈으로 환산해서 인식하는 버릇이 있다. 그래야 줄줄 새는 시간을 막을 수 있기 때문이다. 간혹 사람들에게 "땅 한번 파봐요. 10원 한 장 나오나. 한 시간이 1만 원이라면 스타벅스 커피 두 잔은 마실 수 있잖아요."라고 말하면 찰떡같이 알아듣는다. 그러니 여러분도 시간을 돈으로 환산해서 인식하는 습관을 가져보자. 자신의 시간을 얼마로 책정해야 하는지는 알아서 하면 되는데 다음은 참고용으로 제시해본다.

시간을 돈으로 환산한 값		
시간대	환산한 가격	그만한 가격을 책정한 이유
한 시간	1만 원	기본값
오전/오후	10만 원	하루 중 집중도가 가장 높을뿐더러 핵심 업무가 배치되는 시간대라 가장 비싸다.
점심시간	10만 원	밥 먹는 시간도 일하는 시간만큼 중요하다.
저녁/밤	5만 원	집중도가 떨어지기도 하고, 슬슬 내일을 준비하는 시간이니까.
틈나는 시간, 이동 시간	1,000원	자투리 시간이므로 주로 이때 딴짓을 하거나 잠을 보충한다.

시간을 돈으로 환산해서 인식하면 단 한 시간도 허투루 쓰고 싶

지 않을뿐더러 자연스레 결과보다 과정에 집중하게 된다. 바로 이 부분에서 인생을 변화시키는 마법이 일어난다.

왜 마법일까? 숨은 원리를 들여다보면 수긍이 갈 것이다. 결과는 '찰나'라는 아주 짧은 시간에 나오지만 과정은 지난하고 오랜 시간을 필요로 한다. 10분 동안 반짝 행복한 것과 10시간 동안 재밌게 일하는 것 중 어느 쪽에서 의미 있는 성장이 일어나고 성과가 창출될까? 당연히 후자다.

나는 젊은 직원이 들어오면 이 부분에 대해 별도로 신신당부를 한다.

"어떤 일을 했는데 1등을 했어. 그럼 기분이 들뜨고 좋잖아! 근데 이건 아주 잠깐이야. 1등을 하기까지의 과정이 힘들면 그날은 행복하지 않은 시간이 더 많은 거잖아. 내게 주어진 시간이 '오늘 하루밖에 없다'라고 생각해봐. 만일 그렇다면 하루를 살아도 의미 있고 재미있게 살고 싶겠지. 죽기 전까지 성과만 붙들고 있을 거야? 그래선 안 되잖아. 너희들이 생각하는 성과라는 것 안에 일하는 즐거움도 포함되어 있으면 좋겠어."

이 이야기를 자기 것으로 만드는 직원과 그렇지 않은 직원 간에는 회사생활의 만족도 면에서도 차이가 크다. 비단 이 이야기가 20~30대에게만 적용되는 것은 아닐 터다.

2장

버는 것보다
쓰는 것이 중요하다

2,700만 원이면
충분하다

종잣돈에는 두 가지 종류가 있다. 하나는 최초의 자금이다. 한 사람이 평생 모은 자산이 10억 원이라면, 이 10억 원을 있게 한 최초의 자금이 부의 코어 자금이다. 복마마에게 100억 원을 만들어준 초기 자금이 여기에 해당한다. 다른 하나는 단일한 물건에 투자하는 데 필요한 최소 자금이다. 여러분이 알고 있는 시드머니의 개념으로 이해하면 된다.

종잣돈의 두 가지 개념

- **종잣돈 A** : 부의 총액을 있게 한 코어 자금(최초의 자금)
- **종잣돈 B** : 단건 투자에 필요한 최소 자금(시드머니)

개인적으로 나는 몇억씩 가지고 있어서 마음껏 투자할 수 있는 사람보다 소액 투자자들에게 더 마음이 간다. 나 역시 소액 투자자로 출발했기 때문이다.

저 두 개의 종잣돈 개념에 맞춰 복마마의 투자 스토리를 풀면 다음과 같다. A 자금 안에 B가 포함되어 있다고 보면 된다.

- **종잣돈 A** : 부동산 컨설턴트 비용으로 번 2,700만 원
- **종잣돈 B** : 500만 원으로 경기도 광주에 있는 빌라에 투자함.

2,700만 원이라는 돈은 누구나 쉽게 마련 가능하다. 3,000만 원도 안 되는 돈으로 뭘 할까 싶은가? 무시하지 말고 이 돈을 부의 코어

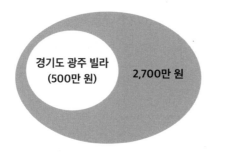

B. 단건 투자에 필요한 종잣돈   A. 부의 총액을 만들어준 종잣돈

자금으로 인식하는 사고 전환부터 하라.

나는 2,700만 원을 어디에서 조달했을까? 경매 컨설팅을 통해 벌어들인 수입이 2,700만 원이었다. 여기에다 돈을 지키는 습관이 더해져 2,700만 원이란 돈을 유지할 수 있었다. 사람마다 액수는 다르지만 누구나 월급이란 것을 받는다. 하지만 이 월급을 의미 있는 단위로 키우는 사람은 소수에 불과하다. 이처럼 돈을 버는 것과 키우는 것은 별개의 문제로 봐야 한다.

불행 중 다행이라고 해야 하나. 식당을 말아먹고서 수천만 원의 빚을 떠안았는데 이 빚을 0원으로 만드는 데 혁혁한 공을 세운 것이 절약이었다. 아니다. 그것보다는 돈을 버는 족족 빚을 갚기 위해 은행으로 달려갈 수밖에 없었다는 표현이 적절하다. 은행 빚을 갚기 위해 돈이 다른 곳으로 새어나가지 못하게 하는 데에 집중했다. 그러다 보니 이게 하나의 습관으로 자리 잡았다.

나에게 돈은 곧 소비였다

고백하자면 가게를 말아먹기 전까지 나는 경제 관념이 10원어치도 없었다. 하루에 40만 원이 들어오든 150만 원이 들어오든 액수 상관없이 통장에 잔고가 있으면 쓰느라 정신이 없었다.

"현대백화점 8층에 새로 생긴 샤브샤브집이 있던데 다녀올까?"

"안 그래도 대기 줄이 길어서 궁금했는데 가보자. 백화점에 간 김에 아이들 신발이랑 옷도 사자."

"그럼 나도 살래. 우리 밥 먹고 팥빙수도 먹고 오자."

같이 어울리는 엄마들 중 한 명이 소비의 신호탄을 쏘아 올리면 누가 먼저랄 것도 없이 다들 소비에 동참했다. 그냥 그때는 수중에 돈만 있으면 된다고 생각하며 살았다.

큰돈이 아니어도 수중에 돈이 있으면 적당히 만족하며 살게 된다. 생활이 넉넉하지 못해도, 가난을 겨우 면하는 수준일지라도 그렇다. 이게 참 무섭다. 서서히 끓는 물 속에서 개구리가 안분지족(安分知足)하는 사이 죽음이 찾아오듯 우리도 그렇게 될 수 있기 때문이다.

과거의 내가 그랬다. 돈을 버는 족족 쓰기에 바쁜 것도 있었지만 남편이 직장을 다른 데로 옮기면 이걸 핑계 삼아 기다렸다는 듯이 적금을 깨는가 하면, 아들의 돌 반지를 팔았다. 돌 반지를 팔아서 100만 원을 마련하면 위기의식을 느껴야 하는데, 당장 돈이 생긴 것에 만족했다. '형편이 어려우니 어쩔 수 없지'라며 내 가난을 위안 삼아 소비의 재미를 충족시켜갔다. 가난에 무감각해진 것이다.

돈을 많이 벌어도 가난해질 수 있다. 나는 이걸 직접 경험해봤다. 음식 장사를 할 때 항시 잔고가 간당간당했는데도, 매일 현금이 들어오니 눈가림이 되었다. 돈이라도 못 벌면 위기의식을 느꼈을 텐데 하루만 장사해도 돈이 생기니 돈이 새고 있어도 몰랐던 것이다. 이걸 조심해야 한다. '그래도 돈을 버니까'란 점에 기대어 돈 쓸 궁리만 하면 수입의 파이프라인이 녹슬었을 때 한꺼번에 무너져버린다.

"10만 원을 쓰잖아요. 그러면 100만 원이 쓰고 싶어져요. 저축은 저축을 유인하고, 소비는 소비를 유인하더라고요. 여러분은 '자산의 총액'을 염두에 두고 소비액을 결정하는 습관을 가져야 해요. 그래야만 돈을 지킬 수 있어요."

어쩌면 장사를 쫄딱 말아먹은 게 다행이다 싶을 만큼 돈을 대하는 마음가짐이 완전히 달라졌다.

"투자 광풍 시대에 살고 있어서인지 사람들이 절약을 대수롭지 않게 여기는 것 같아요. 투자 시대에 맞게 절약의 개념을 바꾸어야지 무작정 절약을 무시해서는 안 돼요."

절약은 단순히 돈을 아끼는 것이 아니다. '지금 돈을 쓰지 않음으로써 더 큰 부를 창출하고자 하는 의사결정 방식'이다. 그래야 절약과 투자가 연결되는 시스템이 만들어질 수 있다.

사업자 마인드

두렵더라도 '돈의 경험'은
직접 해야 한다

그럼 허구한 날 돈만 쓰다가 언제 정신을 차렸을까?

보험 영업을 할 때야 빚 갚느라 정신이 없었고 이후 경매 컨설팅에 뛰어들면서 여러 건의 컨설팅을 맡았다. 세 건 정도 한 것으로 기억하는데 굵직한 투자다 보니 내게 떨어지는 수수료가 상당했다. 그때 통장에 2,700만 원이 찍혔는데, 통장에서 아우라가 뿜어져 나왔다고 하면 믿겠는가. 내 눈엔 진짜 그렇게 보였다. 그리고 그때 처음 '찐'으로 내가 부자라는 생각이 들었다.

지금도 잊히지 않는다. '이 돈이 얼마야. 2,000 하고도 700만 원이
네. 이 돈이면 나도 뭔가 해볼 수 있어. 이 자신감은 뭐지.' 당시 통장
잔고를 보며 가슴이 쿵쾅쿵쾅 뛰는 나를 발견했다. 동시에 돈을 바
라보는 관점도 달라졌다. '써야 할 돈'에서 '투자 자금'으로 보게 된 것
이다. 이 일이 복마마 인생에 첫 투자를 탄생시킨 계기다.

500만 원으로 경기도 광주시 오포읍 능평동에 소재한 빌라를 낙
찰받았다. 이후 오포에 소재한 빌라 두 채를 더 낙찰받았고, 이를 발
판 삼아 분당, 여주, 포천, 이천, 구미로 낙찰 범위를 확대해 나갔다.
일하다 돈이 생기면 한 채 받고, 1~2년 있다가 또 낙찰을 받는 식으
로 '낙찰 이어달리기'를 했다.

투자만 한 것은 아니다. 전세보증금이 올라 여유 자금이 만들어지
면 다른 데 투자를 하지 않고, 임차인에게 빼줄 보증금으로 예비를
해두거나 세금으로 사용하곤 했다. 투자를 두 번 하면 리스크 관리
를 한 번 하는 식으로 접근했다. 이렇게 하면 여러 건에 투자를 하더
라도 부담을 줄일 수 있다.

늘 머릿속에 '물건 낙찰과 세입자 보증금 빼주기'를 염두에 두면서 투자를 해나갔다. 이런 경험을 몇 번 하자 돈의 흐름이 읽히면서 돈에 대한 감각이 자리를 잡았다. 나는 이것을 '사업자 마인드'라고 부른다.

'이렇게 하니까 또 돈이 만들어지네.'

'걱정하던 것보다 세금이 조금밖에 안 나왔어.'

'인테리어 비용이 예상 금액을 넘길 것 같아. 페인트칠은 직접 해야겠다.'

'세입자가 속을 썩이는데 그래도 공실로 놔두면 집이 망가지니까 견뎌보자.'

'3개월 후에 보증금을 빼줘야 하니 이번엔 투자를 하지 말아야겠다.'

'낙찰받기, 세입자에게 보증금 받아서 예비해두기, 임대료 받기, 세입자가 고쳐달라고 하면 해줄 것은 해주고 거절할 것은 거절하기. 이런 사이클을 한번 경험하니 내가 이 집의 CEO가 된 것 같네. 세입자는 내게 돈을 벌어다주는 직원인 셈이군.'

이런 일을 직접 경험해보는 것과 아닌 것에는 큰 차이가 있다. 집과 그 집에 사는 사람들, 그리고 돈과 관련한 일들을 몸소 경험해보라. 이것이 일찌감치 내 것으로 만들어야 할 사업자 마인드다.

직장생활을 시작하는 30대부터 사업자 마인드를 가진 사람과 그렇지 않은 사람이 40~50대가 됐을 때는 자산 규모 면에서 큰 차이가 난다.

나는 부동산 등기부가 늘어날 때마다 포만감이 들면서 여유가 생

가난해지는 마음의 관성 ('그냥 살아야지' 마인드)	부자가 되는 마음의 관성 (사업자 마인드)	
투자와 리스크 관리가 안 됨	투자	리스크 관리
집값이 똥값이 될 텐데 뭐 하러 집을 사!	이자를 감당하더라도 실거주 용 집은 있어야지. 이왕이면 경매로 싸게 받아야겠다.	대출 가능액과 이자 비용을 미리미리 잘 알아보자.
전세 사기가 많으니 월셋집 으로 알아봐야지.	빌라라도 마련해 세입자를 둬봐야지. 반전세랑 월세로 내놔야겠다.	월세를 밀리지 않는 세입 자로 들여야겠다(보증금은 UP, 월세는 Down).
동네 수준을 다운시켜야 내 집 마련이 가능한데 모르는 곳에서는 살고 싶지 않아.	동네 수준을 다운시키더라 도 내 집 마련하는 데 돈이 흘러가게 만들어야지.	1가구 2주택에 포함되는지 알 아봐야겠다(세금 폭탄 NO).
임차인 신경 쓰기 귀찮아. 요즘 공실도 넘쳐나는데 상 가는 무슨 상가야.	상가라도 낙찰받아 임대료 를 받으면서 살아야지.	만기가 지나면 보증금을 갑 자기 빼달라고 할 수 있으 니 반드시 재계약을 해야겠 어(보증금 이슈).

겨났는데 현재는 등기부를 모아놓은 박스가 두 개다. 그렇게 박스째
로 등기부등본을 보관하고 있다. 물론 오랫동안 낙찰을 받다 보니 두
박스가 된 것이지 처음부터 이걸 노리고 투자한 것은 아니다. 다른
사람들은 돈이 많아서 부자가 되었다면 복마마는 집문서가 많아서
부자가 된 케이스라고 할 수 있다.

마태 효과
돈을 좇아야
돈이 붙는다

돈이란 무엇일까? 여러분은 돈이 무엇이라고 생각하는가?

부자를 꿈꾸는 사람들 중 돈에 대해 진지하게 고민해본 사람이 몇이나 될까 싶다. 대부분 돈 하면 필요한 것을 사는 데 쓰이는 자금, 혹은 매달 허리를 휘게 만드는 대출 이자 정도로 생각할 것이다.

이 정도로만 생각하며 살아온 사람은 돈에 대해 제대로 고민해본 적이 없는 사람이다. 사실 요즘 같은 고물가·고금리 시대에는 생활비 충당만으로도 버거워 '돈의 다른 쓰임'에 대해 고민할 여유 자체가 없다. 왜 이것을 모르겠는가.

그럼에도 돈의 입장에서 볼 때 나는 어떤 사람인지에 대해 성찰해보는 시간을 갖는 것은 의미가 있다.

다음 중 돈의 입장에서 어떤 주인이 좋을지를 고민해보자.

A. 나를 야금야금 써서 내 몸값을 0원으로 만드는 주인
B. 나를 점점 불려서 내 몸값을 배 이상으로 키우는 주인

당연히 B를 선호할 것이다. 돈이 선택하고 싶은 주인이 되는 것. 이것이야말로 부자가 되는 첫걸음이다. 그럼 어떻게 하면 돈이 선택하고 싶은 주인이 될 수 있을까? 이제부터 나와 함께 돈이 선택하고 싶은 주인이 되는 방법을 살펴보자.

돈과 관련해 물어야 할 네 가지 질문

제일 먼저 돈을 사랑하는 마음이 중요하다. 옛날에는 '사람이 돈을 좇으면 안 된다', '때가 되면 알아서 돈이 들어온다'라고들 했지만 세상이 달라졌다. 바야흐로 돈을 좇아야 하는 시대다.

부자들을 가만히 살펴보면 '돈'이라는 것 자체보다 '돈으로 할 수 있는 것'과 '돈을 버는 활동 자체'에 관심이 많다. 자신이 하고 싶은 것이 있으면 지체하지 않고 곧바로 하는가 하면 돈을 버는 활동에도

흥미를 느끼며 자산의 규모를 키워나간다. 그 누구보다 돈에 바짝 다가서는 그룹 또한 부자들이다.

반면 가난한 사람들은 옆에서 누가 뭐라고 하지 않음에도 돈의 눈치를 살피고 늘 돈에서 한발 떨어져 지낸다. 이들이 소비에 적극적인 이유는 그때만 돈의 피드백을 받았기 때문이다. 나 역시 2,700만 원의 맛을 보기 전까지는 소비를 통해서만 돈을 체감했다.

질문 1 돈을 체감하는 다른 방법은 없을까?

복마마가 권하는 '돈을 체감하는 방법' 중 하나는 지갑 속에 현금을 가지고 다니는 것이다. 요즘은 시장에서 장을 봐도 신용카드를 내미는 시대지만, 그럼에도 5만 권 두 장을 가지고 다녀보자. 지갑을 열 때마다 그 돈을 보며 '나에게 10만 원이 있지'라는 걸 인지하고 더 나아가 '이 돈은 가급적 쓰지 말아야지'라는 다짐을 해보는 것이다.

우리가 충동구매를 하거나 비싼 물건을 살 때 망설여지는 이유는 지불 고통을 느끼기 때문이다. 그런데 이 지불 고통도 지불 수단이 무엇이냐에 따라서도 강도가 달라진다. 쉽게 말해 신용카드로 3만 원을 긁는 것보다 현금으로 3만 원을 낼 때 지불 고통이 더 커진다. 내 눈앞에서 현금이 나가니 고통이 체감되는 것이다.

질문 2 내 지갑에 현금이 얼마나 있지?

만약 현금을 가지고 다닌다면 수중에 얼마의 현금이 있는지도 파악해두자. 열에 아홉은 12만 원이 있는지, 12만 1,000원이 있는지 정확히 알지 못한다. 이와 달리 열에 한 명만이 정확한 액수를 말한다. 대체로 이 사람은 부자일 확률이 높다.

부자들이 부자가 된 이유는 누구보다 돈에 대해 생각을 많이 하기 때문이다. 당연히 자신의 지갑에 얼마가 있는지 알고도 남는다. 따라서 "현재 당신 지갑에 돈이 얼마나 있나요?"는 곧 "돈을 잘 관리하는 편인가요?"를 묻는 것이기도 하다.

질문 3 나는 돈 관리를 잘하는 편인가?

부자들이 쓴 책을 보면 '장지갑에 돈을 펴서 넣고 다녀라'라는 구절이 빠지지 않고 등장한다. 처음에는 '그런다고 부자가 되나'라며 콧방귀도 뀌지 않았다. 부자가 되는 것과 돈을 귀하게 대접하는 것의 상관관계를 알지 못했기 때문이다.

정말 거짓말 하나 안 보태고 식당을 했을 때는 돈을 아무 데나 두었다. 화장대 서랍에서 발견되는가 하면, 무슨 보물찾기도 아니고 겉옷이 바뀔 때마다 주머니에서 천 원짜리와 만 원짜리가 나왔다. 지갑에 돈을 넣고 다닐 때도 꼬깃꼬깃하게 넣고 다녔다. 하지만 지금은 그러지 않는다. 돈을 빳빳하게 펴서 지갑에 넣고 다니는 것은 물론이고, 내 수중에 얼마의 돈이 있는지 정확히 알고 있다.

질문 4 나가는 돈에 민감한가, 들어오는 돈에 민감한가?

내 수중에 돈이 얼마나 있는지 파악하는 것이 돈 관리와도 연관이 있다고 했다. 그런데 사실 하루 벌어서 하루 쓰기에 바빴던 시절에는 통장에 찍힌 액수와 상관없이 입금액의 80퍼센트 이상은 내 돈이 아니었다. 어차피 나가야 할 돈이었기에 잔고에 관심을 두지 않았다. 나가는 돈과 들어오는 돈 모두 무심하게 대했다. 그러다가 언젠가 돈이 쌓이기 시작하면서 '들어오는 돈'에 민감해지는 나를 발견했다. 처음엔 이런 내 자신이 낯설게 느껴졌다.

굳이 따지자면 돈이 없을 때는 나가는 돈에 민감했던 반면 경제적 여유가 생긴 지금은 들어오는 돈에 훨씬 민감하다. 역전된 것이다. 이렇게 입금액에 대한 관심이 높아진 나를 보며 처음 '부자'라는 단어를 떠올렸다.

가난해지는 마음 습관에서 벗어날 것

빈익빈, 부익부 현상을 다른 말로는 마태 효과(Matthew effect)라고 한다. 미국의 사회학자 로버트 머튼(Robert K. Merton)이 처음 고안한 용어로, 이는 부자와 가난한 자의 차이가 심해지는 양극화 현상을 가리킨다. 나는 크리스천인데 간혹 성경책에서 마주하는 '돈 이야기'를 접할 때마다 깜짝깜짝 놀라곤 한다. 그 어느 경전보다 돈의 본질에 대해 적나라한 내용을 담고 있기 때문이다.

마태 효과라는 용어를 탄생시킨 《신약성경》〈마태복음〉 25장 29절의 내용만 봐도 알 수 있다.

"무릇 있는 자는 받아 넉넉하게 되되 없는 자는 그 있는 것도 빼앗

기리라."

있는 자는 넉넉해지되, 없는 자는 소유하고 있는 것마저 빼앗길 거라니…. 뭔가 섬뜩하지 않은가. 참고로 여기에서 빼앗긴다는 것은 가난한 사람들일수록 돈을 지키지 못하는 마음의 버릇을 갖고 있다는 뜻이지 누군가에게 강탈당한다는 의미가 아니다.

사람들은 부모에게 막대한 부를 물려받은 금수저와 땡전 한 푼 받지 못한 흙수저 간의 양극화 현상만을 논한다. 하지만 이렇게만 접근해서는 본질을 놓친다. 흙수저들 내에서도 소비를 절제하고 돈을 모으는 능력의 양극화 현상이 뚜렷하다. 여기까지 들여다봐야 흙수저들 중에서 부자가 나오는 배경을 이해할 수 있다.

앞서 던진 네 가지 질문도 양극화 현상과 무관하지 않다. 돈에 대한 마음의 버릇을 묻는 질문이기 때문이다. 빈익빈, 부익부 현상이 심해지기 전에 하루라도 빨리 '빈익빈의 버릇'부터 고쳐나가자. 그래야만 돈이 주인으로 섬기는 사람이 될 수 있나니.

명품의 주인

나도 좋은 것을
가질 수 있다

"여러분 복마마예요. 오늘 제가 어디에 와 있느냐면요. 여러분에게
땅 하나 소개하려고 충북에 내려왔어요. 500평짜리 땅이 500만 원
에 나왔는데, 명품백 하나 값이죠."

나는 이렇게 저렴한 물건이 나오면 명품백에 비유해서 설명하곤
한다.

40대 이상이라면 명품백 한두 개 정도는 갖고 있거나 아니면 욕심
을 내봐도 될 법한 나이다. 그동안 열심히 살았으니 명품백 하나 욕
심내는 게 뭐 그리 문제겠는가. 다만 복마마는 500만 원이 있으면 명

품백 대신 땅을 사러 가는 유형이다.

그럼 또 누군가는 "임장 영상을 보니 구찌 시계를 차고 다니던데 그건 명품이 아니고 무엇인가요?"라며 짓궂게 물을지도 모르겠다. 그럼 나는 내 생애 첫 명품 시계이자 선물로 받은 것이라고 답할 것이다. 이전까지는 해외 직구로 구입한 마크 제이콥스 시계만 차고 다녔다. 대략 7만 원 주고 산 시계로 지금도 아끼는 물건이다. 시계 말고도 명품이 더 있다. 남편과 직원들에게서 루이비통 가방을 선물로 받았다.

한번은 난생처음 가져본 300만 원대 루이비통 가방 때문에 지인과 10분 넘게 티격태격했던 적이 있다.

"이게 루이비통 가방이구나. 임장 갈 때는 못 들고 다니겠다."

"당연하지. 식당 같은 곳에 들어가서 바닥에 함부로 두면 안 되는 것 알지?"

"명품이라며. 튼튼할 텐데 왜 바닥에 두면 안 돼?"

내 말에 지인이 펄쩍 뛰며 이렇게 말했다.

"뭔 소리를 하는 거야. 그러면 사람들이 짝퉁이라고 생각하지. 안고 있어야 진품이라고 생각해."

"내가 왜 얘를 모시고 다녀야 하는데. 그래봤자 가방이잖아."

"이럴 줄 알았어. 언니는 얘를 들고 다닐 자세가 안 되어 있어."

"나는 내가 빛나는 사람이 되고 싶어. 나보다 가방이 더 빛나는 건 싫어."

"그러셔. 잘났어, 아주."

　그러고 보니 명품이 특별하긴 하다. 이게 뭐라고 두 여자가 10분
씩이나 입씨름을 한단 말인가. 집으로 돌아오는 차 안에서 생각하니
'내가 태어날 때부터 부자였다면 자연스럽게 명품을 이용했을 텐데
왠지 어울리지 않는 느낌이네. 괜히 어색하니 동생 앞에서 잘난 척
했네'라며 멋쩍어했다. 물론 명품에 대한 내 가치관은 지금도 변함이
없다. 아무리 명품이라도 물건은 물건이고 사람은 사람일 뿐이라고
생각한다. 명품을 지녔다고 해서 그 사람의 가치가 상승한다고 생각
하지 않는다.

　하지만 이거 하나는 꼭 전하고 싶다. 당장 명품을 사지 않더라도
명품 가방을 살 수 있는 자격까지 박탈하지는 말자. 혹시 아는가. 경
매 투자에서 생긴 돈으로 '나도 죽기 전에 명품 한번 들어나 보자'라
는 결심과 마주하게 될지. 고기도 먹어본 놈이 먹을 줄 안다고 명품
도 가져본 사람이 가질 줄 안다. 이런 마음가짐을 세팅해두지 않으면
설사 돈이 생긴다고 한들 자신을 위해 만 원 한 장 쓰지 못하고 또
가족들을 위해서만 쓰게 된다.

　왜 좋은 것을 누릴 때 스스로 자신을 제외시키는가. 자신에게서
등을 돌리는 일은 이제 그만할 때도 되었다. 명품을 가질 자격을 갖
는 것도 마찬가지다. 꼭 명품을 가져야만 맛이 아니다. 그게 뭐든 좋
은 것을 가질 만한 자격을 자신에게 줘보라는 뜻이다. 이런 경험을
하는 것은 생각보다 훨씬 큰 의미가 있다.

참고로 명품이라고 해서 해외 브랜드 제품만 지칭하는 게 아니다. 그 상황에서 누릴 수 있는 가장 좋은 것들을 총칭하는 개념으로 그 의미를 이해하자.

엄마도 돈을 쓰는 주체에 포함시켜라

비싼 것을 사지 못할 때보다 일상생활에서의 작은 사치를 누리지 못할 때 속상한 것 같다. 소고기 뭇국을 끓여도 소고기는 남편과 자식들 몫이다. 어쩌다 외식이라도 하면 메인 메뉴까지는 수용이 되나 한 잔에 8,000원씩 하는 음료는 생략한다.

우리 이러지 말자. 소고기는 한 팩 정도 더 사서 요리하면 다 같이 맛있게 먹을 수 있고, 이 힘으로 하루를 살아내면 그게 더 이익이다. 그뿐인가. 1만 원도 안 하는 자몽 에이드 한 잔 먹는다고 살림이 무너지는 것도 아니니 분위기 낼 때는 제대로 내보자.

아마 이것 말고도 망설여지는 게 많을 것이다. 그래서 40~50대가 아끼지 말아야 할 소비 목록을 준비했다. 이 중 두 가지 이상은 자신을 위해 써보기 바란다.

아끼지 말아야 할 첫 번째 소비 목록은 의료비다. 평균 수명이 연장됨에 따라 건강하게 늙는 것은 당사자는 물론 가족들에게도 중요하다. 꽃노래도 하루 이틀이라고 매일 아프다고 징징대는 부모를 좋아할 자녀는 어디에도 없다.

성인 자녀가 자기 밥벌이를 해내는 식으로 독립을 해야 한다면 부모는 스스로 건강관리를 함으로써 자녀에게서 독립해야 한다. 독립과 독립이 만나야 그 가족이 화목해지는 것이지, 누구 하나라도 독립하지 못하고 의지하면 다른 구성원이 자기 삶을 살지 못하게 되고 결국 불화가 싹튼다.

복마마가 누구인가. 대장암 말기 판정을 받기 전 6개월이나 위염약만 타다 먹은 탓에 생존확률 4퍼센트에 도전한 미련 곰탱이가 아니던가. 그때 전도사님이 삼성서울병원에 예약을 해준 덕에 제대로 된 치료를 받을 수 있었지, 안 그랬다면 지금의 복마마는 없었을 것이다. 그러니 나이 50이 넘었다면 건강에 대해서만큼은 호들갑의 축제를 떨어도 괜찮다. 오히려 이게 가족들을 도와주는 일이다.

아끼지 말아야 할 두 번째 소비 목록은 먹고 싶거나 하고 싶은 게 있으면 과감하게 돈을 써보는 것이다. 아쿠아로빅이나 등산, 골프, 요가… 뭐든 상관없다. 해보고 싶으면 해봐라. 꼭 어떤 활동이 아니어도 좋다. 평상시 좋아하는 간식이 있으면 금액을 고려하지 말고 사 먹어보자.

내겐 그게 과일이었다. 지금은 당뇨 때문에 거리를 두지만 이전까지는 마트에 갈 때마다 과일 코너부터 들렀다. 카트에 과일을 담으면 마음에 안정감이 들고 속이 든든했다. 실제로 나는 화장지를 낱개로 사던 시절에도 냉장고에 과일은 떨어뜨리지 않았다. 비록 못난이 과

일일지언정 반드시 챙겨 먹었다.

"어머니는 짜(자)장면이 싫다고 하셨어~."라는 유행가 가사가 있는데 나는 가족들에게 이 노랫말을 전해주며 "나는 자장면은 싫은데 과일은 좋아해."라고 이야기를 해주곤 했다.

그 결과 '천혜향은 엄마가 좋아하는데 또 쟁여두고 먹겠네', '이건 집사람이 좋아하니 박스째 주문해야겠다'라는 인식이 가족들 사이에서 생겨났다. 이건 단순히 과일의 문제가 아니다. 가족들에게 엄마의 자기애에 대한 존중을 받아내는 본질적이면서도 아주 중요한 문제다.

롤케이크 같은 건 혼자 먹기엔 가격이 비싸고 양도 많아서 패스하기 쉽다. 그래도 사서 먹자. 평소와 달리 작은 사치라도 하면 그날은 가족에게 진심으로 잘하게 된다.

"나를 사랑해야 다른 사람도 사랑할 수 있다는 말은요. 나를 사랑하는 만큼 시간과 돈을 써야 다른 사람에게 내주는 것도 진심일 수 있다는 뜻이에요. 그래야 가족들에게 괜한 보상심리가 생겨나지 않아요. 우리가 왜 남편에게 잔소리하고 애들을 잡겠어요. 내가 나를 아껴주지 않으니 그 불만이 나오는 거거든요. 집의 평화를 위해서 '나의 평화'부터 지키는 걸로 해요. 우리 그럽시다!"

엄마도
영업비가 필요하다

아끼지 말아야 할 소비 목록 세 번째는 매력유지 비용이다. 최근 생겨난 욕심이 하나 있는데 바로 옷 욕심이다. 임장 영상을 찍으러 경상남도 통영이나 전라남도 목포에 가면 올라오면서 4~5개의 물건지를 찍고 온다. 멀리까지 갔으니 몇 군데를 들렀다 오는데 촬영할 때마다 상의가 같으면 다른 물건임에도 구독자들이 헷갈려 한다는 사실을 알았다.

이 사실을 안 이후 임장을 떠날 때는 상의를 여러 벌 챙겨서 떠난다. 하다못해 스카프, 모자, 외투라도 변화를 주며 영상을 촬영한다.

이걸 4년 넘게 하다 보니 자연스럽게 옷 욕심이 생겨났다.

내가 덩치가 있다 보니 백화점에 가도 맞는 옷이 없다. 그래서 주로 아웃렛 매장이나 동대문시장의 창고형 가게, 빅 사이즈 온라인 쇼핑몰을 이용한다. 지금은 밀리오레 근처의 가게들 중 두세 곳을 정해두고 다닌다. 몇 년 동안 치마를 입지 않았는데 최근 아는 동생이 선물로 줘서 입고 영상을 촬영하기도 했다. 그 뒤로 치마가 편하기도 하고 예쁘기도 해서 두어 벌 구입해놓았다.

옷값도 착한 편이다. 안에 입는 티는 1만 5,000원에 샀으며 점퍼는 3만 5,000원에, 베이지색 뽀글이는 반포 지하상가에서 50퍼센트 세일가인 11만 원을 주고 샀다. 절대 비싼 옷을 구매하지 않는데 옷의 가격보다 내 스타일을 아는 것이 더 멋진 일이라고 믿기 때문이다.

또 나는 옷을 입을 때마다 '나는 뚱뚱하지만 피부가 고우니까', '내 매력을 마음껏 발산하고 싶어', '이 옷을 입고 한번 돌아볼까. 영상 촬영할 때 빙그르르 돌아야 하는데'라며 그 옷을 입을 나에게 예쁜 말을 해주는 것도 잊지 않는다. 그래야 옷이 날개가 되어 나를 더 좋은 곳으로 데려다줄 것만 같다. 설마 복마마만 이렇게 생각하려나.

"에이, 다 늙어서 무슨 옷 타령이에요."

"찍어 발라봤자 주름밖에 안 보여서 놓은 지 오래됐어요."

말은 이렇게 해도 얼굴에 영양크림 한번 찍어 바르고, 예쁜 옷을 입으면 표정이 환해지는 이가 바로 여자다.

우리도 예쁜 옷을 입을 수 있는 나이다. 꼭 비싸게 주고 살 필요 없다. 고속버스 터미널 지하상가나 동대문시장만 잘 돌아다녀도 얼마든지 싸고 좋은 옷들을 구매할 수 있다. 그냥 안 다녀봐서 모르고 어색한 것뿐이다.

옷도 자주 입어봐야 스타일이 찾아지는데 나에게 어떤 옷이 어울리고, 어울리지 않는지를 알면 옷을 사러 가서도 주인에게 무시를 당하지 않을 수 있다. 괜히 안 사고 나오면 눈치 보이고 체형이 뚱뚱하면 환영 못 받을 것 같지만 그렇지 않다. 그들은 한 사람에게라도 옷을 더 파는 것이 목적이다. 여기에 힘을 보태겠다는데 마다할 이유가 없다.

옷가게 주인에게 내 스타일을 알려주면 다음에 갔을 때 "언니에게 잘 어울리는 니트 하나 들어왔어."라며 내 취향에 맞춤한 옷을 권해주기도 한다. 빈말일지라도 이런 서비스를 받으면 기분이 좋아지면서 그날은 가족들을 위해 밥을 차리는 것도 즐거워진다. 기쁜 마음으로 식탁을 차리게 되는 것만으로도 그날의 쇼핑은 선한 효과를 낳은 셈이다.

영업비는 십시일반 모으면 된다

아끼지 말아야 할 네 번째 소비 목록은 경조사, 한턱 쏘기, 선물하기 등 주인공이 되는 영업비다.

가까운 사람들과 밥 한 끼 하거나 커피를 마실 일이 종종 생긴다.

이때 쭈뼛거리며 신발 끈이나 묶지 말고 "오늘은 내가 쏠게."라며 먼저 나서보자. 그 순간 주인공이 되면서 어깨에 힘이 들어가는 기분을 느낄 수 있을 것이다. 매번 이러면 곤란하겠지만 무리가 되지 않는 선에서 주인공이 되는 경험을 해보는 것도 괜찮다. 사실 40대 이상의 여성들이 아끼지 말았으면 하는 소비 목록 중 1위가 의료비라면 2위는 바로 이 영업비다.

나는 실제로 영업비를 따로 떼어두고 사용한다. 인맥 만들기를 좋아하는 것은 아니나 사업을 하다 보니 필연적으로 새로운 사람과 식사할 때가 있다. 대부분 밥값은 내가 지불하는데 이것만 모아도 비용이 상당하다. 만약 기존에 가지고 있는 생활비 안에서 지출해야 한다면 나 역시 부담이 되어 망설여질 것이다. 하지만 나만의 영업비로 떼어놓은 금액 안에서 지불하니 편한 마음으로 그 시간을 즐길 수 있다.

어떻게 나만의 영업비를 마련하는 것이 좋을까? 매달 목돈으로 떼어두면 부담이 되니 복마마의 '십시일반 전략'을 소개할까 한다. 밥 열 숟가락이면 한 그릇의 밥이 된다고 매달 5만 원씩 덜어서 저금을 해보는 것이다. 5개월만 지나도 25만 원이 되고, 10개월만 모으면 50만 원이 된다. 누군가는 이걸 비상금이라고 할지 모르나 복마마는 영업비라고 이름을 붙였으면 좋겠다.

돈에 어떤 이름을 주는가에 따라서 사용처가 결정되고, 그 용도에 맞게 써야 마음이 불편하지 않고 기분 좋게 쓸 수 있다. 이것을 심적 회계(Mental Accounting)라고 부른다. 똑같은 100만 원이라도 돈의 입

수 경로, 사용 계획에 따라 마음속에 있는 '다른 방'에 저장되는 것을 가리킨다.

비상금이라고 하면 왠지 자신의 비상 상황에서만 써야 할 돈처럼 느껴져 남에게 쓰고자 할 때 멈칫하게 된다. 설사 쓰게 되더라도 '사용 용도에 맞지 않은 곳으로 돈이 나갔다'는 씁쓸함을 안고 집으로 돌아와야 한다. 하지만 애초에 영업비라고 해두면 어차피 그러려고 돈을 모은 것이니 기쁜 마음으로 베풀 수 있고, 상대방 또한 고마운 마음을 느낀다. 선순환이 만들어지는 것이다.

이렇게 되기 위해서는 영업비에 대한 정의를 재정립할 필요가 있다. 일반적으로 알고 있는 영업비라고 하면 대부분 접대비를 떠올린다. 하지만 이렇게만 생각하면 마음에도 없는 지출을 했다며 속앓이를 할 수 있다.

'영업비란? 내가 당신에게 낸 밥값이 아니라 당신과 나의 소중한 시간을 위해 함께 쓴 돈!'

이렇게 영업비를 정의해야 마음에도 없는 사람, 착한 사람을 호구로 보는 사람에게 돈은 돈대로 쓰고, 속은 속대로 썩는 걸 막을 수 있다. 당신이 함께하고 싶은 사람들에 한정해서 영업비를 사용하는 것이 중요하다.

베풀면 주인공이 된다는 말에는 남에게 베풀라는 미션만 들어 있는 것이 아니다. 당신이 돈을 쓰면서까지 만나고 싶은 사람을 선택하라는 미션도 함께 들어 있다.

경조사는 단순히 돈의 문제가 아니다

영업비 중 빼놓을 수 없는 것이 축의금이나 부의금, 부모님 칠순 잔치나 아이들의 학교 입학 및 졸업에 들어가는 경조사비용일 것이다.

"경조사 때 (돈 문제로) 인맥이 갈라지는 것에 동의하나요?"라는 질문을 받은 적이 있다. 그때 나는 0.01초도 망설이지 않고 "당연하죠. 돈을 많이 벌든 적게 벌든 누구에게나 자기 돈은 귀해요."라고 대답했다.

진짜다. 누구에게나 자기 돈은 귀하다. 그 귀한 것을 내줌에 있어 인색하게 군다면 그 사람에 대해 다시 생각해보게 된다. '그 사람이라면 10만 원 정도는 하겠지'라고 생각했는데 봉투에 5만 원이 들어 있다면 대놓고 내색은 안 해도 '나를 생각하는 마음이 이만큼이구나'라는 생각이 들게 마련이다. 이걸 가지고 속 좁은 사람이라고 자책하거나 비난할 이유가 없다.

이와 반대로 과하게 해오면 '내게 원하는 것이 있구나'라는 생각이 든다. 사람은 허투루 자기 돈을 쓰지 않기 때문이다.

오해하면 안 되는 게 여기에서 말하는 다시 생각해보게 만드는 사람이란 돈이 없는 사람을 말하는 것이 아니다. 이들은 없으면 없는 대로 성의를 표현하지 절대 가만히 있지 않는다. 오히려 부족한 것 없이 자란 사람들 중에, 명품을 휘두르고 다니면서 남에게 쓰는 돈은 인색하게 구는 이들이 있다. 이런 사람들은 '겉모습은 멋있지만 왠지 쩨쩨하다'는 느낌을 준다. 그러다 경조사를 기점으로 '자기만 아는 사람이었구나'라는 확신을 갖게 만든다.

여러분 주변에도 안 좋은 쪽으로 확신을 갖게 만드는 사람이 있을 터다. 딱 그 사람을 떠올리면 된다. 이들에게는 무리해서 돈을 쓸 필요가 없다. 돈이 가는 곳에 인심이 따르는 법. 이들을 대할 때는 그들이 한 그대로 똑같이 하면 된다. 굳이 마음 상할 것도 없고 벼르고 있을 필요도 없이 5만 원이 왔으면 5만 원만 주면 되고, 말만 번지르르하게 왔으면 말만 번지르르하게 해주면 그만이다.

말만 경조사비일 뿐 봉투 안에 든 '돈'이라는 물성 안에는 (돈을 지불하는 쪽에서) 그 돈을 낼 만한 가치의 정도가 들어 있다. 상대가 지불한 돈 안에 나에 대한 '마음의 정도'가 포함되어 있다는 뜻이다. 그래서 기대만큼 돌아오지 않았을 때 마음이 상하고 만다. 다만 성향은 고려해야 한다. 그 사람의 성향 자체가 돈보다는 선물을 예쁘게 포장해서 주거나 깜짝 파티나 행사를 기획하는 식으로 마음을 표현하는 걸 좋아한다면 그건 그것대로 존중해주면 된다.

경조사로 지인들에 대한 재평가가 이뤄진다는 말을 뒤집어보면 친해지고 싶은 사람과 가까워질 수 있는 기회가 된다는 뜻이기도 하다. 본인 성격이 내성적이라 마음을 표현하는 것에 서툴러 고민이라면 경조사만이라도 잘 챙겨보자. 충분히 좋은 인상을 줄 수 있다.

우리는 간혹 "저 사람, 다시 보게 됐어."라고 이야기할 때가 있다. 안 좋게 귀결될 때도 이 말을 하지만 이번 기회를 통해 좋은 점을 보게 됐다는 긍정적인 의미로도 쓰인다. 후자로 직행하는 방법 중 하나가 누군가의 경조사에 참석하는 것이다.

경매는
나쁜 제도가 아니다

　다음은 고코로야 진노스케가 쓴 《돈이 따르는 엄마, 돈에 쫓기는 엄마》의 일부 구절이다.

　"우리의 마음속에는 '낭비하면 안 된다', '무의미한 일에 돈을 헛되이 쓰지 마라', '돈은 고생해서 벌어야 한다'는 대전제, 즉 상식이 주입되어 있습니다. 그 결과, 그 말대로 돈 때문에 고생하는 현실이 다가옵니다.

　'절약'한다는 이유로 선뜻 내지 않으려고 하며, '낭비'한다는 이유로 내놓기를 꺼립니다. 하지만 가게에서 물건을 샀는데 '돈 낭비'라는 핀잔을 들었다고 해도, 그 가게 점원 입장에서는 내가 물건을 사고 준 돈으로 가족을 부양하고 밥을 먹습니다. 돈은 그렇게 순환하고 있는 것입니다."

그는 돈을 어릴 때부터 주입받아온 대로 대하면 안 된다고 전한다. 우리도 여기에서 자유로울 수 없다. 왜냐하면 어릴 때 부모에게서 돈에 대한 선입견을 주입받으며 자랐기 때문이다.

'돈을 좇아서는 안 된다', '피땀 흘려가며 번 돈만 옳고, 투자로 번 돈은 불로소득이다', '매매는 정당한 취득 방법이지만 경매는 다른 사람의 피눈물을 대가로 치르는 온당치 못한 취득 방법이다', '대출 하나 없이 내 집을 마련하는 것은 성실함이고, 레버리지를 일으켜서 사는 것은 투기다' 등등.

이처럼 많은 사람이 돈과 부동산 투자에 대한 편견에서 자유롭지 않을 것이다. 이것들을 깨부숴야 돈이 돌아다니는 통로가 만들어질 수 있다. 한꺼번에 깨부수는 것은 무리가 있을 테니 나와 함께 하나씩 해나가 보자. 제일 먼저 소비에 대한 구시대적 발상부터 깨부숴 볼까 한다.

지금까지 우리는 소비라고 하면 '내 주머니에서 돈이 나가는 행위' 로만 생각해왔다. 그 탓에 소비는 '나쁜 것', '소득의 반대', '되도록 자제해야 하는 것'처럼 일방적 시선으로 대해온 것이 사실이다. 이 역시 보릿고개 시절을 살아온 부모님에게 받은 영향이 크다.

이제는 소비에 대한 개념을 부모 세대에게 주입받은 대로가 아닌 현시대에 맞게 재설정해야 한다.

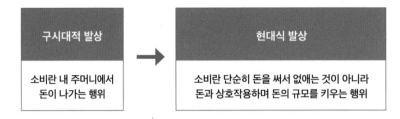

구시대적 발상	현대식 발상
소비란 내 주머니에서 돈이 나가는 행위	소비란 단순히 돈을 써서 없애는 것이 아니라 돈과 상호작용하며 돈의 규모를 키우는 행위

'돈을 쓰는 게 소비인데 돈을 써서 돈의 규모를 키운다고?'

그렇다. 돈을 만들어내는 소비도 있다. 돈을 씀으로써 돈의 단위를 키우는 대표적인 방식이 바로 투자다. 우리가 부동산이나 주식, 코인에 베팅할 때 투자라고 하지 소비라고 하지 않는 이유가 여기에 있다.

소비는 내 주머니에서 돈이 나가면 끝이지만, 투자는 그렇지 않다. 돈이 나가는 것은 같으나 플러스로 되돌아온다. 그중 하나가 부동산 경매 투자다.

이참에 경매에 대한 오해, 선입견도 깨부숴보자. 경매는 '남이 피눈물 흘리며 내놓은 집'을 싸게 가져오는 비윤리적인 투자가 아니다. 많은 분이 오해하는데 경매로 집이 넘어갔다는 것은 이들의 빚이 감당할 수준을 넘어섰다는 의미고, 빨리 집이 팔려야 개인회생절차라도 신청할 수 있다는 말이다. 그뿐인가. 이들에게 돈을 빌려주고 받지 못한 채권자 입장에서도 경매가 합법적으로 돈을 회수할 수 있는 유일한 통로다.

한두 푼도 아니고 타인에게 1억 이상 빌려줬는데 돌려받지 못한다고 상상해보라. 법을 이용해서라도 돌려받고 싶을 것 아닌가. 경매는 이런 사람들을 위해 마련된 제도다.

이 말인즉슨 경매는 입찰자나 투자자들을 위한 제도가 아니란 말이다. 부동산 경매는 타인에게 돈을 빌려주고 받지 못한 채권자를 위한 제도라는 점을 명확히 해두고자 한다.

이걸 알아야 "내가 낙찰받았는데 왜 취소가 되는 건가. 이럴 거면 아예 경매를 하지 말아야지. 소송도 불사할 거야."라는 소리를 하지 않을 수 있다. 아무리 억울함을 호소해봤자 법원에서는 낙찰자보다 채권자 우선주의를 고수한다.

만약 복마마가 1억 원에 경매로 나온 집을 낙찰받았다고 해보자. 그런데 말이다. 비단 그 집이 경매로만 나왔을까? 일찌감치 집주인이 빚을 갚고자 부동산 여기저기에 내놓았을 것이다. 다만 요즘처럼 금리가 높거나 부동산 경기가 안 좋을 때는 매수자가 나타나지 않았을 테고, 채권자(보통은 은행이 되겠다)가 경매로 넘겼을 것이다.

이 와중에 일반 매수자가 1억 3,000만 원에 사겠다며 나타나기라도 하면 법원은 그 집을 낙찰받은 내 사정은 아랑곳하지 않고, 채권자가 경매를 취소하고 일반 매매로 1억 3,000만 원을 처분하도록 기회를 준다. 이런 식으로 경매가 취소되는 것을 취하(取下)라고 부른다. 그렇다. 법원에서는 낙찰자인 복마마보다 빚을 회수해야 하는 채권자의 편에 서는 것이다.

경매를 하다 보면 생각보다 '나(입찰자)의 존재감이 미약하구나'를 알게 되면서 겸손도 덩달아 익히게 된다. 이래서 사람은 죽을 때까지 배워야 한다. 배워야 선입견을 깰 수 있고 동시에 내 입장, 상대의 입장, 법원과 같은 공공기관의 입장을 헤아리는 넓은 시야를 가질 수 있을 테니까.

정말 아닌 게 아니라 나 역시 경매를 하면서 다른 사람의 입장을 헤아려보고, 그들의 입장에서 이해관계를 따져보는 훈련을 많이 하게 되었다. 이런 훈련이 알게 모르게 사업하는 데도 큰 도움이 된다. 여러분도 꼭 이런 '내적 자원'을 갖기를 바란다.

4부

날린 집과 상가를
되찾기 위해
부동산 세계에 뛰어들다

그동안은 나의 개인적인 실패와 성공, 교훈과 노하우를 다루었다면 이제부터는 경매에 대한 이야기를 살짝만, 아주 살짝만 해볼까 한다.

책의 서두에서 말한 것처럼 실전 기술을 다루진 않을 것이다. 지금의 복마마를, 그리고 매일옥션그룹을 있게 한 본격적인 이야기를 하려다 보니 부동산 경매에 대해 언급하지 않을 수 없기에 큰 흐름, 주요한 포인트만 짚어보고자 한다.

나는 부동산 경매만 20년 넘게 해온 '복마마표 물건을 선택하는 플로'를 공개할 것이다. '플로(flow)'는 말 그대로 흐름이다. 흐름이라 하면 연상되는 것이 물줄기인데 이 물줄기만 잘 따라와도 여러분이 원하는 곳에 도착해 있을 것이다.

정확히는 물건을 선별하는 복마마만의 '눈의 흐름'으로 이해하면 좋겠다. 이 눈의 흐름을 여러분의 것으로 만들면 누구라도 자신이 원하는 부를 가질 수 있다.

경매로 부를 만드는 흐름

완성된 요리	
요리 재료 선정 및 손질	갖은 양념
등기부등본, 전입세대열람, 건축물대장과 같은 부동산 서류, 물건의 위치를 파악하는 지도, 지자체 및 부동산 사이트를 보면서 '무엇에 중점을 두는지' 파악하기	건물의 가치를 상승시키는 빌드 업(용도 변경, 리모델링 및 인테리어 시공)

'복마마TV'에서 소개하는 물건들은 완성된 요리를 내놓는 것과 다름없다. 그 요리를 내놓기 전에 어떤 재료들을 손질하는지, 맛의 풍미를 더하는 양념에는 어떤 것이 있는지는 나 외에는 알 수가 없다. 이참에 복마마의 무의식적인 흐름을 의식화해서 알려주고자 하니 잘 따라와주길 바란다.

1장

투자 마인드

돈 공부에는 나이가 없다

사람은
'중년 돈'이 좋아야 한다

이 책을 읽는 사람 중 상당수가 중년일 것 같은데 여러분은 40대와 50대의 차이가 뭐라고 생각하는가?

50대라면 '10년만 더 젊었으면 많은 것들을 해볼 텐데'라고 생각할 것이고, 40대라면 50대를 막연하게 그리면서도 '왜 이 나이 되도록 해놓은 게 없지'라며 불안해할 것이다.

나 역시 40대 때는 한창 경매일을 배우고 발 도장을 찍으러 다니느라 정신이 없었다. 그게 쌓이고, 나이가 50대에 들어서면서 무언가가 만들어지기 시작했다. 만약 내가 40대 때 한 경험을 누군가가 30대

때 했다면 그 사람은 40대에 무언가를 이루었을 것이다. 즉 '40대냐 50대냐'가 중요한 게 아니란 뜻이다. 누가 많은 일을 경험했는가, 그리고 앞으로 밀고 나아갔는가가 훨씬 중요하다.

그러니 어떤 일을 시도할 때 나이 뒤로 숨지 않았으면 좋겠다. 도전을 해나가는 최적의 타이밍은 그곳에 마음을 두기 시작한 바로 그 순간이지, 물리적인 나이가 아니다.

"50대는 경매에 뛰어들기엔 위험한 나이 아닌가요? 혹시 잘못돼서 회복 못 하면 노후가 불안해지잖아요."

"나이 60 넘어서 뭘 해요. 젊을 때라면 몰라도 이 나이에 괜히 나섰다가 낭패만 봐요."

이런 얘기를 하는 이들에게 나는 한 익명의 여성분과 통화한 이야기를 들려주곤 한다.

사무실로 한 통화의 전화가 걸려왔다. 수화기 너머로 힘이 하나도 없는 70대 여성의 목소리가 들려왔다. 이분과의 통화 내용을 요약하면 이렇다.

남편이 퇴직을 했는데 자기 앞으로 나오는 국민연금은 손도 대지 말라고 했단다. 평생 월급봉투를 가져다줬으니 국민연금은 본인이 쓰고 가겠다고 했다는 것이다. 어쩔 수 없이 자식들이 주는 30만 원으로 혼자 생활을 해나가고 있는 형편이다. 한숨을 내쉬며 "이럴 줄 알았으면 60대 때 빌라라도 낙찰받아서 매월 40만 원이라도 받게끔 해놓을 걸 후회가 돼요. 왜 이렇게 돈에 대해 몰랐을까요." 그런 얘기

를 한참을 하다 끊었다. 전화를 끊고 나서도 그분의 한숨이 무겁게
전해져왔다.

자녀 부양까지 떠안아야 할 부모들에게

이게 내 이야기가 될 수도 있다. 아니 이보다 상황이 안 좋으면 안
좋았지 좋아지기 어렵다. 오늘날 50~60대들은 자녀 부양이라는 새
로운 변수까지 떠안아야 한다. 물론 40대도 마찬가지다.

얼마 전만 해도 "우리 애가 곧 서른인데 결혼할 생각을 안 해요."
라는 하소연을 주로 들어왔는데 1~2년 사이에 바뀌었다. "결혼까지
는 안 바라요. 자기 앞가림만 했으면 좋겠어요. 부모가 한평생 사는
것도 아닌데, 걔를 누가 먹여 살려요." 자녀에 대한 부모의 소망이 결
혼에서 취업으로 다운된 것이다.

그도 그럴 것이 한국은 구직자 수가 100명이라면 40개의 일자리
를 두고 경쟁한다. 60명의 아이들은 갈 곳이 없으니 부모 일을 돕거
나 일반 식당 혹은 카페처럼 장기 근속을 할 수 없는 곳에서 사회생
활을 시작해야 한다. 부모 입장에서는 자녀가 의젓하게 직장에서 자
리 잡는 모습을 보고 싶은 게 당연한데, 이제는 이마저도 간절한 소
망이 되어버렸다.

이런 상황이라면 자녀는 자녀대로 앞날이 걱정이고, 부모는 부모

대로 자신의 노후와 자녀의 미래가 걱정이다. 이런데도 투자에 뛰어들 용기가 없다며 마냥 주저앉아만 있을 것인가.

경매로 상가 하나라도 받으면, 그곳에서 자녀가 미용실이나 카페를 차리도록 도울 수 있다. 혹은 경기도 외곽일지라도 방 두 개짜리 아파트를 낙찰받아 자녀에게 줄 수도 있다. 임대를 하든 살면서 대출금을 갚든 형편에 따라 선택하면 된다. 어쨌든 그렇게 보금자리를 만들어주는 게 가능하다. 자녀에게 '디딤돌 하나'만 놓아줘도 인생을 수월하게 꾸려나갈 수 있는데 이를 마다할 이유가 뭔가. 그렇다고 전액을 도와주라는 의미는 아니다. 하는 데까지 하라는 얘기다.

이쯤에서 돈과 자식과의 관계에 대해 짚고 넘어갈까 한다. 죽기 직전까지 자녀에게 전 재산을 물려줘서는 안 된다. 특히 집을 저당잡아 사업자금을 대주는 것은 금물이다. 그렇다고 움켜쥐고만 있어서도 안 된다. 항시 밀당을 잘해야 대접을 받는데 자녀가 헤맬 때 소액이라도 도움을 주는 것은 나쁘지 않다. 이런 역할을 하기 위해서라도 나이에 상관없이 부동산을 공부해야 한다.

중년에 돈을 일구어 끝까지 지켜내야 한다

용기를 조금 더 주자면, 사실 40~60대야말로 투자 여건이 되는 나이다. 20~30대 때는 자리만 잡아도 고마운 상황이고, 70대 이상은 투자보다 병원에 가져다주는 돈이 많은 시기이니 현실적으로 투자에 나서기가 어렵다. 자금 동원력도 있으면서 조금 길게 보고 투자에 나서도 되는 나이인 40~60대를 허투루 보내지 말자.

흔히 사람들이 말하기를 "말년 운이 좋아야 한다.", "초년 운이 안 좋은 것 같다."라며 운(運) 앞에 시기를 붙인다. 복마마는 운 대신 돈을 붙여 초년 돈, 중년 돈, 노년 돈으로 바꿔볼까 한다. 운이 돈을 벌어다 주기도 하지만 돈이 운을 벌어주기도 하므로 '운＝돈'이라는 공식이 성립 가능하다. 한 가지 흥미로운 점은 '운'을 붙이면 '말년 운'이 가장 좋아야 하지만 '돈'을 붙이면 '중년 돈'이 가장 중요해진다는 사실이다.

중년에 돈복이 있어야 말년 운이 편안해진다. 말년 운 좋기가 왜 힘든 줄 아는가. 초년이나 중년에 '운'이 따라줘 부를 일궜어도 그걸 지키기가 힘들어서 그렇다.

"자식들에게 사업자금 대주다 없어져, 여유 자금이 많으니 마음이 해이해져서 없어져. 가진 돈이 얼마나 갈 것 같아요? 말년 운은 초년 운과 중년 운의 총합으로 봐야지 말년 운만 봐서는 안 돼요. 말년 운을 좋게 만드는 방법은 '중년에 돈을 벌기 시작해서 이걸 끝까지 지켜내는 거예요."

인생 다 살았는데 말년에 돈이 넘쳐난들 뭔 소용이 있겠는가. 노년의 돈은 생활비와 병원비 걱정을 안 할 정도만 있으면 된다.

하지만 중년의 돈은 다르다. 만나는 사람의 수가 점점 줄고 활동 반경이 좁아지기 시작하는데 이때는 돈이라도 움켜쥐고 있어야 다른 쪽으로 활동 반경을 넓혀나갈 수 있다. 이직도 마찬가지다. 여윳돈이라도 가지고 있어야 마음 편히 직장을 알아볼 수 있다. 당장의 생활비조차 없으면 하루하루가 초조할 뿐이다.

참고로 나는 어려웠던 지난 시절을 생각해 다시 일어서려는 사람들을 위한 '디딤돌 같은 집이나 가게'를 선별해서 '복마마TV'에 올리고 있다. 돈이 많은 분들이야 부동산 중개소에 가서 원하는 매물을 매입하면 되지만, 서민들은 그렇지 못하다. 그러니 경매로라도 '하나' 가져보길 바란다. 그래서 레버리지를 활용해 최소 3,000~4,000만 원에서 1억까지 도전할 수 있는 물건만을 소개하고 있다. 꼭 큰돈으로 그럴듯한 부동산에 투자해야만 맛이 아니다.

단돈 2,000만 원이라도 좋으니 하루에 30분 정도 법원경매 사이트에 접속해 물건을 검색하고, 마음에 드는 물건이 있으면 입찰해보기를 바란다. 장담컨대 여러분의 인생은 그 전과 후로 나누어질 것이다.

첫 임장

마음에 부동산이
있어야 잘 된다

"제가 점을 봤는데요, 부동산이랑 찰떡궁합이래요."

"부동산에 뛰어들면 돈을 긁어모은대요."

"올해 부동산 운이 열렸다네요."

"복마마 님도 점 보러 가면 팔자에 부동산이 있다고 나오죠?"

점사와 부동산 이야기는 하루걸러 듣는 것 같다. 특히 이런 이야기는 연초에 집중되는데 신년운세를 보러 가서는 덕담으로 듣고 오는 모양이다. 이런 이야기를 들을 때마다 '왜 점사를 치는 분들은 하나같이 부동산을 언급하는 걸까?'라는 의문이 들었다. 곰곰이 생각해보니 한국인들만큼 부동산을 사랑하는 민족도 없기 때문이라는 결론을 얻었다.

만약 점을 치는 쪽에서 "당신 팔자에 주식이 있으니 뛰어들어봐라."라고 했다 치자. 손님이 점사만 믿고 투자해 쪽박을 차면 그 책임은 누가 질 것인가? 코인 투자도 마찬가지다. 하지만 '네 팔자에 부동산이 있다'고 하면 일단 손님은 기분이 좋아서 나갈 것이고, 투자 덩치도 크니 함부로 덤비지도 못할 것이다. 설사 손해를 본다고 한들 손실을 확정 짓기까지는 시간이 오래 걸린다.

하루에도 수십 명씩 점을 본다고 했을 때 그들 역시 한국인들이 좋아할 만한 투자처가 부동산이라는 생각은 쉽게 할 수 있다. 그러니 제발 복마마 앞에 와서 '점을 보러 갔는데 내 운에 부동산이 있다고 하더라. 그래서 경매를 한번 해볼까 한다'라는 식으로 투자 동기를 밝히지 않았으면 좋겠다.

그 대신 '팔자에도 부동산이 있다고 들었는데 투자를 해봤더니 잘 맞네'까지 됐을 때 이야기하라. 적어도 이런 사람은 투자 경험을 통해 객관적인 투자 기준과 그 집에 대한 주관적인 감성 모두 경험한 사람이니 조언하기가 편하다.

개인적으로 부동산은 감성이라고 생각한다. 그래서 여자들에게 잘 맞는다고 생각하는데 그 집에 대한 첫인상, 느낌이 아주 중요하다. 이걸 무시해서는 결코 좋은 투자를 할 수 없다. 나의 첫 임장 역시 그렇게 다가왔다.

최적의 투자처는 강남이 아니라,
사는 동네다

경기도 용인시 수지구 고기동에 가면 10억, 20억씩 하는 전원주택 단지가 있다. 어디에 가나 도시와 가까운 전원주택 단지는 인기가 높은데 이곳이 그렇다.

이제 막 경매에 입문할 무렵, 우연히 법원 사이트에서 고기동이 주소지인 주택을 보게 되었다. 분당에서 오래 살았기에 인접 지역인 경기도 광주와 용인, 성남은 꽉 잡고 있다고 생각했다. 그러나 웬걸, 고기동은 도시도 아니요, 시골도 아닌 낯선 동네였다. 그때는 판교가 들어서기 전이기도 하고, 지금의 용인 모습이 아니라 더 낯설었던 것 같다. 하긴 나는 경기도 광주가 이렇게 발전할 거라고는 생각하지 못하고 빌라에 투자했다. 그냥 내가 사는 동네 근처이기도 하고, 세입자 관리가 쉬워 투자를 했을 뿐이다.

이처럼 투자하기에 가장 좋은 도시는 강남도 아니고, 한남동도 아니고, 성수동도 아니다. 바로 내가 사는 동네와 인접한 지역, 그리고 부모가 사는 고향이다.

어느 빵 가게가 소금빵을 잘 만들고 미용실은 또 어디가 잘하는지, 365일 문을 여는 병원은 어디에 있으며, 광역버스와 마을버스의 배차 간격이 어느 정도인지 아는 곳. 이미 생활 임장을 하고 있는 우리 동네가 최적의 투자처다.

이게 생각보다 중요하다. 지방에 사는 분들이 서울이나 경기도에 투자하러 와서는 임대를 놓는 경우가 있다. 이 반대인 경우도 마찬가지다. 현재 자신이 거주하는 곳과 투자한 곳의 거리가 멀면 관리가 힘들어 1년도 되지 않아 급매로 내놓게 된다. 이런 경우 세금 내고 부동산 중개 수수료 내고 나면 고생은 고생대로 하고 남는 것이 거의 없다. 그러니 투자하고 싶은 입지 조건을 따질 때 관리가 쉬운 위치를 반드시 집어넣어야 한다.

다시 고기동 주택 이야기로 돌아오면 처음 그 집을 발견하던 순간을 아직도 잊을 수 없다. 마치 어릴 때 읽었던 《톰 소여의 모험》의 톰처럼 험난한 모험에 도전한 주인공이 된 기분이었다. 특히 내가 갔을 때는 한창 산을 깎고 도로를 확장하는 공사가 진행 중이라 더 그랬다.

누가 데려다준 것도 아니고 내 발로 처음 임장이란 걸 왔는데, 재밌다는 생각이 들어 주택을 한참이나 살펴봤다. '여기가 뒷마당이구나. 앞마당은 손을 좀 봐야 하는데 발코니도 있네'라며 마치 그 집을 낙찰이라도 받을 것처럼 구석구석 살폈다. 남들 눈에는 자기 집도 아닌데 주말에 거기까지 가서 뭐 하는 건지 이상하게 비칠지도 모를 일이었다. 하지만 그 임장을 통해 '경매가 내 천직이구나. 그동안 식당이 맞는 줄 알았는데 아니었어. 경매라는 걸 제대로 파보고 싶어'라는 확신을 갖게 되었다.

내가 하는 경매 강의에 현장 수업을 4주나 집어넣은 것도 이런 이유 때문이다. 누군가가 나처럼 현장감에 감화되어 경매를 제대로 공부했으면 하는 마음에서였다.

부동산이 팔자에도 있어야 하지만
마음에도 있어야 한다

나는 지금도 시간이 나면 혼자 차를 끌고 임장을 떠난다. 유튜브 채널에 올라가는 영상과는 상관없는 임장인데, 그게 그렇게 행복할 수가 없다. 물건의 미래를 상상하는 것만으로도 힐링이 되고 근처 시장에 가서 잔치 국수 한 그릇 먹으면 천국이 따로 없다.

이처럼 부동산은 현실감이 생겨야 비로소 그 맛이 제대로 느껴진다. 만약 컴퓨터로만 고기동 임장을 했다면 지금처럼 경매를 사랑하는 복마마는 되지 못했을 것이다.

판교가 들어오고 난 후에 든 생각이지만 고기동은 판교랑 딱 붙어 있다. 고기동에서 가까운 지하철역은 신분당선 동천역으로 판교역까지는 세 정거장밖에 되지 않는다.

판교역과 대장동이 가까운 데다 마침 내가 임장을 갔을 당시 도로 공사가 진행되고 있었다. 그 결과 오늘날의 고기동은 고급 빌라와 전원주택 단지, 고급 음식점과 카페가 조화를 이루는 멋진 동네가 되었다. 이렇게 될 것임을 미리 내다본 사람이라면 그 사람이야말로 팔자에 부동산이 있는 사람이다.

실제로 토지 투자를 잘하는 분들을 보면 허허벌판인 땅을 보고 미래를 그려보는 상상력이 뛰어나다. 잠재된 가치가 보이는 것이다. 미대 출신이 부동산 투자를 잘한다는 우스갯소리가 괜히 나온 말이 아니다. 공간에 대한 상상력, 그 현장감을 내 것으로 체화하는 능력은 부동산 투자에 있어 굉장히 중요한 자질이다.

이와 더불어 나처럼 부동산만 보면 미치는 사람들이 있다. 팔자에 부동산이 있다는 의미는 뭘까? 남들 눈에는 낡고 허름한 건물과 주택으로 보일 뿐이지만 나에게는 전혀 다르게 보인다. 그 집을 상상하면서 인테리어 견적을 뽑고, 센스 있게 잘 가다듬어 가치를 올리고 싶다는 감정이 샘솟는다. 바로 이것이 팔자에 부동산이 있다는 의미다.

이 일이 재밌어서 죽을 것 같은 사람, 아침에 눈 뜨자마자 내가 점찍은 물건의 낙찰 여부부터 알아보려고 컴퓨터를 켜는 사람. 이런 사람이야말로 부동산이 팔자에도 있고 마음에도 있는 사람이다.

각개전투

나는 전단지 임장으로
경매를 배웠다

"붕붕붕 꽃향기를 맡으면 힘이 솟는 꼬마자동차~." 만화영화 〈꼬
마자동차 붕붕〉의 노랫말을 보는 즉시 귀여운 자동차가 생각날 것이
다. 앞코가 동그란 노란색 자동차가 엄마를 찾아 모험을 떠난다는
내용의 만화였던 걸로 기억한다. 나는 어릴 때부터 유독 만화나 동
화를 좋아했는데 가끔 이 노래가 생각날 때가 있다. 그렇다고 그때
의 나로 돌아가고 싶은 건 아니다. 아기 때는 꽃향기를 좋았을지 몰
라도 지금은 돈 향기를 맡으면 힘이 솟는 복마마로 변했으니 말이다.
　비록 우리가 꽃향기 대신 돈 향기를 맡으면 힘이 솟는 자동차가

되었지만 어쩌겠는가. 먹고 살려면 인정해야지. 이렇게 됐으니 돈 향기를 제대로 맡는 자동차라도 되어야 한다. 그러기 위해서는 여러 지역을 열심히 돌아다녀야 하는데 우리는 이것을 임장이라 부른다.

초심에서 욕심으로 변하는
상형문자 투자법

여러 지역으로 다녀야 하는 이유는 뭘까? 그래야 '경매의 늪'에 빠지지 않기 때문이다. 심 봉사가 눈을 뜨듯 경매 공부를 시작하고 낙찰을 받으면 그땐 강남 아파트가 아니라 '낙찰 그 자체'에 눈이 멀기 시작하는데 이것을 경계해야 한다.

2021년, 2022년 왜 사람들이 너나 할 것 없이 갭투자에 뛰어들었을까? 돈을 벌려고 그랬을 수도 있지만 이 사람들 또한 갭투자에 눈이 멀었기 때문이다.

'전세 끼고 투자하니 내 소유가 되네. 또 해볼까?' 이런 생각들이 들불처럼 번져 부동산 시장 자체를 활활 타오르게 만든 것이다. 경매도 다르지 않다. '소액으로 낙찰받았는데 괜찮네. 그럼 A도 받아보고 B도 받아볼까?'라며 자신도 모르는 새에 경매의 늪에 빠진다.

특히 부동산 경매는 일반 매매나 갭투자와 달리 낙찰을 받음과 동시에 '시세보다 5,000만 원이나 싸게 샀어', '2억짜리 아파트를 1억 1,000에 받은 거네. 9,000이나 벌었네'라는 식으로 그 즉시 수익 체감이 가능하다. 눈앞에 이득이 떡 하고 나타나니 밥을 먹지 않아도 배가 부르다.

이런 이유로 법원에 죽치고 사는 방랑객들이 생겨나는 것이다. 이들은 회사도 때려치우고 하루 종일 법원 경매장에 머물며 공동 투자자를 모색하러 다닌다. 물론 독자 여러분은 이 정도의 늪에 빠지지는 않을 거라 생각한다. 그럼에도 조심해서 나쁠 것은 없다.

"경매의 늪에 빠지면 중심이 없어지면서 투자 판단이 흐려져요. 돈을 쪼개 이것도 하고, 저것도 낙찰받느라 정작 좋은 물건이 나왔을 땐 총알이 없어요. 여기서 좋은 물건이 뭐예요? 내가 가진 자금 안에서 해볼 만한 우량한 물건을 말해요."

나는 이렇게 수강생들에게 신신당부를 하는데 괜히 그러는 것이 아니다. 안타까운 경우들을 너무 많이 보아왔기 때문이다. 경매에 중독됐을 때의 비참함이란 이루 말할 수가 없다.

독자들 중 복마마도 늪에 빠진 적이 있는지 궁금해하는 이들이 있지 싶다. 나도 그럴 뻔했지만, 전단지 임장을 통해 쌓아둔 빅데이터 덕분에 다행히 늪에 빠지지 않았다. 지금 생각해도 천만다행이라 생각한다.

처음 경매일을 배울 때 선임이 옆에 끼고 일을 가르쳐준다거나 자신의 고객을 소개해주며 기회를 준다거나 하지 않는다. 전문용어로 각개전투를 벌여야 한다. 그때 떠올린 방식이 전단지 붙이기였다. 지금은 경매회사 홈페이지라도 있지 20년 전만 해도 전단지로 홍보하는 방식이 대세였다.

전단지를 붙이면 빅데이터가 쌓인다

전단지 붙이기라니 다들 생소할 것이다. 당시 나는 경매 물건을 소개하는 전단지를 만들어 동네 곳곳에 붙이곤 했다. 이것도 다 요령이 필요하다. 우선 출근 시간보다 퇴근 시간에 전단지를 붙이는 것이 유리하다. 출근 시간에는 사람들 마음이 분주하지만 퇴근 후에는 그래도 여유를 갖고 전단지 내용을 읽기 때문이다.

그다음은 전단지를 붙일 장소를 물색해야 하는데 전단지 역시 아무 데나 붙여서는 안 된다. 예를 들어 분당 서현동의 시범단지 아파트가 경매로 나왔다고 해보자. 그럼 이 시범단지 아파트는 평수와 층수에 따라 11~25억 원의 시세가 형성된다. 이것을 아는 이들이 다니는 곳에 전단지를 붙여야 한다. 전단지를 붙이는 그 순간 고객층이 특정된다고 보면 된다.

만약 내가 이 전단지를 분당이 아닌 서울 송파구에 붙인다면 어떻게 될까? 송파에 거주하는 사람 중 머릿속에 서현 아파트의 시세가 들어 있는 사람은 거의 없을 것이다. 이 상태에서는 '이 아파트가 30퍼센트 싸게 나왔네'라고 알아차리는 사람과 만날 확률이 0에 가깝다.

이처럼 나는 경매 물건이 나올 때마다 동두천, 의정부, 의왕, 용인,

안성, 파주, 일산, 포천, 연천, 이천, 여주 할 것 없이 경기도를 샅샅이 훑고 다녔다. 어디 경기도뿐이겠는가. 전국 곳곳 안 다녀본 곳이 없을 정도로 오늘날의 복마마가 아닌 '전단지 마마'로 살았다.

하루에 15~16곳 정도 다녔으며 평균 여덟 시간에서 열 시간 정도를 걸어 다녔다. 낮에는 사무실에서 내근을 해야 하니 퇴근 후 새벽 2시까지 전단지를 붙인 날도 많았다. 그렇게 다녀도 힘들기는커녕 '이 동네가 이런 곳이구나'를 알게 되는 것만으로도 즐거웠다.

이렇게 해서 경기도 포천에 있는 아파트에 갭투자를 하기도 했다. 가급적 갭투자는 하지 않는 편인데 그럼에도 초창기 때는 가진 돈이 없다 보니 몇 번 한 적이 있다. 아파트 소유주의 빚을 갚아주고 경매로 나온 것을 취소하고 직접 매수에 나섰는데 당시 500만 원 투자해서 팔 때는 2,000만 원에서 3,000만 원 정도의 수익을 남겼다.

이 물건이 내게 중요한 이유가 있다. 처음으로 빌라가 아닌 아파트에, 그것도 내가 사는 동네와 떨어진 지역에 투자한 첫 케이스이기 때문이다. 꼬마자동차 붕붕이 처음으로 동네에서 전국으로 활동 반경을 넓혔다는 점에서 의미 있는 투자다.

이처럼 나는 임장을 다니면서 경매의 자유인이 되었다. 결코 돈을 많이 벌어서 얻은 자유가 아니다. 월요일에는 일산과 파주로 갔다가 화요일엔 의정부와 동두천으로 달려갔다. '이 지역의 주공 아파트 가격은 2억 원대 초반이네.' '이곳은 산업단지가 많아서 편의점이 많구나. 상가주택이 인기가 많겠어.' '여기는 15년 넘게 재건축이 답보 상태군. 그래서 10년째 아파트 가격이 제자리구나.' 이런 식으로 살아 있는 데이터를 축적하며 얻은 자유였다.

이처럼 근거 있는 자신감이 생겨나자 'A 물건에만 목맬 필요가 없어. 다른 지역에 가면 이런 물건들 경매로 많이 나오잖아'라는 판단이 섰고 자연스럽게 여유가 생겨났다.

이런 여유와 자신감을 느꼈는지 하루가 다르게 내게 경매를 의뢰하는 고객들이 늘어 수수료를 벌기 시작했다. 그 결과 오늘날 100억 원의 코어 자금이 된 소중한 2,700만 원의 수입을 올릴 수 있었다.

관리 가능한 지역은 몸으로 체크해야 한다

나는 자차로 편도 두 시간 거리면 투자처로 괜찮다고 생각한다. 주말 새벽에 일찍 출발하면 길도 안 막힐뿐더러 바람을 쐬러 나간다 생각하면 되니 어설프게 노는 것보다 내 부동산을 보러 가는 것이 효율적이다. 하지만 이는 어디까지나 내 기준이고 저마다 '내가 사는 지역에서 운전이나 대중교통으로 ○○시간은 괜찮아'라고 하는 이동 거리 및 시간의 기준이 있을 것이다.

이동 거리를 기준으로 투자처를 정하는 것도 요령이다. 투자처가 너무 멀면 부동산 중개인에게 웃돈을 쥐가며 관리를 부탁해야 하는데 배보다 배꼽이 클 수 있다. 직접 자신이 다닐 수 있는 거리를 파악하는 게 중요한데 이왕이면 임장을 통해 거리감을 체감해보자.

(예시) 관리 가능한 지역 알아보기	
현재 사는 지역	경기도 용인시 기흥구 구성동
방문 횟수	한 달에 1번
자차나 대중교통 이동 시간	30분~1시간 이내
나를 대신해 관리 가능한 지인의 여부	부모님 또는 친인척이 상주하는 곳이면 괜찮은 투자처임.
나를 대신해 관리 가능한 부동산 중개인 (관리 비용)	관리 비용이 너무 높으면 하지 말 것. 이 또한 리스크가 될 수 있음.
기타	

"임장이란 자신이 직접 임할 수 있는, 다시 말해 관리할 수 있는 장소를 물색하는 과정이에요. '내가 어디까지 왔다 갔다 할 수 있지?' 이 거리감은 몸으로 부딪치면서 체감하는 수밖에 없어요. 80~100킬로미터가 먼 것처럼 생각되어도 막상 운전해서 가면 '의외로 갈 만하네'라고 느낄 수 있어요. 이것을 직접 알아보라 이 말이에요. 저는 운전 경력만 30년이다 보니 두 시간을 기준으로 정했어요."

머리로 이동 거리를 가늠하는 것과 몸으로 가늠하는 것 사이에는 괴리감이 있을 수 있으니 직접 몸으로 체크하는 것이 중요하다.

운전을 배우면
새로운 인생이 시작된다

'지구의 한 바퀴 거리＝지구 둘레'와 같다. 휴게소에서 인터넷에 접속해 지구 둘레를 찾아봤더니 40,075킬로미터라고 나왔다.

'지구 한 바퀴 거리가 40,075킬로미터라고? 그럼 나는 세 바퀴를 운전하고 다녔네'라며 놀라워한 기억이 난다. 이게 뭐라고 아주 잠깐이었지만 으쓱 어깨 뽕이 올라가기도 했다.

운전면허는 식당을 하기 전부터 땄는데 그냥 운전을 하면 뭐든 할 수 있을 것 같았다. 돌이켜 생각하면 직업이나 정체성이 딱히 없던 때라 내 존재감을 확인하는 차원에서 운전을 시작했던 듯싶다.

동병상련이라고 나와 같은 처지에 있는 분들이 오면 나는 그분들에게 열 일 제쳐놓고 "운전부터 하세요."라고 말하는데 여기에는 중요한 이유가 있다.

그중 첫째가 자존감과 자기애가 적정 수준으로 맞춰진다는 점이다. 여기에서 핵심은 맞춰진다는 데에 있다. 어디에? 사회에서 요구하는 기준치에.

내 자존감부터 이야기하자면 어릴 때의 나는 자존감이라고는 10원어치도 가질 수 없는 환경이었다. 고아나 다름없이 혼자서 자랐는데 뭔 놈의 자존감이고 자기애가 있겠는가. 그냥 눈치만 안 봐도 다행이었다. 그럼에도 내 운을 최대한 받아서 이만큼 만개할 수 있었던 이유는 꼬마자동차를 끌고 지구 세 바퀴를 돈 덕분이라고 생각한다. 이게 여성들에게 운전을 권하는 본질적인 이유다.

만약 누군가 내게 "복마마 님에게 운전이란?" 하고 물으면 운의 방향을 틀어주는 활동이라고 답할 것이다. 정말 그렇다. 이 책을 읽는 사람 중 나 같은 분이 있다면 운전을 통해 운의 방향을 트는 계기를 만들어보길 권한다.

혹여 운전할 줄은 아는데 마트 말고는 갈 곳이 없어서 '이정표'가 고민이라면 '복마마TV'에서 추천하는 경매 물건지라도 다녀와봐라. 내가 촬영해서 올리는 매물은 어느 정도 검증이 끝난 것이니, 여러분은 이 길만 따라다녀도 괜찮다. 현장을 다니다 보면 여러분만의 빅데이터가 쌓이면서 꽤 쓸 만한 '경제의 무기'가 만들어진다. 바로 이 무기가 자존감을 높여줄 것이다.

'나도 경제라는 큰 바운더리 안에 들어와 있네.'

'이 현장 하나만큼은 내가 제일 잘 알아.'

'임장 노트를 만들어볼까.'

회사에 취업해 돈을 버는 식의 직접적인 경제 참여는 아니어도 경제라는 강에 두 발을 담금으로써 경제 참여자라는 정체성 정도는 가질 수 있다. 바로 이 점이 중요하다.

운전을 하며
타인의 속도에 맞추는 법을 배운다

경제인으로서의 정체감이 생겨남으로써 자존감이 높아지는 것 못지않게 '적절한 자기애'를 갖도록 도와주는 것 역시 운전이 주는 이점 중 하나다. 특히 성격이 급하고 본인이 주도해서 의사결정을 내려야 하는 사람일수록 운전은 반드시 배우도록 하자. 그래야 사회에 자연스럽게 섞일 정도의 자기애가 만들어진다.

운전을 하는 것 자체가 직접적으로 사회생활에 뛰어드는 일이다. 생각해보자. 차도에는 내 차만 있는 것이 아니다. 적게는 수십 대에서 많게는 수천 대의 차량과 함께 달리면서 앞차, 뒤차, 옆의 차를 신경 쓰며 운전해야 한다.

두 개의 차선이 동시에 좌회전을 돌 때 우측에 있는 내가 크게 돌지 않으면 좌측의 차량과 부딪힐 수 있다. 이 부분을 신경 쓰면서 돌아야 하는가 하면, 앞의 차량에 초보운전 딱지가 붙어 있으면 편하게 운전하라고 길을 내주기도 해야 한다.

또 지방으로 임장을 다니다 알게 된 것인데 시골길은 노인보호구역이 많아 방지 턱도 유난히 많다. 조금만 가면 방지 턱이 나오고, 또 가다 보면 방지 턱이 나오는 탓에 좀처럼 속도를 내지 못한다. 이때 뒤차가 바짝 따라붙으면 앞차가 부담스러울 수 있으니 이 부분도 신경을 써서 운전해야 한다. 이처럼 운전을 하는 것만으로도 '누군가 함께 하고 있다는 감각'이 길러지는 효과가 있다.

이해하기 편하게 자동차를 한 사람으로 바꿔서 생각하면 왜 운전이 사회생활이라고 하는지 감이 올 것이다. '옆 차와 부딪히지 않게'는 곧 '그 운전자와 부딪히지 않도록'을 의미한다. 초보운전도 마찬가지다. 초보운전 차량을 배려하는 것이 아니라 초보운전자를 배려하는 것이다. 사람들이 운전대만 잡으면 성을 내는 이유는 '차가 곧 나와 동격'이라고 생각하기 때문이다.

바로 이 점이 중요하다. 집에서 살림만 한 여성일수록 '왕 역할'을 해왔을 가능성이 높다. 집의 대소사는 물론 남편과 자녀들의 일이 모두 주부의 손아귀에서 정해진다고 봐도 무방하다. 이것이 나쁘다는 말이 아니라 그런 점이 몸에 배어 있음을 알자는 것이다. 하지만 사회란 곳은 '타인의 속도'에 맞춰야 하는 곳이다. '나만 빼고 왕이다' 라고 생각해야 돈이 붙고 성과가 나온다. 내 성질대로 하면 안 된다는 것을 아는 것. 고맙게도 운전은 이것을 알려주고, 익히게 해준다.

운전은 운신의 폭을 넓혀준다

지금까지는 운전의 간접적인 효과에 대해 전했다면 이제는 직접적인 효과에 대해 이야기할 차례다.

직접적인 효과라고 하면 먹고사는 문제를 빼놓을 수 없는데 특히 가게를 하거나 영업 일을 하고자 한다면 운전은 필수다. 부동산 중개업을 생각하는 이들이 많을 텐데, 설사 동네 물건만 중개하는 작은 사무실을 생각하더라도 운전은 필수다.

고객들을 데리고 가서 집을 보여줘야 하는데 차가 없으면 걸어가야 한다. 날씨가 푹푹 찌거나 눈으로 길이 미끄러우면 고객의 눈치가 보이고 자신감도 떨어진다. 지치고 힘든데 누가 계약할 마음이 들겠는가. 집을 보고 싶다가도 "다음에 볼게요."라는 소리가 절로 나온다. 특히 중개인이 운전을 못 하면 다른 동네의 매물은 일체 접수를 받지 못한다. 여러모로 운신의 폭이 좁아지는 것이다.

일반 음식점 같은 자영업은 말할 것도 없다. 식당 하나를 하더라고 주인에게 차가 없으면 재료를 떼올 때 제약이 따른다. 지방을 돌다 보면 "배추나 파 반값에 팔아요."라는 현수막을 발견할 때가 있다. 음식 장사를 하는 사람에게 배추와 파는 초록색 화폐나 마찬가지. 이때도 차가 있어야 싼 가격에 한아름 싣고 오는 게 가능하다.

요즘은 샐러드 가게가 인기 있는 걸로 아는데 인근 수산물 시장에 가서 연어만 떼와도 반나절 만에 큰 이문을 남길 수 있다고 한다. 이처럼 운전은 돈 향기를 맡는 데만 도움을 주는 것이 아니라 대놓고 돈을 실어다 준다.

"여러분이 어떤 현장으로 임장을 가잖아요. 그때만큼은 여러분이 대한민국에서 그 매물에 대해 가장 잘 아는 사람이에요. 책상 앞에서 서류나 보고 있으면 뭐해요. 어떤 단지가 일조량이 좋고 근린시설과 가까운지, 또 학원 버스는 어디에 정차하는지 등은 모두 가봐야 알 수 있어요. 이걸 아는 사람이 그 현장을 잘 아는 사람이에요."

남들이 귀찮아서 하지 않는 것. 부와 기회는 바로 여기에 있지, 로또 명당 가게에 있는 것이 아니다.

초심을 잡아야
잡초를 고르지 않는다

"우리 둘만 있으니까 얘기해봐. 낙찰받은 것 중 손해본 거 있지?"

하루는 지인이 불쑥 이런 질문을 했다.

"아니, 없는데."

"경매를 20년 동안 했다면서 왜 없어. 그건 좀 말이 안 된다."

"경제적 관점에서 실패한 적은 없는 것 같아. 1억을 투자해서 1억 5,000만 원에 팔았으면 실패는 아니잖아. 7,000만 원에 팔았으면 실패지만. 단, 마음고생을 한 적은 있어. 명도 과정에서 이전 주인이 잔디를 갈아엎고, 마당에 온갖 쓰레기를 버리고 가서 소송까지 갔었거든. 정서적 관점에서 손실이 컸었지. 그렇다고 실패라고 생각하지는 않아. 경매는 잘 배워서 하면 안전해."

지인이 뜬금없이 던진 질문에 대한 내 솔직한 답변이었다. 이게 자랑스럽다는 게 아니라 경매는 잘만 배우면 누구에게나 안전한 투자처가 될 수 있다는 말이다.

초보자들을 대상으로 기초반 수업을 할 때마다 마르고 닳도록 강조하는 내용이 있다.

"첫 경매 투자자 중 85퍼센트가 일회성으로 끝나요. 처음에는 소형 아파트 하나 낙찰받을 생각으로 들어가는데 번번이 떨어지거든요. 낙찰받는 게 쉬운 게 아니에요. 그럼 혼자서 오버하기 시작해요. 애초에 저와 합의한 금액은 6,000만 원인데 8,000만 원을 쓰고 나와요. 아니면 소형 아파트를 낙찰받겠다는 목표에서 일단 뭐라도 받자는 식으로 목표가 바뀌기 시작해요. 충동구매만 있는 게 아니에요. 충동경매란 것도 있어요. 이럴 때일수록 신중하게 접근해야 합니다. 여기에서 말하는 신중함이란 '초심'을 지키는 투자를 이야기해요."

너무 뻔한 내용 아니냐며 우습게 여길 일이 아니다. "평택 지식산업센터에 투자했는데 1년째 공실이에요." "오피스텔을 하나 낙찰받았는데 옆에 신축 오피스텔이 또 들어선대요." 그동안 내가 투자 자문을 해줬던 사람들에게 이런 소리를 내내 듣고 있다.

이들이 바보라서 이런 실수를 저질렀을까? 자기 딴에는 최적의 투자라고 생각하고 1억 이상이나 되는 돈을 묻었을 것이다. 처음부터 투자 목적에 맞게 했다면 일어나지 않았을 일이다. 그래서 큰돈을 써야 할 때는 확실한 곳에 투자하는 것이 중요하다. 여기서 말하는 큰돈이란 2,000만 원 이상을 가리킨다.

어떻게 해야 확실한 투자를 할 수 있을까? 육하원칙으로 투자의 기준을 잡아나가면 된다. 자신이 왜 경매를 하려고 하는지, 무엇을 낙찰받고자 하며, 낙찰받았을 때 누구 명의로 등기부등본에 올릴 것인지를 미리 생각해두고 움직여야 잘못된 투자를 막을 수 있다.

경매의 육하원칙
| What과 Why는 한 몸이다

경매의 육하원칙을 다음과 같이 표로 정리해두었다.

실제로 나는 경기도 여주시 세종대왕릉역에서 2분 거리에 있는 빌라를 낙찰받았다. 2016년 경강선이 개통되면서 여주에서 판교로 출퇴근이 쉬워졌으며 도시화가 빠른 속도로 진행되었다. 행정안전부의 〈주민등록인구 현황 통계〉에 따르면 2024년 3월을 기점으로 2020년과 비교해 대략 2.8퍼센트의 인구가 증가한 지역이다. 인구가 늘었다는 것은 세대수 증가를 의미하며 이는 주택수요(임대 수요 포함)를 끌어올리는 결과를 낳는다. 2024년 초 GTX-D라인에 여주역이 포함되면서 여주의 교통 여건은 앞으로도 좋아질 전망이다.

경매 투자의 육하원칙	
무엇을(what)	(사건 번호)투자 물건 : 여주 세종대왕릉역에 위치한 빌라
왜(why)	실거주용( ), 투자용(✓), 사업용( ) 증여용( ), 세컨드하우스용( ), 기타용(물류창고용)
누가(who)	명의자 : 복마마 실입주자 : 세입자
언제(when)	임장 일정 : 입찰 일정 : 잔여금 납부 일정 : 명도 일정 : 이사 일정 : 입주 일정 :
어디서(where)	물건 주소 : 관할 법원 :
어떻게(how)	① 경매에 입찰할 것인지 ② 경매를 취하시키고 채무자와 협상하여 매매할 것인지 ③ 경매 전문가에게 의뢰할 것인지

최종적인 나의 투자 방향 :
(육하원칙을 통해 정해진 물건에 대한 리뷰를 두세 줄 정도로 정리하면 된다.)

인구 증가 ⇒ 세대수 증가 ⇒ (상가 및 아파트) 임차인 증가

많은 사람이 여주라고 하면 도자기나 신륵사를 떠올리는데 주말에 여러분만의 꼬마자동차를 끌고 임장을 가보길 바란다. 역세권 주변으로 전원주택 단지와 아파트 공사가 진행 중인 것을 볼 수 있다. 내가 투자한 빌라는 세종대왕릉역에서 2분 거리에 있는 데다 초등학교가 인접해 있어 임차인 회전율이 높은 곳이다. 특히 대지 지분이 16평이나 되어 나중에 재건축이라도 진행된다면 보상을 크게 받을 수 있어 지금까지 계속 보유하고 있다.

'어차피 실거주보다는 임대를 놓을 거라 세가 잘 나가야 하는데 지하철 바로 앞에 있네. 초등학교까지 있으니 딱이다'라는 내 나름의 기준을 갖고 입찰에 들어갔다.

그뿐 아니다. 투자 기간도 성공과 실패를 결정하는 기준이 된다. 보통 나는 보유 기간을 10년 정도로 보는데 GTX 착공이든 산업단지가 들어오든 그 호재가 현실화되기 위해서는 10년 이상 걸리기 때문이다. 나와 달리 2~3년을 보유 기간으로 두는 사람이라면 치고 빠질 수 있는 물건에 투자하는 것이 맞다.

이처럼 투자가 성공적이냐 아니냐를 판단하기 위해서는 '어떤 물건에 투자할 것이냐'와 '투자하는 이유가 무엇이냐'도 함께 판단해야 한다. What(투자할 물건)이 바늘이라면 Why(투자 목적)는 실이라고 생각하자. 바늘과 실은 함께 움직여야 제 기능을 발휘하듯 경매 투자에서 What과 Why도 그렇다.

낙찰이 마냥 쉬운 것은 아니다

그간의 경험으로 보건대 육하원칙을 통해 계획을 세우면 원하는 물건을 낙찰받을 때까지 기다릴 수 있다. 이게 바로 투자 멘탈을 잡아나가는 방식이기도 하다.

'아내와 제가 각각 낙찰을 받으면 대출은 어떻게 받아야 하나요?'라는 질문을 받곤 한다. 그럼 나는 "그런 걱정을 할 필요가 없어요. 둘 중 한 사람만 받아도 성공이라서요."라고 대답한다. 간혹 처음 입찰에 응했음에도 덜컥 낙찰이 되는 경우가 있다. 이런 사람은 자신에게 기적이 일어난 건지도 모른 채 낙찰이 쉬운 거라고 생각하는데 이후 실패를 거듭하면서 '이게 쉬운 게 아니었구나'를 비로소 깨닫는다. 낙찰은 결코 쉽지 않다.

자신이 찍어둔 물건을 낙찰받고자 해도 눈앞에서 놓치는 경우가 부지기수다. 이럴 때는 유사 물건이 나올 때까지 기다려야 한다. 나 역시 그렇게 하고 있다. 하지만 초심자일수록 멘탈을 잡기가 쉽지 않다. '우선 낙찰부터 받고 보자'는 식으로 마음이 바뀌면서 다음 기회에 써먹을 총알을 죄다 날리는 실수를 저지른다. 이미 동네방네 자랑한 것도 있고, 내 이름으로 등기부등본을 가져야겠다는 생각에 아무거나 낙찰받는 것이다.

공부만 제대로 하고 들어가면 부동산 투자는 결코 우리를 실망시키지 않는다. 주식이나 코인과 달리 부동산은 실체가 있다. 그래서 소유했을 때 느껴지는 뿌듯함, 포만감도 상당하다. 이는 배우자나 자녀조차 줄 수 없는 감정이다.

단, 제대로 배우고 들어가야 한다.

"내가 팔면 오르더라."

"나는 부동산이랑 맞지 않는 것 같다."

이렇게 이야기하는 사람들이 꽤 많다. 그 이유는 육하원칙은 고사하고, 사고 싶을 때 들어갔다가 팔고 싶을 때 파는 제멋대로 투자를 했기 때문이다. 부동산으로 부자가 된 사람들도 이런 식으로는 투자하지 않는다. 그러니 부동산으로 부자가 되고 싶다면 '감정대로'가 아닌 '계획하에' 움직이는 것을 몸에 익혀두자.

보상심리

"나는 3회 연속
투자에 성공할 것이다"

육하원칙이 투자의 초심을 잡아주는 '객관적인 기준'이라면, 가치관적 기준은 하루에도 열두 번씩 내 마음을 잡아주는 '주관적 기준'이다.

40년 넘게 전업주부로 지내다 청소 앱을 통해 일을 하기 시작한 분이 있다. 이분은 평생 남편에게 생활비를 받아서 쓰다가 처음으로 통장에 월급이 찍히는 경험을 했다. 그러자 세상이 달라져 보인다며 아이처럼 기뻐했다.

"태어나서 처음으로 제 이름으로 된 통장을 가져봤어요. 다달이 들어오는 월급도 기쁘지만 제 명의로 무언가를 가져본다는 게 이렇게 설레고 기쁜 일인지 몰랐어요." 이제껏 집이며 차며 땅이며 죄다 남편 명의로 되어 있어 맛보지 못한 기쁨을 느꼈다며 함박웃음을 지어 보였다.

또 한 분은 55세가 되어서야 햇빛이 잘 드는 내 집 마련에 성공했다며 연신 내게 폴더 인사를 해왔다. 이 부부는 부천에 있는 한 시장에서 과일을 파는데 1년 365일 새벽같이 장사에 나서는 탓에 집을 보러 다닐 새가 없었다. 그러는 사이 집값이 천정부지로 올라 내 집 마련을 포기하며 살았다. 그러다 월세로 살던 집이 가로주택정비사업 부지로 선정되면서 이사를 해야만 하는 상황에 놓이자 부부는 경매로 내 집 마련을 해보자며 나를 찾아왔다.

아파트는 아니지만 평수가 넓으면서도 햇빛이 잘 드는 빌라를 낙찰받아주었다. 두 분은 그 집에 발을 내딛는 순간 강강술래를 하며 거실을 한 바퀴 돌았다. 나도 두 분의 손을 잡고 돌고 싶을 정도로 그 모습을 보는 내내 뿌듯했다.

어떤가? 우리가 그토록 좇는 행복과 성공이라는 것이 얼마나 주관적인지, 또 자기중심성이 얼마나 강한지 느껴질 것이다. 아니 꼭 느꼈으면 좋겠다. 그래야 남과 비교하지 않을 수 있고, 타인이 욕망하는 것을 내가 욕망하는 것처럼 착각하지 않을 수 있다.

'자기중심성을 갖는 건 안 좋은 게 아닌가'라고 생각하는 이가 있을 텐데 자기중심성과 자기중심적인 것은 다른 개념이다. 자기중심적

4부

인 것은 자기 자신만 아는 성질을 나타내는 반면, 자기중심성은 자신이 원하는 바를 타인이 아닌 자기 내부에서 찾는 것을 말한다. 이 둘은 엄연히 다르다.

내가 원하는 것을 가져야 충족된다

그런 의미에서 이제부터 매일 세 번씩 복창할 주문이 있다.

"나는 3회 연속 경매 투자에 성공할 것이다."
"나는 3회 연속 경매 투자에 성공할 것이다."
"나는 3회 연속 경매 투자에 성공할 것이다."

이 문장을 하루도 빠뜨리지 않고 일주일만 외쳐도 스스로 자기 자신을 극진하게 대우하게 된다. 나아가 이 소원을 이룬 나를 만날 수 있다.

몇 년이 걸리든 3회 이상 투자를 하기 위해서는 성공 기준부터 마련해야 한다. 이 기준에 부합하면 '고'를 하고, 부합하지 않으면 그 물건이 탐나더라도 '패스'를 할 줄 알아야 한다. 경매 투자에 있어 이것이 가장 중요하다.

햇빛이 잘 드는 집이면 되는 것이지 송도나 동탄 신도시의 아파트일 필요는 없다. 또 내 건물에서 장사를 하면 되는 것이지 번지르르한 건물주가 될 필요는 없다. 자기 기준에 부합하면 그걸로 된 것이다.

그런데 현실은 어떤가. 100평짜리 토지를 원했으나 점점 400평, 1,000평짜리로 욕심이 커져간다. 물건을 보다 보면 자신도 모르는 사이 욕심이 커지는데 이때 What과 Why를 상기하면 초심을 잡는 데에 도움이 된다.

'이왕 투자하는 것 남들이 좋다는 물건이면 더 좋잖아. 많이 해볼 수 있는 것도 아닌데'라는 합리화는 뭐다? 이는 단 한 번의 투자로 끝내는 일회용 투자자가 되는 지름길이다.

앞에서 든 예처럼 내가 원하는 것, 즉 햇빛이 잘 드는 집, 내 건물에서 장사하기, 100평의 토지 매입 등이 자기중심성에서 비롯된 초심이라면 남들이 원하는 것, 즉 신도시 아파트 입성, 번지르르한 빌딩주, 1,000평 토지 등은 타인중심성에서 비롯된 욕심이자 과욕이다. 주객이 전도되는 일이 일어나지 않도록 하기 위해서라도 노트를 꺼내 여러분이 원하는 바를 기록으로 남겨보길 바란다.

왠지 초심에서 과욕으로 넘어가는 느낌이 들 때는 이렇게 해보자.

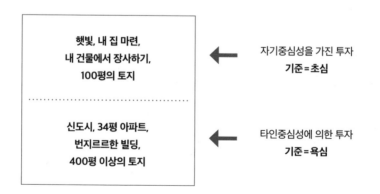

노트 가운데에 가로줄을 긋는다. 위 칸에는 처음에 원했던 바를, 아래 칸에는 커져버린 욕심을 적는다. 막연히 생각만 해선 모른다. 이것을 글로 적어 비교해보면 이 둘 간의 차이가 크다는 것을 스스로 알 수 있다. 그래도 괜찮다. 모로 가도 서울만 가면 된다는 말처럼 다시 초심으로 돌아가면 된다.

초심을 잡는 또 다른 방법이 있다. 이전의 투자 실패를 이번 투자로 보상받겠다는 바람을 버리는 일이다. A는 A이고, B는 B임에도 많은 이들이 4~5년 전에 실패한 경험까지 끌고 와 이번에는 보상을 받아야 계산이 맞다는 희한한 공식을 들이민다.

이렇게 하면 육하원칙을 통해 객관적인 투자 기준을 마련한다 해도, 보상심리에 눈에 어두워 '과욕'을 부리게 된다. 과욕을 위한, 과욕에 의한, 과욕의 투자를 하면 결코 좋은 투자로 이어질 수 없다. 설사 문서 운이 닿아 낙찰에 성공하더라도 꼭 뒤탈이 난다.

예를 들어 물건을 낙찰받으면 세금이나 인테리어 비용 등 부대 비용이 들어가게 마련이다. 이것도 자금 계획 안에 포함해서 물건을 선정해야 한다. 그럼에도 욕심나는 물건을 가져오는 것에만 급급해 돈 전부를 '낙찰 자금'으로 쓰는 경우가 있다. 이게 뒤탈이 생기는 대표적인 케이스다.

이렇게 되면 낙찰받은 이후 리모델링이나 인테리어 비용, 건물의 가치를 상향시킬 수 있는 용도 변경에는 일체 자금을 쓰지 못하고 공실로 놔둬야 한다. 공실로 놔두면서 발생하는 관리 비용은 추가로 주어지는 악재다.

꼭 기억해야 할 것이 있다. 코인과 달리 경매는 실체가 있는 곳에 투자하는 것이다. 실체가 있다는 뜻은 돈을 들여 매만져주고 관리해야 할 무언가가 있다는 의미다. 여기까지 내다보고 자금 계획을 세워 물건을 선정해야 함에도 '그놈의 보상심리'가 투자자의 눈과 귀를 멀게 만든다.

보상심리로 과욕을 부리는 일을 방지하기 위해서 다시 한번 복창해보자. 그래야 자신이 3회 연속 투자에 성공할 사람임을 인지하고 그에 걸맞은 투자자가 될 수 있을 테니까 말이다.

"나는 3회 연속 경매 투자에 성공할 것이다."

"나는 3회 연속 경매 투자에 성공할 것이다."

"나는 3회 연속 경매 투자에 성공할 것이다."

2장

실전

누구나 성공한다,
몇 가지만 기억하고 지켜낸다면

이 숫자는
직관적으로 가져가자

경매든 일반 매매든 부동산 투자에 있어 중요한 두 가지 숫자가 있다. 등기부등본은 물론 아파트 모집공고문, 매각물건명세서나 감정평가내역 등 부동산 서류를 열람할 때마다 제일 먼저 등장하는 것이 면적(m^2)과 가격(원)이다. 초보자라면 그냥 눈으로 훑고 지나가기 쉬운데 입으로 소리내어 이 둘을 말하는 습관을 들여야 한다.

경매 공고에는 토지 면적 '962.00m^2(291.01평)'처럼 제곱미터와 평수 둘 다를 기재하지만 그렇지 않은 경우가 더 많다. 이때 사람들은 제곱미터로만 표기되어 있으면 그런가 보다 하고 그냥 지나친다. 이렇게 되면 감이 잡히지 않는다. 귀찮더라도 0.3025를 곱해 평수로 전환해보는 것이 좋다. 매일옥션 홈페이지에 가면 평형 계산을 할 수 있도록 만들어놓았으니 활용하자.

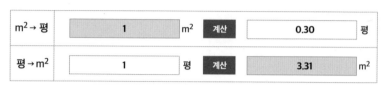

매일옥션 평형 계산 페이지(https://www.maeilauction.co.kr/library/library06.php)

물건의 면적이 '몇 평이구나'를 알아둬야 기억하기가 편하다. 특히 토지나 상가처럼 면적이 직접적인 투자의 기준이 될 때는 더욱 그러하다.

7평짜리 상가와 10평짜리 상가가 있다고 해보자. '3평의 차이'지만 서류에서 숫자로만 이 둘을 접하는 것과 실제 가서 보는 것은 체감되는 정도가 상당히 다르다. 서류를 검토하는 단계에서 10평짜리 상가의 가치를 알아본다면 가격이 싸다는 이유로 7평짜리만 보는 일은 없을 것이다.

경험상 의뢰자들은 처음엔 7평짜리를 보러 갔다가 10평짜리를 보여주면 돈을 더 지불해서라도 후자 쪽을 원한다. 거의 그랬다. 만약 이때 누군가 10평짜리 상가를 가져가기라도 한다면 나는 어쩔 수 없이 7평짜리에 투자하고도 찜찜하게 살아야 한다. 이런 일이 일어나지 않도록 하기 위해서라도 평수에 대한 감각을 익혀두는 것이 중요하다.

전용면적이 큰 아파트 선택하기

그다음으로 대한민국 사람이라면 누구나 사랑하는 아파트 구조에 대한 감각을 익히는 것이다. 그래도 많은 이가 아파트 평수에 대한 감각은 가지고 있다. 매일옥션의 수강생들 대부분이 아파트 경매에 관심이 가장 많은데 모델하우스 방문이든 자기 집을 알아보는 것이든 아파트 임장은 다들 경험이 있는 편이었다.

한 가지 짚고 넘어가고 싶은 점이 '전용면적의 중요성'이다. 문을 열고 신발을 벗는 전실부터 방, 거실, 화장실, 부엌, 다용도실까지, 즉 나의 사적인 공간을 전용면적이라고 한다. 같은 평수라도 전용 평수가 큰 곳이 경쟁력이 높으니 반드시 체크하도록 하자.

아파트 모집공고문에 나와 있는 아파트 면적의 종류를 정리하면 다음과 같다.

아파트 면적의 종류

- **전용면적** : 현관 안쪽의 실제 사용면적

  (베란다 제외, 다용도실 포함)

- **공용면적** : 여러 세대가 함께 공유하는 면적

- **공급면적** : 전용면적 + 주거공용면적

  (입주자의 실제 거주와 밀접한 공간)

- **계약면적** : 공급면적 + 기타공용면적

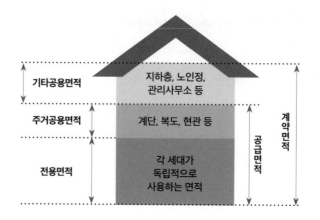

기타공용면적 — 지하층, 노인정, 관리사무소 등

주거공용면적 — 계단, 복도, 현관 등

전용면적 — 각 세대가 독립적으로 사용하는 면적

계약면적 / 공급면적

천만 원 단위와 억 원 단위,
눈으로 익히기

면적에 대한 감각을 익혔으면 이제는 액수에 대한 감각을 익힐 차
례다. 누군가 그랬다.

집에만 있으면 천장 높이까지만 생각을 키우고, 잔돈만 가지고 놀
면 뇌가 그 액수까지만 부담스럽지 않게 여긴다고. 지금 당장 큰돈
을 가지고 놀라는 뜻이 아니다. 고액권을 자주 보면서 뇌가 그것을
친근하게 인식하도록 함으로써 중요한 순간 실수하지 않도록 연습하
기만 하면 된다.

평소 백만 원권 이상을 입에 올릴 일이 별로 없다. 나를 비롯해 독
자 중 "이번 달 생활비로 1,620만 원 썼어.", "2억 1,300만 원 주고 외

제차 한 대 뽑았어.''라는 말을 자주 할 수 있는 사람이 몇이나 될까. 거의 없다. 문제는 부동산 투자에서는 천만 원 단위와 억 단위가 기본값인데, 이 숫자를 직관적으로 이해하는 사람이 별로 없다는 데 있다.

일반적으로 많은 이들이 천만 원 이상만 되어도 뒤에서부터 일, 십, 백, 천, 만, 십만, 백만, 천만을 세는 식으로 액수를 파악한다. 하지만 이렇게 가액(價額)을 가져가면 나중에 문제가 생긴다.

경매 초보자들이 저지르는 대표적 실수가 입찰 보증금을 적는 칸에 3,000만 원을 써야 함에도 0 하나를 더 붙여 3억 원을 쓰고 나오는 것이다. 고액권에 대한 감각이 없기에 긴장한 나머지 이런 실수를 저지른다. 그럼 어떻게 될까? 보증금 300만 원(3,000만 원의 10퍼센트)을 고스란히 날림은 물론이고 다시는 경매 근처엔 얼씬도 하고 싶지 않아진다. 농담처럼 들리는 이 이야기가 여러분의 이야기가 될 수 있다.

이런 불상사를 막기 위해서라도 '천만 원권 단위'와 '억 단위'는 숫자를 보자마자 파악될 정도로 익숙해지게 만들자. 어려운 것도 아니다. 부동산 서류에 기재된 가격을 소리내어 읽기만 하면 된다. 눈으로 훑고 지나갈 때보다 입으로 소리를 내어 읽을 때 뇌가 더 선명하게 기억하기 때문이다.

큰 단위 눈으로 익히기

- 천만 원 단위   ○○,○○○,○○○ (예 : 26,683,400)
- 억 단위   ○○○,○○○,○○○ (예 : 133,417,000)

· **십억 단위**   0,000,000,000 (예 : 1,334,170,000)

　복마마는 부동산 서류를 하도 들여다본 덕에 액수를 보자마자 'ㅇ
ㅇ억 원짜리네', 'ㅇㅇ천만 원짜리네'라는 소리가 자동으로 나온다.
이 정도는 여러분도 할 수 있으니 고액권에 대한 감각을 틈틈이 익
혀두자. '이 고액을 내가 갖고야 말겠어'라는 다짐도 하면서 말이다.

아파트도
땅이다

"400평에 이 정도면 땅값도 안 되는 가격이에요."

"토지가 237평이라 하고 싶은 거 다 할 수 있어요."

"강남에 50평짜리 건물도 60~70억씩 하죠. 토지가 74평이면 작은 평수가 아닙니다."

"150평 정도 되는 마당이 별도로 있어요."

"서울 홍제동 재건축 지역에 1평짜리 대지가 경매로 나왔어요. 신기하죠?"

부동산의 가치는 땅에서 나온다

온오프라인 강의할 것 없이 경매 물건을 소개할 때 빠지지 않고 하는 멘트가 토지 평수다. 더불어 부동산을 바라보는 관점을 아파트나 빌딩과 같은 건축 형태가 아닌 건축물이 올라가는 토지에 두는데 이 역시 땅의 가치를 깨닫게 하기 위함이다.

"여러분에게 아파트는 뭐고, 빌라는 뭐예요. 아파트는 돈이 되는 부동산이고, 빌라는 그렇지 않은 건가요?"

이렇게 물으면 수강생들은 한참 뜸을 들인다.

"질문을 바꿔볼게요. 오피스텔이랑 빌라가 경매로 나오면 어디에 투자하고 싶으세요? 둘 다 아파트가 아니니까 취향대로 고를 건가요? 우선순위를 한번 정해보세요."

이때도 역시 수강생들은 한참 뜸을 들인다.

"그럼 마지막 질문! 오피스텔이랑 우량주 주식이 나왔어요. 둘 중 어디에 투자하고 싶으세요? 와, 주식까지 나왔어요. 코인까지 가볼까요?"

"아니요…"

"제가 질문을 폭죽처럼 던지는 바람에 여러분들 지금 속으로 '저 아줌마 뭐가 궁금해서 저러나' 싶죠? 투자의 우선순위를 정리하려고 질문을 던진 거예요."

그제야 다들 납득이 된다는 표정이다.

"여러분은 이제 경매를 배우는 사람이니 이전과 달라야 해요. 정리할게요. 참고로 저는 세금 때문에 부동산 투자를 주저하진 않아요. 이 점을 확실히 한 뒤에 저의 투자 기준을 이야기할게요. 제일 먼저 아파트와 빌라 중 하나를 선택해야 한다면 저는 대지 지분이 큰 물건을 선택할 거예요. 그다음으로 빌라, 오피스텔, 주식이나 코인 순이에요. 주식과 코인 투자를 맨 끝에 두었는데 이건 사실상 투자를 안 하겠다는 소리예요. 한마디로 제게는 '땅을 많이 주는 곳이 투자 1순위다' 이 말이죠."

부동산 종류별 대지 지분

- 아파트 : 10~20평
- 빌라 : 10~11평
- 오피스텔 : 3~5평

왜 대지 지분이 큰 순대로 투자를 하자는 걸까? 꼬마 빌딩, 다가구주택은 말할 것도 없고 아파트, 빌라, 오피스텔 모두 '땅' 위에 지어지는 것이기 때문이다. 땅 없이는 건물이 들어설 수 없다. 화려하게 외모를 꾸며도 그 사람의 본질적 가치가 인품에서 나오듯 부동산의 가치 역시 땅에서 나온다.

멋진 건축물이 들어서도 그 본질이 어디에 있느냐(입지), 크기는 얼마나 되며(면적), 모양이 어떻게 생겼는지(땅의 형태)에 따라 가치와 가격이 결정되는 게 부동산이다. 이게 복마마가 아파트나 빌라 같은 건물 형태보다 대지에 주목하는 배경이다.

지방은 서울의 반대말이 아니다

아파트도 땅이고 빌라도 땅이다. 오피스텔도 땅이고 상가도 땅이다. 그럼 내가 어떤 부동산 종류를 소개하든 여러분은 '건축 형태가 아닌, 땅의 위치와 면적이 제일 좋은 물건이 뭐지?'를 고민할 줄 알아야 한다.

그래야만 복마마가 귀신이 나올 것 같은 폐가를 소개하는 것이 이해되고, 축사와 가까운 전원주택을 소개하는 것이 이해된다. 여러분더러 소똥 냄새를 맡아가며 살라고 그런 곳을 소개하는 것이 아니란 말이다.

부동산의 본질적 가치인 '땅의 위치와 면적' 대비 '땅의 가격', 이것이 매력적인 물건이기 때문에 한달음에 달려가 소개하는 것이다. 땅의 가치가 여러분 머릿속에 확실하게 뿌리를 내리면 부동산을 바라보는 사고에 큰 변화가 일어난다. 이때 생기는 안목이 바로 선구안이다. 특히 땅을 기준으로 부동산의 가치와 가격을 이해해야 지방에 대한 선입견을 타파할 수 있다.

가끔 고객이나 수강생들에게 이런 이야기를 듣곤 한다.

"지방인데 무슨 아파트 분양가가 5억이나 해요?"

"상업용지라고 해서 당진에 갔더니 평당 4,700만 원을 하더라고요."

"앞으로 인구도 줄 텐데 수도권 밖은 꺼려져요."

그럼 나는 "지방에는 사람들이 안 사나요?"라고 묻는데, 대부분

멋쩍어하며 아무 말을 못 한다.

사람들이 하도 지방에 대한 선입견이 강하길래 사전에서 '지방의' 뜻을 검색해보았다.

지방(地方)

- 어느 방면의 땅
- 서울 이외 지역

지금까지 후자로만 개념을 이해했다면 앞으로는 전자의 개념도 염두에 두길 바란다. 땅을 보는 시각이 달라지면 기회를 포착하는 안목도 그만큼 넓어질 테니까.

부동산 시장이 오르락내리락하는 상황에서도 우리가 잊지 말아야 할 사실이 있다. 모든 부동산은 상한선과 하한선이 존재하며 누군가는 하락기일 때도 내 집 마련을 한다는 사실이다.

"집은 본능이에요. 집값이 비싸면 비싼 대로, 떨어지면 떨어지는 대로 꼭 한 채는 가지고 있어야 해요."

이게 별말이 아닌 것처럼 들려도 그렇지 않다. 모든 부동산이 상한선과 하한선을 가지고 있다는 말은 그 부동산만의 고유한 몸값을 지니고 있다는 의미다. 이는 부동산 경기와 상관없이 그 밑으로는 가격이 떨어지지 않는다는 뜻이기도 하다. 즉 하한선 가격까지 내려왔으면 그때가 바로 매수 타이밍이다.

이걸 이해해야 "지방 아파트값이 무슨 4억이 넘어요?", "왜 이런 곳이 평당 700만~800만 원이나 하는 건데요?"라는 소리를 하지 않는다. 고기도 먹어본 놈이 먹을 줄 안다고, 투자도 해본 사람이 잘하는 이유가 바로 여기에 있다. 땅의 가치를 보는 안목이 있다는 것은 그것이 잘 훈련되어 있다는 뜻이다!

대지 지분을 보는 연습

'아파트도 땅이다'를 배웠으니 앞으로는 시세나 최저가가 아닌 '대지 지분'에 관심을 가져보도록 하자. 대지 지분은 부동산등기부등본을 떼면 금방 알 수 있다.

본 매물은 정문이 곧 수리산역으로 군포시 산본동에 위치한 주공 아파트다. 이곳의 영상을 찍으면서 "아파트 전용 평수보다 대지 지분이 훨씬 커요."라는 멘트를 했는데 이제는 이 멘트의 참맛을 알아차려야 한다.

(사례) 아파트 전용 평수보다 대지 지분이 큰 아파트					
2023타경 ×××××	매각기일 2024-02-20 10:00(화)				
소재지	경기도 군포시 산본동 1155 가야(주공)아파트 제○○○동 제○층				
용도	아파트	채권자	우리은행	감정가	425,000,000원
대지권	44.09m² (13.34평)	채무자	문○○	최저가	(64%) 272,000,000원
전용면적	41.85m² (12.66평)	소유자	문○○	보증금	(10%) 27,200,000원
		매각대상	토지/건물일괄 대상	청구금액	130,209,398원
사건접수	2023-01-27	배당종기일	2023-04-13	개시결정	2023-01-30

건물 평수보다 '전용 평수'가 큰 아파트가 좋고
전용 평수보다 '대지 지분'이 큰 아파트가 좋다.

아파트를 볼 때는 전용 평수가 큰 것이 좋은데 이것보다 대지 지분이 큰 아파트가 훨씬 가치가 높다. 대지 지분이 커야 재건축을 진행할 때 보상액이 커지기 때문이다. 이건 빌라나 꼬마 빌딩을 선택할 때도 똑같이 적용되는 기준이니 참고하자.

통상적으로 신축 30평대 아파트의 경우 9평에서 14평 정도의 대지 지분을 준다. 그만큼 좁은 면적에다 많은 집을 짓기에 할당되는 대지권이 작은 것이다. 많은 이가 30~40층 되는 고층 아파트를 선호하지만, 반대급부로 따라붙는 '적은 지분'이라는 단점 또한 상당하다.

그런데 다음의 아파트(2023타경 ×××××)는 대지 지분을 무려 30.31평이나 준다. 평균의 세 배나 많은 면적으로, 요즘에는 찾을 수 없는 지

(사례) 평균 대지권의 세 배나 주는 아파트					
2023타경 ×××××		매각기일 2024-04-29 10:00(월)			
소재지	경기도 광주시 초월읍 지월리 885 광주초월 금강아미움아파트 제○○○동 제○층				
용도	아파트	채권자	박○○	감정가	239,000,000원
대지권	100.203m² (30.31평)	채무자	권○○	최저가	(70%) 167,300,000원
전용면적	84.97m² (25.7평)	소유자	권○○	보증금	(10%) 16,730,000원
		매각대상	토지/건물일괄 대상	청구금액	80,000,000원
사건접수	2023-08-31	배당종기일	2023-11-06	개시결정	2023-09-04

분이다.

임장을 갔을 당시 아파트 주차장 면적이 넓은 점이 인상적이었는데 아파트 전체 면적 대비 가구 수가 적어 생활을 해나가는 데 여유가 있어 보였다. 이래서 임장을 가봐야 한다. 다른 곳들은 퇴근 이후에 가면 주차난이 심각한데 이곳은 그럴 걱정이 전혀 없어 보였다.

신축아파트는 9평에서 14평의 대지 지분을 주지만 구축아파트는 21평에서 30평을 주는 곳들이 많다. 재건축을 고려할 때 구축아파트가 답인 이유다.

꼭 재건축이 진행되지 않더라도 땅은 넓을수록 좋다. 상식적으로 생각해도 1,000평의 땅에 500명이 붙어서 사는 것보다 100명이 널찍하게 지내는 편이 좋지 않은가. 엘리베이터 사용이며 주차 문제며

층간 소음 등 여러 면에서 편할 수밖에 없다.

공매로 낙찰받은 분당의 단독주택이 하나 있다. 공매로 19억 원에 낙찰받았는데 토지가 100평에 이른다. 시세가 27억 원인데 나는 이것을 리모델링해 35억 원의 가치로 탈바꿈시켰다. 예술 작품이 아는 만큼 보이듯 부동산도 아는 만큼 옥석을 가릴 수 있는 법이다.

당신은 왜
내 집 마련을 못 할까

　　흔히 모든 투자는 타이밍이 중요하다고 이야기한다. 하지만 이 타이밍에 부동산, 주식, 코인 등 '투자 시장의 때'와 더불어 '나의 때'도 포함한다는 사실을 아는 이는 없는 것 같다.

투자 타이밍 = 투자 시장의 때 + 나의 때

　　처음 내 수업을 듣는 초보자들에게 '투자의 육하원칙'을 세우도록 하는 것도 나의 때를 점검하라는 의미다. 여기서 말하는 나의 때란

'이제는 정말 내 집 마련을 하고 싶다, 투자를 해보고 싶다'라는 실천 의지(의지의 때)와 함께 이런 것들이 정말 가능한지 현실적인 조건(현실성의 때)을 점검하는 것을 말한다.

최적의 투자 타이밍을 정리하면 다음과 같다.

최적의 투자 타이밍

투자의 때	+	나의 때		
		의지의 때	현실성의 때	
		내 집 마련 또는 투자에 대한 실천 의지	자금 동원력	자금 유지능력

현실성의 때는 그때 자금 동원력과 자금 유지능력이 있는지 여부를 가늠해서 판단한다. 신용 점수나 대출 가능액을 점검하는 것이 자금 동원력이라면, 매달 대출 원리금과 이자를 갚아나가는 능력은 자금 유지능력에 해당한다. 반드시 이 둘을 같이 정해야 한다.

100퍼센트 현금으로 집을 사거나 투자를 하는 경우라면 모를까, 대부분은 은행에서 대출을 받아 매수한다. 그렇다면 자금을 동원하는 능력만큼 빌린 자금을 밀리지 않고 갚아나가는 '유지능력'까지 고려하는 것이 마땅하다. 왜 집이 경매로 넘어가는지를 생각해보면 금방 답을 찾을 수 있다.

보통 부동산 중개인은 고객이 집을 사거나 팔 때 관여한다. 특히 집을 살 때 러닝메이트 역할을 하는데 고객이 그 집을 마련하기 위해 필요한 '자금 동원력'에 대해 가이드를 준다. 반면 경매 컨설턴트는 고객이 이 집을 낙찰받아서 유지할 수 있는지 여부, 즉 자금 유지 능력에 더 관심을 둔다. 일종의 직업병이라고 할 수 있다.

앞서 기존 점유자들을 내보내는 과정, 즉 명도에 대해 살펴봤다. 명도를 하다 보면 점유자들과 수차례 소통을 하는데 이때 그들의 사연을 알게 된다. 그럴 때면 '이 사람들도 한창 잘나갈 때 이 집을 사서 들어왔구나. 그런데 유지를 못 해 결국 경매까지 하게 됐네'라는 생각이 든다. 명도를 하면 할수록 자금을 동원하는 것만큼 유지하는 능력이 얼마나 중요한지 뼈저리게 느낀다.

지금 안 사면 내일도 못 산다

20년 넘게 경매 컨설팅을 해오면서 투자 타이밍과 관련해 기억에 남은 사례들이 있는데, 그중 특히 기억에 남는 사례 두 가지가 있다. 하나는 안타까웠던 사례고, 다른 하나는 이런 사람이 부자가 되는구나 싶은 생각이 들게 한 사례다.

먼저 안타까운 사례부터 살펴보자.

2010년 즈음 80~90만 원의 월세를 내고 아파트에 거주 중인 60대 아저씨와 자녀들이 사무실로 찾아왔다. 자녀들은 집값이 하락하는 시기니 이참에 내 집 마련을 하자는 쪽이었고, 아저씨는 무슨 소리냐며 방어하는 입장이었다. 딱 봐도 아빠를 설득하기 위해 나를 찾아온 분위기였다.

자녀들은 "아빠, 지금 하락기잖아요. 경매 통해서 싸게 내 집 마련하면 좋잖아."라며 강력히 아버지를 설득했다. 하지만 아버지의 고집이 만만치 않았다. "지금 집값 쭉쭉 빠지는 것 봐라. 지금 아파트값이 똥값인데 더 떨어질 때까지 기다려야지."

한동안 양측의 실랑이가 이어져서 결국 내가 나섰다.

"아버님, 지금이 내 집 마련 적기예요. 경락 대출도 90퍼센트까지 해주고 있어 등기비에 내 돈 10퍼센트만 있으면 얼마든지 내 집 마련이 가능해요. 월세로 80만~90만 원씩 내면서 살 필요가 없어요. 어차피 매달 내야 할 돈이면 내 집 마련으로 나가게 해야죠." 아닌 게 아니라 2010년도는 다들 몸을 사리던 때라 대출 문턱이 낮았다.

하지만 아저씨는 꿈쩍도 하지 않고 자리에서 일어났다. 그리고 그때 점찍어둔 아파트는 다른 사람이 낙찰을 받아갔다. 내 기억으로 해당 아파트는 1~2년 후에 가격이 두 배로 상승했다. 이 사례는 '투자 시장의 때'와 '현실성의 때'가 잘 맞물렸음에도 정작 당사자의 '의지의 때'가 되지 않아 엎어진 경우다.

왜 안타까운 사례로 기억을 하냐면, 2014년 박근혜 대통령이 당선된 후 1년 동안 취득세 면제를 실시했다. 그 덕에 부동산 침체기가 끝나면서 집값의 반등이 시작됐다. 그제야 그 60대 어르신이 다시 전화를 주셨다. 지금이라도 다시 해볼 순 없느냐는 내용이었다. 하지만 그때는 이미 감정가부터 올라 있는 상태였다. 이전에는 2억 원 중반이던 아파트가 4억 원 가까이 됐는데 누가 엄두를 내겠는가.

지금도 많은 사람이 묻는다. "부동산 시장 분위기가 심상치 않다. 언제쯤 내 집 마련을 해야 하는가?"라고 말이다. 그럴 때면 나는 역으로 묻고 싶다. "당신은 내 집 마련을 언제 하고 싶은가?"라고. 여기에 대한 답을 스스로 찾지 못하면 복마마가 아니라 100전 100승을 거두는 투자의 신이라 해도 절대 정답을 찾아줄 수 없다. 앞서 언급한 60대 아저씨처럼 모든 조건이 다 갖춰져도 내가 준비되지 않으면 아무 소용이 없기 때문이다.

내 집 마련의 시기를 두고 제안을 해볼 순 있다. '나의 때'가 무르익었을 때 자금 상황에 맞춰 빌라든 25평 아파트든 내 집 마련을 하자. 그리고 지금처럼 부동산 경매 시장의 때가 되었을 때 상급지 혹은 34평 아파트로 갈아타는 '순차적인 접근'을 하는 것도 괜찮다. 단번에 마음에 드는 집에 가면 좋겠지만 업그레이드해서 살림을 늘려가는 것도 나쁘지 않다.

그럼에도
투자를 해야 하는 이유

한국 중년들에겐 1997년도의 IMF와 2008년도의 글로벌 외환 위기는 잊으려야 잊을 수가 없는 일이다.

"IMF? 아, 아파."

"글로벌 외환 위기? 숨이 안 쉬어져."

웃자고 하는 농담이 아니다. 저 두 시기는 가계면 가계, 기업이면 기업 불문하고 온 나라가 휘청거렸다. 주식 시장이 곤두박질친 것은 물론이고 부동산도 직격탄을 맞아 경매로 집들이 수백 채씩 쏟아져 나왔다. 그래서인지 유독 이 시기의 경매와 관련한 기억이 선명하게 남아 있다. IMF 때는 내가 경매에 뛰어들기 전이니 넘어가고, 여기에서는 글로벌 외환 위기 때의 경매 이야기를 해볼까 한다.

2008년도는 서브프라임 모기지 사태로 글로벌 외환 위기가 닥치면서 부동산 시장은 어둠의 시기를 맞았다. 압구정 현대아파트조차 입찰자가 한두 명밖에 없었으며 분당에서도 물건이 120채씩 우르르 경매로 쏟아져 나왔다. 이런 정도니 분위기가 얼마나 안 좋았는지 알 수 있을 것이다. 지금은 분당 아파트가 1~2건만 나와도 서로 들어가겠다고 난리인데 그때는 유찰이 계속되는 탓에 약속이라도 한 듯 120채로 맞춰졌었다. 지금으로선 상상조차 할 수 없는 일이다.

왜 그랬을까? 아파트값이 크게 폭락해 대출받은 금액보다 매매가가 저렴해졌기 때문이다. 이자를 감당할 수 없으니 우르르 경매로 쏟아져 나온 것이다. 왜 안 그렇겠는가.

실수요자들은 가격이 더 내려갈까 싶어 내 집 마련을 미루고, 투자자들은 지금 가지고 있는 것만 유지하자며 몸을 사렸다. 그런 상황이니 높은 금리를 감당하기 힘들었던 집주인들이 급매로 집을 내놓아도, 누구 하나 쳐다보지 않았던 것이다.

그런데 이 장면 어디서 많이 본 듯한 기시감이 들지 않는가. 그렇다. 2022년 하반기에서 2024년 초 대한민국 부동산 시장과 그 모양새가 똑같다. 그래서 부동산을 공부할 때는 과거의 패턴을 들여다보는 것이 중요하다.

하락기에 기회를 잡는 사람이 고수다

그런 의미로 2011년도에 글로벌 외환 위기의 여파로 나왔던 분당 아파트 사례를 가지고 왔다.

글로벌 외환 위기 당시 분당 아파트 경매 사례					
	수원지방법원 성남지원	매각기일 : 2011.01.10.(월) 10:00			경매 6계
소재지	경기도 성남시 분당구 구미동				
물건종류	아파트				
경매대상	토지 및 건물일괄매각			입찰방법	기일입찰
토지면적	54,02m²(16.34평)			사건접수일	2010.08.04
건물면적	84,79m²(25.65평)	감정가	600,000,000원	개시결정일	2010.08.05
경매종류	부동산임의경매	최저가	(64%) 384,000,000원	배당종기일	2005.08.18
청구금액	663,000,000원	입찰보증금	(10%) 38,400,000원	입찰일	2011.01.10.(월) 10:00
매각가 485,901,000(81%)					

여기에서 우리가 눈여겨봐야 할 것은 날짜와 감정가다. '몇 번 유찰됐을까', '최저가가 얼마인가'만 들여다본다고 해서 돈을 벌 수 있는 게 아니다.

뒤에서 한 번 더 언급하겠지만 나는 가급적 신건일 때 들어간다(무조건 신건만 한다는 얘기는 아니다). 신건에 입찰한다는 것은 물건을 볼 줄 아는 눈과 상당한 경험을 가졌을 때나 가능한 일이다. 그러니 여러분과 같은 보통의 경우라면 1~2회 유찰된 물건을 입찰하는 것이 맞다. 가장 먼저, 감정가를 공부하는 것이 중요한데 여러분은 다음의 딱 하나만 기억하면 된다. 감정가 안에는 '부동산 경기=특정 연도의 집값'이 들어가 있다.*

감정가	낙찰가	낙찰 당시 수익
6억 원	4억 8,590만 원	1억 1,410만 원
· 감정가보다 19% 저렴하게 낙찰받음 · 대출 70% + 본인 자금 1억 4,577만 원		
2024년 시세	10억 원	
현 기준, 시세차익 5억 1,410만 원		

위의 표를 보자. 감정가가 6억 원으로 나와 있는 것을 알 수 있는데, 그렇게 책정된 배경은 무엇일까? 2010년도는 글로벌 외환 위기의 여파로 12억 원씩 호가하던 분당 아파트들도 절반으로 떨어진 시기였다. 이게 반영돼 감정가가 6억 원이 된 것이다. 어떤가? 감정가 안에 '부동산 경기'가 반영이 된다는 게 실감이 나는가?

다시 본론으로 돌아와서 분당 아파트를 가져간 사람은 남들이 집값이 똥값이 된다며 몸을 사리고 하나도 주워가지 않을 때 용기를 냈다. 그 결과 하락기임에도 5억 원 이상의 시세차익을 낼 수 있었다. 새삼스럽게 옛날 사례를 들먹이는 이유는 2024년 돌아가는 부동산 시장이 13년 전인 이때와 똑같기 때문이다.

흔히 역사가 반복된다고 하는데 부동산 역사도 마찬가지다. 역사

---

* 실제로 감정평가사들이 경매 물건의 가격을 산정할 때 당해 연도의 매매가를 기준으로 삼는다. 감정가 안에 당해 연도의 집값과 시장 분위기가 들어 있다고 말하는 배경이다.

는 구성원들의 선택으로 만들어지는 어떠한 결과물이다. 시장이 안 좋을 때 용기를 내는 사람이 있는 반면 더 떨어지길 바라며 꿈쩍도 안 하는 이들도 있다. 적어도 독자들 중에선 전자의 사람들이 많이 나타나주었으면 좋겠다.

훗날 "2022년 하반기에서 2023년 하반기에 부동산 경기가 바닥을 쳤지만 그래도 경매로 내 집 마련에 성공한 사람들이 많았다."로 기록되기를 진심으로 희망한다.

한번 해두면 평생 써먹을 수 있다

투자 타이밍과 관련해 한 가지 덧붙여 말하자면, 부동산 시장이 하락기인 것과 상관없이 개별 물건에 따라 적절한 타이밍이 있다는 것이다. 가령 경기도 양주 쪽에 30평대 아파트가 그것도 1군 브랜드가 1억 2,000만 원에 나왔다고 해보자. 이때는 무조건 들어가야 하는데도 가격이 더 떨어질 때까지 기다리겠다는 사람들이 있다. 이런 소리를 듣고 있으면 답답해 미칠 것 같다.

아파트 한 채 짓는데 들어가는 토지값이며, 인건비며 자재값이 얼만데 30평대 아파트를 '1억 원 밑으로 가져가려 하는가' 이 말이다. 30평대 아파트가 1억 2,000만 원이면 지방에서도 만나볼 수 없는 저렴한 가격대다.

이런 사람은 죽었다 깨어나도 기회를 잡을 수 없다. 내가 "이 아파트는 지금 사야 한다."라고 하는 데는 다 이유가 있다. 지금 아니면 기회가 없기 때문이다.

만약 망설여진다면 '앞으로 이 가격으로 살 기회가 있을까'에 대해 고민해보고, 근처 부동산 중개소에 가서 시세라도 알아보자. 부동산 투자에서 타이밍을 잡는다는 의미는 '최적의 때가 오면 알아서 나를 좋은 물건 앞으로 데려다 놓겠지'라며 관망하는 것이 아니다. 이렇게 되면 이미 기회는 사라지고 없다. '경매를 하기에 최적의 타이밍이네' 라는 생각이 들면, 관심 지역의 물건을 알아보고 부지런히 움직이는 것이 타이밍을 잡는 방법이다.

흔히 어른들이 그런 이야기를 한다. 정말 내 인연이라면 결혼식까지 가는 데 아무런 걸림돌이 없다고. 순조롭게 진행되는 대상과 결혼해야 행복하게 산다고 말이다.

투자도 마찬가지다. 미리 조금만 준비를 해놓는다면 현실성의 때, 내 의지의 때, 경매 시장의 때가 맞물려 모든 절차가 순조롭게 진행 된다. 물 흘러가듯이 말이다.

단 '미리 공부하고 조금만 준비해놓기'는 성공적인 투자를 위한 전제 조건임을 잊어서는 안 된다. 기회라는 놈은 자신을 알아봐주는 이에게 둥지를 틀지 자신을 몰라보는 이에게는 눈길조차 주지 않는다. '요놈이 우량한 물건이구나.', '연식이 오래되어 보여도 입지는 끝내주네.' 이처럼 진가를 알아보기 위한 최소한의 공부, 나는 여러분이 이 정도만이라도 해두었으면 좋겠다. 그래야 부동산이 불황이든 호황이든 상관없이 여러분이 '자신의 투자처'를 알아보는 힘이 생겨날 수 있다.

잘 생각해보자. 과연 내가 부동산 경기를 봐가며 투자를 할까? 시장이 좋으면 좋은 대로, 안 좋으면 안 좋은 대로 '부동산 경기 대비 우량한 물건'이라는 판단이 서면 곧장 투자에 나선다. 나는 '지금은 경기가 안 좋으니까 관망해야지'라고 하지 않는다. 물건을 보는 눈이 있기 때문이다.

누구나 이 정도 실력은 갖출 수 있다. 한번 배워두면 평생 써먹을 수 있는 것이 부동산 공부다. 이걸 자산 삼아 아들딸 눈치 안 보고 노후를 보낼 수 있다면 굳이 마다할 이유는 없지 않은가.

숲의 관점
투자의 역사도
반복된다

지금까지는 나무의 관점에서 투자 타이밍을 봤다면 이제는 숲의 관점에서 타이밍을 알아볼까 한다. 복마마가 복스럽게 생긴 아줌마라고 해서 감으로만 투자할 거라 생각해서는 안 된다. 부동산 경기 못지않게 경제 돌아가는 상황에 대해 공부해야 현명한 투자를 할 수 있다. 이 부분은 내용이 조금 어려울 수 있으니 차근차근 따라오기를 바란다.

'서브 프라임 모기지 사태, 어디서 들어본 것 같은데 이게 뭐지?'라며 고개를 갸우뚱거리는 사람이 있을 터다. 이해하기 쉽게 정리해보

자. 미국의 금융사들이 직업도 변변치 않은 사람들에게까지 모기지라는 파생상품을 팔았다. 그러면서 연체율이 급증했고, 이게 한꺼번에 터지면서 초래된 위기가 서브프라임 모기지 사태다. 문제는 미국이 기침을 하면 한국은 몸살을 앓는다는 데 있다. 분명 미국이 잘못한 일임에도 그 피해가 세계적으로 뻗어나간 것은 물론 한국의 투자 시장은 그야말로 맹폭격을 맞았다.

STEP 1.
부동산의 흐름 살피기

서울 아파트 매매 가격을 보면 2005~2007년도까지 엄청 가파르게 23.46퍼센트 오른 것을 볼 수 있다. 이건 뭐 거의 하늘을 찌를 기

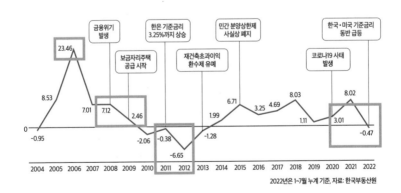

서울 아파트 매매가격 변동률

2022년은 1~7월 누계 기준, 자료: 한국부동산원

세다. 그러다 2008년도에 금융위기가 터지면서 23.46퍼센트에서 7.1퍼센트대로 곤두박질을 친다.

2011년도까지 빠지다가 조금 회복이 되는가 싶었지만, 이전에 워낙 큰 폭으로 하락한 탓에 분위기를 전환하는 데는 실패했다. 이때가 "부동산 하락이 무릎까지 가냐, 발목까지 가냐.", "집값이 똥값 되는 것 아니야?"라는 소리가 나돌던 시기다.

그러다 2013년도부터 재건축초과이익환수제 유예와 민간 분양가 상한제가 폐지되고, 박근혜 정부가 출범하면서 부동산에 대한 기대 심리가 모락모락 피어난다. 이를 계기로 한국의 부동산 시장은 다시 상승세를 타기 시작했다.

문재인 정부가 들어서고 2018년도에 양도세와 부동산 세금 규제로 하락하다가 코로나 팬데믹 여파로 자금 유동성에 거품이 끼면서 2021년까지 2배 이상 부동산 가격이 상승했다. 그러다 2022년도부턴 한국과 미국의 기준금리가 동반 상승하면서 오늘날의 부동산 빙하기가 찾아왔다. 집값이 2012년도처럼 똥값은 아니어도 꽤 하락했다는 사실은 다들 알 것이다.

어떤가? 어려운 용어와 그래프가 나오니 뭔가 복잡하고 난해하게 느껴지는가? 어렵게 생각할 필요 없다. 여기서 우리가 알아야 할 것은 용어도 아니고 연도도 아니다. 참고하면 좋을 '시장의 사이클'만 가지고 와 작금의 투자에 어떻게 적용하면 좋을지에 대해 고민하면 된다.

STEP 2.
과거 미국 부동산 시장과 현재 한국 부동산 시장 비교

(글로벌 외환 위기를 부른) 미국 부동산 시장의 변화				
1990년대	2004년	2006년	2007년	2008년
부동산 가격 ↑	초저금리 정책 ▼ 대출 이자율 ↓ ▼ 주택담보대출 ↑ 대출자 ↑	금리 인상 ▼ 대출 이자율↑	부동산 가격↓ ▼ 대출금 연체↑ ▼ 대출자, 모기지 회사 파산	글로벌 투자자 손실↑ ▼ 글로벌 금융위기 발생
(역전세난의 위기를 부른) 국내 부동산 시장의 현재				
	2021~2022년	2023~2024년	2025년	
	초저금리 정책 ▼ 대출 이자율 ↓ ▼ 주택담보대출 ↑ 대출자 ↑	금리 인상 ▼ 대출 이자율↑		

미국의 지난 역사를 보면 2004년 대출 이자율을 대폭 낮추면서 주택담보대출 이용자가 급증한 것을 볼 수 있다. 그러다 2006년 이자율이 높아지자 대출받은 사람이 휘청거린다. 그런데 이게 딱 저금리 기조인 대한민국의 2021년과 고금리로 돌아선 2023년도의 한국 부동산 시장의 모습이다.

다시 정리하면 다음과 같다.

저금리 정책을 펼친 미국의 2004년도와

날린 집과 상가를 되찾기 위해 부동산 세계에 뛰어들다   325

저금리 정책을 펼친 한국의 2021년도, 2022년도가 똑같다.

고금리 기조로 바뀐 미국의 2006년도와

고금리 기조로 바뀐 한국의 2023년도, 2024년도가 똑같다.

STEP 3.
STEP 2와 비교한 후 '공통점' 찾기

글로벌 금융위기와 최근 한국 부동산 시장		
공통점	2008년 글로벌 금융위기 이후	2024년 한국 부동산 시장 상황
A. 장기간 이어진 집값 급등으로 부동산 시장에 대한 피로감	2006~2007년도 30% 이상 부동산 가격 폭등	서울의 주택구입부담지수 151.0
B. 시장 짓누르는 부동산 규제	분양가상한제, 분양 원가 공개 등	재건축초과이익환수제, 분양가상한제 등
C. 경제위기 이후 기준금리 상승	2008년 5.25%에서 2009년 2%까지 인하 후 2011년 3.25%까지 상승	코로나 팬데믹 이후 0.25%에서 3.5%까지 순차적 상승

글로벌 외환위기 때의 부동산 시장과 2024년 한국의 분위기를 비교했으니, 공통점과 차이점에 대해 알아볼 차례다. 이걸 알아야 투자 타이밍을 잡는 데 도움을 받을 수 있다.

A. 2006~2007년도를 보면 30퍼센트 이상 집값이 폭등했다. 2024년 역시 서울에서 아파트 한 채를 장만하려면 무려 72년이나 걸릴

만큼 부담이 최대치를 찍었다. 집값의 장기 급등으로 부동산 시장의 피로감이 과거나 지금이나 똑같음을 알 수 있다.

B. 2008년부터 건설사 부담이 가중되기 시작한다. 분양가상한제와 분양 원가 공개를 해야 하는 압박을 받았는데 이는 곧 건설사에겐 마진을 줄이는 일이 된다. 분양 원가를 공개했을 때 건설사 마진을 최대한으로 줄여야 국민의 공분을 사지 않을 수 있기 때문이다. 최근에도 이 같은 조치가 시행되었는데 재건축초과이익환수제와 분양가상한제가 그것이다. 이 역시 건설사 입장에서는 까다로운 규제로, 부동산 시장을 위축하게 만드는 요인이다.

C. 끝으로 금리 상승이다. 2008년도와 더불어 현재까지 주택담보대출의 금리가 지속적으로 상승했다.

STEP 4.
STEP 2와 비교한 후 '차이점' 찾기

글로벌 금융위기와 최근 한국 부동산 시장		
차이점	2008년 글로벌 금융위기 이후	2024년 한국 부동산 시장 상황
입주 물량 차이	매년 입주 물량이 3~4만을 웃돌았음.	2024년 서울 아파트 입주 물량, 예년 평균치 대비 반토막
전세가율 차이	38.18%(2009년 1월 서울 기준)	53.9%(2024년 8월 서울 기준)

부동산 가격을 결정하는 요인 중 하나가 공급 물량이다. 2008년 이후 매년 입주 물량이 웃돌던 것과 달리 서울은 2024년도에 2만여 가구에 그칠 전망이다.

그럼 여기에서 질문이 생긴다. 입주 물량이 부족해지면 일반 매매로라도 내 집을 사는 사람들이 많아질까? 그렇지 않다. 높은 금리 탓이다. 경매로 나온 집들 중 이자를 감당할 수 있는 매물을 골라 투자를 해보라고 권하는 것이 이런 이유 때문이다.

STEP 5.
A, B블록을 읽고 투자의 방향 읽어내기

다음 표를 보고, 언제 내 집 장만을 해야 하는지 타이밍을 살피는 것이 현재 우리의 목표다. 이 정도 실력을 갖추기 위해서는 표를 읽을 줄 알아야 한다. 이제부터 복마마가 읽어 내려갈 것이다.

스태그플레이션, 인플레이션, 재정 확장 정책, 재정 긴축 정책은 가볍게 훑기만 하면 된다.

① A블록의 '부동산 세제 완화 정책' 부분에서 잠깐 멈춰보자. 이 말은 규제가 풀린다는 의미다. '규제가 풀리면 뭐?'라며 안일하게 생각해서는 안 된다. 이것만큼 투자의 청신호를 알리는 시그널이 없기 때문이다. 부동산 매매를 하든 경매를 하든 어느 시점이 됐을 때 대

글로벌 금융위기 때와 닮은 듯 다른 현 부동산 시장	
A블록	B블록
글로벌 금융위기	코로나 팬데믹 이후
스태그플레이션, 부동산 시장 위축	인플레이션(7월 기준), 부동산 시장 위축
재정 확장 정책	재정 긴축 정책
금융 완화 정책, 저금리 기조	금융 완화 정책, 고금리 기조
부동산 세제 완화 정책 - ① (다주택자 양도세 중과배제, 종부세 완화)	부동산 세제 완화 기조
부동산 규제 전매제한 폐지(강남3구 제외) 등 규제완화	부동산 규제 지역 해제 및 금융, 세금 등 완화 - ②
미분양 물량 급증	미분양 물량 증가 추세
주택 가격 소폭 하락	주택 가격 소폭 하락
아파트 매매량 큰 폭 감소	아파트 매매량 큰 폭 감소 - ③

출을 받아 부동산을 구입하기 좋은 시절이 오고 있음을 직감하고 준비에 나서야 한다.

앞서 뭐라고 했는가? 투자 타이밍을 잡는다는 것은 '투자 적기'와 만났을 때 쏜살같이 움직여 기회를 낚아채는 적극적인 자세라고 했다. 자동으로 우리를 좋은 물건 앞에 데려다주는 게 좋은 타이밍이 아니라고 한 점을 다시 상기하자.

② 그다음으로 B블록에서 '부동산 규제 지역 해제 및 금융, 세금 등 완화' 부분을 보자. 그래서 실거래가 12억 원 주택에 한정해 생애 최초로 집을 구입하는 사람에게 200만 원의 취득세를 100퍼센트 감면해주는 정책이 나온 거구나'까지 정리해두면 좋다. 200만 원이면 적지 않은 돈이다. 집 한번 사면 가구 폐기 비용, 중개 비용, 법무사

비용, 이사 비용, 입주 청소 비용, 하다못해 사다리차 한번 부르는 것도 다 현금으로 나간다.

③ B블록 맨 아래에 '아파트 매매량 큰 폭 감소'에서 또 멈춰보자. 글로벌 금융위기 때나 코로나 팬데믹 이후나 주택 가격이 하락한 것은 마찬가지다.

하지만 코로나 팬데믹 이후의 집값 하락은 고금리의 영향이 절대적이다. 또한 서울은 불장 때 집값이 워낙 큰 폭으로 상승했던 터라 어느 정도의 하락은 불가피하다. 서울도 이러한데 지방으로 가면 더 하면 더했지 덜하지는 않을 것이다.

정리하면 모든 지표가 '경매로 내 집 마련을 하라' 쪽으로 향하고 있다. 일반 매매로 사라는 뜻이 아니다. 위기와 기회는 공존하게 마련이다. 위기 속에서 기회를 찾는 자만이 부자가 될 수 있고, 성공적인 투자자가 될 수 있다.

감정가의 덫

과거가 아닌
현재 시세에 목숨 걸어라

"아침부터 왜 경매를 배우러 오셨어요?"

이렇게 물으면 쭈뼛거리며 대답한다.

"뭐 하나 해보려고요."

"그 뭐 하나가 대부분 아파트죠?"

그러곤 다들 웃는다.

이처럼 한국 사람은 유달리 아파트를 짝사랑한다. 실제로도 대한민국의 부동산은 아파트를 위한, 아파트에 의한, 아파트 중심으로 돌아간다고 해도 과언이 아니다. 일반 매매는 말할 것도 없고 부동산 경매에서도 아파트 인기는 단연 최고다. 이어서 그들에게 또 물었다.

"왜 이렇게 아파트만 좋아하세요?"

"다른 건 어려우니까요. 우리 같은 사람들은 정보도 없고, 시세 파악 자체가 힘들잖아요. 이 나이 먹어서 가게를 차릴 것도 아니고, 고시원을 할 것도 아니고요. 그냥 소액으로 할 수 있는 게 지방이나 경기 외곽 지역의 아파트밖에 없어요."

다들 접근의 용이성을 근거로 드는 경우가 많았다. 아마 독자들도 마찬가지일 것이다.

여기에 대한 내 생각을 전하면, 일단 다 맞는 말이다. 토지, 상가, 다가구주택, 상가주택, 빌라 등은 거래가 빈번하게 일어나지 않으니 정확한 시세 파악이 어렵다. 토지는 허허벌판에 논과 밭이 다인데 그곳의 가치를 어떻게 책정하겠는가. 초보자에게는 가치 판단이 비교적 쉬운 아파트가 최적의 투자처임에 틀림없다. 하지만 그렇기 때문에 더욱 조심해야 한다.

물론 '아파트 투자는 쉬우니까'라는 생각으로 접근하는 사람은 없겠으나, 다른 물건에 비해 가볍게 생각하는 부분이 없지 않아서 하는 말이다. 방심하면 실수를 저지르게 마련이다.

지방의 어느 아파트가 경매로 나온 적이 있다. 당시 감정가가 3억 3,000만 원으로 이 중 90퍼센트에 해당하는 3억 2,500만 원이 조금 넘는 가격에 낙찰이 되었는데, 미납했다. 그 자리에서 입찰 보증금 2,310만 원(최저가 2억 3,100만 원의 10퍼센트)이 날아간 것이다.

아파트 경매 실패 사례					
2021타경 ××××					
물건종류	전라도 여수에 소재한 서희스타힐스 아파트				
경매대상	토지 및 건물일괄매각				
토지면적	31,27m²(9.46평)			입찰방법	기일입찰
공급면적	98,19m²(29평)			사건접수일	2021.09.27
건물면적	75,50m²(22.84평)	감정가	330,000,000원	개시결정일	2021.10.06
경매종류	부동산임의경매	최저가	(70%) 231,000,000원	배당종기일	2022.01.06
청구금액	124,385,413원	입찰보증금	(10%) 23,100,000원	입찰일	2022.09.19.(월) 10:00

매각가 325,150,000(99%)

회차	매각기일	최저매각금액	결과
신건	2022-05-02	330,000,000원	유찰
2차	2022-06-13	231,000,000원	매각

김마마 / 입찰 3명 / 낙찰 325,150,000원(99%)

	매각기일	최저매각금액	결과
	2022-06-20	매각결정기일	허가
	2022-07-20	대금지급기한	미납
2차	2022-09-19	231,000,000원	매각

김필승 / 입찰 2명 / **낙찰 240,500,000원(73%)**

이후 다른 사람이 2억 3,100만 원을 써서 가져갔다. 그렇다면 첫 번째 입찰자는 왜 이런 실수를 했을까? 답은 시세와 감정가의 차이에 있다.

	10.11	매매	**3억 3,000**	20층
2021	07.06	매매	3억 2,500	12층
	03.25	매매	3억 500	4층

여수 서희아파트 29평(98.19m²) 감정가의 기준이 된 2021년 10월의 시세

날린 집과 상가를 되찾기 위해 부동산 세계에 뛰어들다

3억 3,000만 원이라는 감정가는 2021년도 10월의 거래금액을 기준으로 잡은 것이다. 여러분도 알다시피 2021년도는 대한민국 부동산이 활활 타오르던 시기였다. 경매도 마찬가지였는데 경기도 아파트는 입찰이 열릴 때마다 40~50명씩 들어왔고, 서울 아파트는 80~90명씩 몰려들었다. 상황이 이렇다 보니 낙찰 가격이 올라가 물건의 최저가가 10억 원이면 실제로 12억 원에서 15억 원 선에서 낙찰될 정도로 뜨거웠다.

즉 2021년도엔 120~150퍼센트 선으로 낙찰이 될 정도로 경매 시장이 달아오른 것이다. 이때의 매매 금액이던 3억 3,000만 원을 기준으로 감정가가 매겨진 것이다.

하지만 경매가 진행된 2022년 KB부동산 시세 사이트에서 해당 매물의 동일 평수 시세를 보니 2억 5,000만 원으로 나와 있었다. 적어도 이 금액보다 낮은 가격으로 낙찰받을 때 경매의 취지를 잘 살린 투자라고 볼 수 있다.

눈치 빠른 사람들은 복마마가 왜 '2021타경'을 조심하라고 하는지 눈치챘을 것이다. 2021타경은 경매의 사건 번호로 2021년도에 사건이 접수됐음을 나타낸다.

사건이 접수됐다는 뜻은 뭔가? 철수가 영희에게 2억 원을 빌려줬는데 영희가 갚지를 않자 철수가 법원에 "영희가 사는 집을 팔아서 제 돈 2억 원을 회수해주세요."라며 정식으로 사건을 의뢰했다는 의미다. 보통 철수는 은행이 되고, 영희는 매수자가 된다. 조금 유식한 말로 철수와 은행은 채권자라 하고, 영희와 매수자는 채무자라 한다.

이쯤에서 용어를 정리하고 넘어가 보자. 여러분도 '공부해서 내가 갖자'라는 마인드로 채권자와 채무자에 대해 정리해두길 바란다.

- **돈을 빌려준 사람 = 채권자**(권? 권리라는 뜻이네! 돈을 받을 권리를 가졌다는 거군.) : 법원은 채권자를 위해서 경매를 하는 것이지 낙찰자를 위해서 하는 것이 결코 아니다.
- **돈을 빌린 사람 = 채무자**(무? 의무가 생각나네! 돈을 갚을 의무가 있다는 거군.) : 내 집이 경매로 넘어가는 일이 없도록 '자금 유지능력'을 생각해 매물을 골라야 한다.

복마마가 걱정하는 2021타경의 덫이란 2021년 법원에 사건이 접수됨과 동시에 감정평가사가 2021년 시세를 기준으로 감정가를 측정하는 일이다. 여기에 밑줄 긋고 별표 다섯 개를 그리자.

감정가가 아닌 '현' 시세에 주목하자

2021타경으로 접수된 사례를 하나 더 가져왔다. 다행히도 이번에는 성공 케이스다.

감정가가 9억 8,100만 원이다. 제법 가격대가 높아서인지 단독으

아파트 경매 성공 사례				
2021타경 ×××××	서울북부 지방법원	매각기일 : 2023.03.15.(수) 10:00		
소재지	서울특별시 강북구 오현로 56, ×××동 ××층			
물건종류	아파트	**채권자**	진○○(임의경매)	
경매대상	토지 및 건물일괄매각	**채무자**	양○○○○○○○	**입찰방법** 기일입찰
토지면적	44,63m²(13.50평)	**소유자**	조○○	**사건접수일** 2021.12.13
건물면적	59,97m²(18.14평)	**감정가**	981,000,000원	**개시결정일** 2021.12.14
경매종류	부동산임의경매	**최저가**	(64%) 627,840,000원	**배당종기일** 2022.02.23
청구금액	74,625,753원	**입찰보증금**	(10%) 62,784,000원	**입찰일** 2023.03.15.(수) 10:00
매각가 669,010,000(68%)				

로 들어와 대략 6억 6,900만 원에 가져갔다. 이 낙찰자가 성공적인 투자를 한 것인지 여부를 알기 위해서는 두 가지를 봐야 한다. 하나는 현 시세이고, 다른 하나는 감정가다.

2024년 4월 기준 시세를 보면 동일 평수 기준으로 7억 8,000만 원 정도로 형성되어 있다. 아파트의 현 시세를 알아보기 위해서는 KB부동산을 참고하면 된다. 은행에서 대출 심사를 할 때 이 사이트에 제시된 시세를 기준으로 삼을 만큼 신뢰도가 높다. 반면 네이버 부동산에 올라온 매매 가격은 '그 가격으로 팔리면 좋겠다'라는 희망가일 뿐 실제로 거래되는 가격은 아니니 주의해야 한다.

이번에는 문제의 감정가를 알아볼 차례. 9억 8,100만 원이라는 감정가는 어떻게 나오게 된 걸까? 역시나 그놈의 '2021타경의 덫'이 소환되는 시점이다. 감정평가사가 부동산 거래가 폭발하던 2021년 당시 거래가 9억 8,100만 원을 기준으로 감정가를 산정한 것이다.

이게 '현재 거래되는 시세'를 살펴야 할 이유다. 아니 이 부분이 경매 투자의 전부라고 해도 과언이 아니다. 시세도 알아보지 않고 '감정가가 이 정도구나. 법원에서 내놓은 자료니 신뢰성 200퍼센트겠지'라며 안이하게 믿었다가는 입찰 보증금만 날릴 수 있다.

"대략 1년에 입찰 보증금으로 날리는 총액이 얼마인 줄 아세요? 300~500억 원 정도예요. 이 돈이 아파트 입찰에서 발생한 거라고 단정 지을 순 없지만 분명한 점은 아파트를 낙찰받을 때 실수가 꽤 많이 발생한다는 사실이에요."

감정가의 덫이라는 표현이 절대 과장이 아님을 알 수 있다. 반드시 현재 거래되는 시세를 알아봐야 한다. 그래야 이 덫을 피할 수 있다.

100명 중 97명은
실행하지 않는 이유

여러분이라면 다음의 세 물건 중 어디에 투자하겠는가? 찬찬히 읽어보길 바란다.

#1. 충북 음성 소이면이라는 작은 마을에 위치한 22평짜리 상가(최저 입찰가 2,340만 원)

겉모습은 주택이지만 용도는 제1종 근린생활시설로 상가로 활용 가능하다. 시골이긴 하나 막상 가서 보니 이동 차량이 많은 도로에 붙어 있었다. 대신 평수가 작았는데 토지 면적이 32평, 건물 면적이

22평으로 철물점, 국숫집, 테이크아웃 커피숍이 적합해 보였다. 음성역과 7~8분 거리에 있으며, 물건 근처에는 소이초등학교와 소방서, 보건소가 있다. 특히 주변에 음성공업단지가 있어서 충북 음성이라는 입지 조건이 마이너스가 될 정도는 아니었다. 당시 2,900만 원으로 물건이 나왔으나 1회 유찰되고 이후 2,340만 원에 나와 구독자들에게 소개했다.

#2. 경기도 포천시 영중면에 있는 농가주택(최저 입찰가 6,500만 원)

토지가 2필지로 되어 있었는데 이걸 합치니 총 158평이 되었다. 공시지가는 평당 26만 원, 감정가로는 평당 41만 원으로 10년 이상 방치된 폐가(농가주택)가 한 채 있었다. 당시 최저가 6,520만 원에 나왔으며 1번, 3번 물건과 달리 신건일 때 '복마마TV'에 소개했다.

#3. 경기도 포천시 일동면에 위치한 상가주택(최저 입찰가 2억 8,000만 원)

이번에는 평수가 좀 컸는데 토지 면적 250평에 건물 면적이 92평이나 되는 물건이다. 특히 2차선 도로에 접해 있어 차량 출입이 쉬우며 음식점을 하면 좋을 위치였다. 단, 바로 앞에 군부대와 돼지를 키우는 돈사가 있었다. 당시 감정가 4억 4,000만 원에 나왔으나 1회 유찰된 후 2억 8,000만 원에 나와 구독자들에게 소개했다.

저마다 투자 기준이 있을 텐데 보통은 '투자 가격'과 '물건 위치'를 보고 결정할 것이다. 투자 금액은 괄호 안에 적어놨으니 보면 되고,

물건 위치는 셋 다 선호 지역이라 보기엔 어렵다. 서울과는 자차로 한 시간 거리이긴 하나 충북 음성과 경기도 포천이라고 하면 왠지 멀게 느껴진다. 좀 동떨어진 지역이라는 느낌도 있다.

어느 지역의 물건이냐에 따라 투자 방향이 달라질 것 같지만 여러분은 신경 쓸 필요 없다. 투자 금액도 마찬가지다. 각각 2,300만 원, 6,500만 원, 2억 8,000만 원 정도면 일반 직장인들도 투자 포트폴리오 안에 넣어봄직한 물건들이다. 하지만 이에 대해서도 고민할 필요 없다.

왜냐고? 어차피 여러분은 투자를 하지 않을 것이기 때문이다. 각각의 금액에서 0 하나를 빼더라도 낙찰을 받지 않을 것임을 알고 있다.

• 2,340만 원 → 234만 원

2,340만 원에서 0 하나를 빼면 234만 원이다. 그런데 이런 물건을 소개하면 '얼마나 집이 가치가 없으면 200만 원 대야'라는 식으로 코웃음을 치는 이들이 많다. 물론 다 그렇다는 이야기는 아니다.

100명 중 97명이 코웃음을 칠 것이며 한 명은 저 물건을 가져가는 낙찰자가 될 것이다. 나머지 둘 중 한 명은 이론 전문가형으로 경매 공부를 하는 것에 의의를 두는 사람이다. 물론 실전 투자엔 전혀 관심이 없다. 나머지 한 사람은 예의주시를 좀 하다가 어느 날 실행으로 옮기는, 즉 예열 기간이 필요한 유형이다. 그래도 최근 수강생 중이 유형이 많아지고 있어 개인적으로 뿌듯하다.

돈만 많다고 되는 것이 아니다

그럼 왜 97명은 투자를 못하는 걸까? 투자할 돈이 없어서? 아니면 경매에 관심이 없어서? 여러 가지 이유가 있겠으나 내가 보기에 가장 큰 이유는 부정적인 마인드를 밑바탕에 깔고 있어서다. '나에게 좋은 일이 일어날 리 없어' 다시 말해 '양질의 물건이 경매로 나오더라도 내 차지가 될 리가 없어'라는 생각 말이다.

아니라고? 그럼 로또를 예로 이야기해보자. 로또 명당 가게로 복권을 사러 가는 사람들 중 '당첨이 꼭 될 거야'라고 생각하고 구입하는 사람이 얼마나 될 것 같은가? 당연히 당첨을 희망해서 사는 거라고 생각하겠지만 그렇지 않다.

'1등이 되면 좋겠다'고 생각하는 사람보다 '1등이 되면 어떡하지?'라며 염려하는 사람이 분명 더 많을 것이다. 당첨되면 좋겠다고 생각하는 사람보다 '이게 당첨이 되겠어. 번개에 맞을 확률보다 낮다던데'라며 부정적인 주술을 거는 사람이 더 많다는 뜻이다. 생각보다 많은 사람이 로또 당첨이든 경매 낙찰이든 행운이 일어날 수 있다는 사실을 믿지 못한다.

그만한 행운을 누려본 적이 없을뿐더러, 먹고사는 데 에너지를 쓰는 것이 버거워 행운에게 내줄 마음의 공간이 없기 때문이다. 경매 투자에 있어 마음의 공간이 비좁으면, 결국 물건의 단점을 걱정하다 경매 자체를 포기하게 된다.

백날 천날 수업을 듣고, 법원에 가서 참관 수업을 해도 직접 입찰

보증표를 써보지 않는다면 당신 인생에는 아무 일도 일어나지 않는다. 소액이라도 좋으니 직접 투자에 나섰을 때 '행운'도 내 편이 될 수 있다. 투자에 있어 제1조건은 두둑한 시드머니가 아닌 행동을 유인하는 강한 긍정심을 갖는 것이다.

이것이 너무 명백한데도 여기까지 오는 게 쉽지 않은 모양이다. 그래서 수강생들에게도 이 부분을 가장 강조한다.

복마마 : 투자할 때 가장 중요한 건 돈이 아니에요. 긍정적인 마인드랍니다.

수강생 : 저희도 긍정적인 사람들이라 복마마 님 수업을 듣는 건데요.

복마마 : 정말요? 사람은요, 내 돈을 걸고 투자하잖아요. 그럼 열 개의 장점을 합쳐도 100점을 주는 반면, 한 개의 단점에는 −200점을 줘요.

수강생 : 그 단점 하나 때문에 망하는 거잖아요. 그럼 어떻게 하는 것이 좋을까요?

복마마 : −200점이 +300점이 되도록 공부하면 돼요.

수강생 : 단점이라서 −200점인데 이걸 무슨 수로 +300점으로 만들어요?

복마마 : 그러니까 물건 보는 눈을 기르고 경험을 쌓아야죠. 그리고 왜 단점만 갖고 놀 생각을 해요. 장점의 총합을 100점에서 500점으로 만들면 단점이 묻히잖아요.

수강생 : 500점짜리 장점을 가진 물건이 과연 우리 차례까지 올까요?

복마마 : 그게 바로 제가 말하는 '부정적인 자세'예요. 복마마가 말하는 긍정적인 마인드는 '나는 할 수 있어'의 공염불이 아닙니다. 내 돈을 걸고 투자하는 건데 백날 입으로만 외쳐본들 그게 무슨 소용이에요. 실전 경험을 통해 '긍정적인 결과를 세 번 이상 만들어보겠다'라는 구체적인 다짐을 해야 해요.

그래서 육하원칙으로 초심을 세우는 게 중요한 거죠. 엉뚱한 곳에 투자해서 다음 기회를 날려 먹으면 안 되니까요. 우리는 세 번 이상 긍정적인 결과를 만들어야 해요. 1억 원을 투자해서 1회로 끝내는 사람보다 3,000만 원씩 세 번 투자해서 좋은 결과를 만드는 사람이 더 좋을 수 있어요.

수강생 : 3,000만 원으로 세 번 도전하라. 이거 좋은 것 같아요.

복마마 : 3,000만 원 가지고 입찰하든 3억 원을 가지고 입찰하든 경매가 진행되는 프로세스는 다 똑같거든요. 이 프로세스를 소액으로 경험해봐라 이거예요. 이걸 3회 연속 경험하면 그때는 배짱이 생기면서 1억 원 이상에도 도전할 수 있게 돼요. 멘탈이 그냥 생겨나는 것이 아니에요. 경험이 없는 멘탈은 허상에 불과하다 이 소리죠.

판단의 추

단점보다
장점에 힘을 실어라

바로 앞 꼭지에서 세 물건 중 어디에 투자하고 싶은가, 하고 물었었다. 누군가 "복마마 님은 세 물건 중 어디에 투자하고 싶으세요?"라고 묻는다면 먼저 부동산 경매와 일반 매매의 차이부터 짚어주고 나서 선택할 것 같다. 그래야 내 대답에 설득력이 생길 테니 말이다.

일반 매매와 경매의 차이점을 구분하는 게 왜 중요할까? 초보자들이 쉽게 저지르는 실수가 일반 매매로 살 때 적용하는 엄격한 기준을 경매에도 적용하기 때문이다. 하지만 이는 합리적이지 않다.

일반 매매로 살 때는 제값을 주거나 웃돈을 주는 만큼 엄격한 기준을 적용해도 되지만 경매는 그렇지 않다. 경매의 최대 장점은 일반 시세에 비해 10~50퍼센트 정도 저렴하게 투자할 수 있는 가성비다. 이 엄청난 장점과 단점을 두고 저울질을 해야 함에도 사람들은 '위치가 충북 음성이네', '폐가를 언제 치우고 있어', '매물 앞에 돈사와 군부대가 있구나'처럼 일반 매매로 접근할 때와 똑같은 잣대와 무게로 단점을 대한다.

모처럼 마음에 드는 물건이 있어 파봤더니 무덤, 오래된 연식, 소음 등의 단점이 발견되었다. 곰곰이 생각해보자. 이때 정말 그 물건의 단점 때문에 단념을 한 건지, 아니면 자기 인생에 좋은 일이 일어나는 것이 무서워서 회피한 것인지에 대해 말이다.

장점과 단점을 같이 올려놓고 판단하기

희한한 게 하나의 단점에만 매몰되어 몸을 사리는 사람일수록 엉뚱한 기준에 꽂혀서 투자 판단을 한다는 사실이다. 엉뚱한 기준이란 '3회 유찰됐으니까(가격이 저렴하니까) 해봐야지', '권리분석상 문제가 될 게 없어 보이네', '대출이 많이 나오네'와 같이 접근의 용이성을 말한다. 뭐 이런 것도 장점이 되는 것은 맞다. 이왕이면 대출도 쉽고 권리분석이 깔끔한 매물이면 투자하기도 수월할 테니까.

다만 3회 유찰이 될 정도면 그만한 이유가 있다는 뜻이다. 그 이유를 알아보는 것까지 할 수 있어야 한다. 또 권리분석이 필요 없을 정도로 깔끔한 물건이라 경쟁자들이 많이 들어올 것이라는 점까지 내다보고 입찰에 응해야 한다. 여기까지 내다보고 들어가는 거면 괜찮지만 무턱대고 입찰에 응하는 것은 반대다.

본인이 기준 없이 아무렇게나 투자를 해놓고 '경매를 괜히 했네', '역시 안 좋은 물건이 경매로 나오네' 하며 다른 데로 화살을 돌리는 이들이 있다. 일을 저질러놓고 뒤늦게 후회한들 무슨 소용이 있겠는가. 마르고 닳도록 이야기하지만 이래서 육하원칙을 통해 나만의 투자 기준을 세우는 것이 중요하다. 기억하라! 우리는 3회 이상 투자에 성공할 사람이니 그만한 자격 조건을 갖춰놓아야 한다는 것을.

물건 자체에만 초점을 맞추자

서론이 길었는데 이제는 3회 연속 투자에 성공하는 실전 투자법에 대해 알아볼 것이다. 앞서 소개한 매물들을 다시 살펴보자.

1. 충북 음성 소이면 상가(단점 : 수도권 밖에 위치 / 2,340만 원)
2. 경기도 포천시 영중면 농가주택(단점 : 오래된 폐가 / 6,500만 원)
3. 경기도 포천시 일동면 상가주택(단점 : 돈사와 군부대 / 2억 8,000만 원)

이 매물 중 어디에 투자할 거냐고 묻는다면 투자 목적에 따라 대

답이 달라진다. 만약 소액으로 경매를 해보고자 하는 게 투자 목적이라면 충북 음성의 2,000만 원대 상가에 도전할 것이다. 참고로 1번과 3번의 용도는 근린생활시설이다. 주택보다 상가가 활용도가 훨씬 높다는 점에서 +50점을 줄 것이다.

특히 1번 물건은 경매 초보자이면서 경기도 광주, 이천, 여주 쪽에 사는 이들에게 권하고 싶다. 충북 음성이라고 하니 막연히 멀 거라 생각하지만 서울에서 출발하면 두 시간 거리다. 그럼에도 경기도 이천이나 여주 쪽에 사는 이들에게 권하는 이유는 자차로 한 시간이면 도착 가능한 곳이기 때문이다.

거리 이야기가 나와서 하는 말인데 서울 끝에서 끝으로 이동하는 데도 두 시간 넘게 걸릴 때가 많다. 굳이 강원도니, 충북이니 하는 권역을 기준으로 지역에 대한 선입견을 갖지는 말자. 선입견을 가지면 누가 손해다? 나만 손해다. 이걸 명심하고 부동산 투자에 임해야 다른 사람들이 쳐다도 안 보는 숨겨진 진주를 발견할 수 있다.

그다음으로 투자 목적이 내 식당을 운영하는 거라면 3번 포천의 상가주택을 선택할 것이다. 감정가 4억 4,000만 원짜리를 최저 입찰가 2억 8,000만 원에 가지고 온다면 가성비 면에서 괜찮은 투자이기 때문이다. 참고로 이 물건은 3억 1,000만 원에 누군가 낙찰을 받았다. 현재 여기에서 설렁탕 가게를 운영 중이다.

낙찰자가 직접 가게를 하는지, 임대인에게 세를 준 건지는 알 수 없다. 하지만 이 물건을 낙찰받은 사람 역시 단점보다 장점을 보고 달려들었다는 점에서 긍정적인 사람인 것만은 확실해 보인다.

누군가는 당신이 보지 못한 장점을 본다

많은 사람이 '돼지 똥 냄새가 나는 곳인데 어떻게 사느냐', '군부대는 절대 없어지지 않는다'라며 단점에 몰두할 때 누군가는 낙찰을 받아 새로운 곳으로 탈바꿈시킨다. 이후 포천으로 임장을 갔다가 3번 일동면 상가주택 바로 옆에 카페가 들어선 것을 확인했다.

이뿐만이 아니다. 이 구역이 2024년 1월부로 성장관리계획구역으로 지정된 것도 확인할 수 있었다. 성장관리계획구역으로 지정되었다는 것은 '이곳은 계획적으로 도시가 조성될 거예요. 공장과 제조업 회사도 이곳에만 들어올 수 있으며 이곳 중심으로 개발이 이뤄질 거랍니다'라고 지자체가 대놓고 밀어주겠다는 선전포고나 다름없다. 계획관리지역의 토지보다 더 높은 가치를 지닌 땅이라고 하면 이해가 빠를 것이다.

2024년 1월 27일부터 계획관리지역 내 성장관리계획이 수립된 토지에만 공장과 제조업소가 들어오도록 〈국토의 계획 및 이용에 관한 법률〉이 개정되었다. 즉 성장관리계획 토지의 몸값이 천정부지로 치솟을 거라는 의미다. 희소성이 높아지기 때문이다.

이처럼 부동산은 사두면 그 가치가 높아지게 되어 있다. 특히 포천은 경기도권이니 멀리 나가고 싶지 않은 사람들에게 괜찮은 투자처다. 꼭 음식점이 아니더라도 세컨드하우스를 찾거나 가성비 있는 물건을 원한다면 경기도 북부 지역의 매물에 관심을 가져보길 권한다.

끝으로 오래 방치된 폐가가 있던 2번 물건은 단 한 번의 유찰 없이 신건일 때 누군가 낙찰을 받았다. 그 바람에 나의 투자 목적과 상관없이 입찰 자체를 할 수 없었다. 이 선택 역시 폐가에만 꽂혀서 '저걸 언제 치우고 있나, 치우는 비용이 더 들어가겠네'라며 포기한 97명의 사람과 다른 행보라 할 수 있다.

이 물건을 가지고 간 사람은 도로와 맞물려 있으면서 158평이라는 대지 값으로 6,500만 원이면 괜찮다고 생각해 낚아챈 것으로 보인다. 대지가 뭐라고 했는가. 집을 지을 수 있는 한 필지의 토지라고 했다. 건축 가능한 158평의 토지는 맹지나 오지가 아닌 이상 시골에서도 1억 원 가까이 줘야 살 수 있다. 하물며 이 매물은 경기도 포천이니 낙찰자는 신건일 때 들어갔더라도 큰 이득을 본 셈이다.

부동산 경매를 잘하기 위해서는 선순위 임차인이 가진 대항력, 유치권 및 지상권, 대출 가능 여부 등 경매 안에 들어 있는 리스크 요인을 파악하는 것이 중요하다. 그러나 이것 못지않게 중요한 것이 있다. 나에게도 좋은 물건이 올 수 있다는 믿음, 나아가 좋은 물건으로 만들 자신이 있다는 자기 확신을 갖는 것이다. 이 확신이 없다면 아무리 좋은 투자처라도 절대 내 것으로 만들지 못한다.

투자를 가로막는 심리에 숨겨진 진짜 이유

만약 공부를 하는 중인데 선뜻 투자를 못 하겠다면 '나는 왜 망설이는 걸까'에 대해 고민해야 한다. 투자를 못 하는 이유가 '가진 돈이 없어서' 혹은 '철탑이 있어서'와 같이 객관적인 것이라면 상관없다. 하지만 이런 이유들에 기대어 물건을 포기하고 '마음의 안심'을 획득하려는 거라면 당신은 아직 마음의 준비가 안 된 사람이다. 비난을 하는 것이 아니라 자신에게 시간을 더 주어야 한다는 뜻이다.

간혹 투자해서 자산을 불려놓으면 자식들끼리 '형제의 난'이 일어날까 봐 걱정하는 어르신과 만날 때가 있다. 주로 60대 이상의 수강생들이 많이 하는 걱정이다. 그럴 수 있다. 승자의 저주라는 것을 무시할 수는 없으니까. 이 정도 살아보니 돈이 너무 없는 것도 문제지만 너무 많아 재앙이 되는 것도 맞더라.

만약 형제의 난이 걱정된다면 자녀들 말고 손주에게 물려줄 요량으로 토지를 낙찰받아서 나누어주는 것도 괜찮다. 이것을 지분 투자라고 하는데 '좌측의 200평은 둘째네 아이에게, 우측의 200평은 장남의 아이에게' 나누어주는 것이다.

시골 땅은 5,000만 원이면 경매로 싸게 낙찰을 받을 수 있다. 이렇게 되면 할머니, 할아버지로서 위신이 서는 것은 물론 자식들에게도 떳떳해진다. 더불어 형제의 난도 피할 수 있다. 그야말로 1석 2조의 효과를 거둘 수 있으니 현명하게 머리를 쓰는 것이 좋다.

그러니 무턱대고 경매를 무서워하거나 기다렸다는 듯이 피하기보다 긍정적인 결과가 나올 때까지 시도해볼 필요가 있다. 그렇게 해서 획득한 자산이 가정의 화목에 기여하는 방법에 대해서도 복마마가 알려줄 테니 걱정하지 마시라. 복마마는 여러분이 '무럭무럭 자라는 경린이(경매+어린이)'이 되었으면 좋겠다.

2,000만 원이면
충분하다

　이번에는 초보자들에게 더 와 닿을 수 있는 주거형 매물을 가지고 연습을 해볼까 한다. 농가주택이나 상가는 관심 있는 사람이 한정된 반면 아파트나 빌라는 대부분의 사람이 잘 아는 물건이니 내용의 이해가 빠를 것이다.

　충남 서산시 인지면에 위치한 송림아파트가 경매로 나온 적이 있다. 1993년도에 지어진 31년 된 아파트지만 비교적 건물 상태가 깨끗했다. 특히 아파트 바로 근처에 버스 정류장, 중학교, 농협, 동사무소가 가까워 생활의 편리성이 높았다.

　방 두 개, 화장실 한 개인 13평 아파트로 평균 2,500만 원의 시세를 형성하고 있다. 최근 네이버 부동산에서 '서산 송림아파트'를 검색했더니, 2024년 1월 2,970만 원에 매매가 이뤄진 것을 확인할 수 있었다. 당시 나는 2,500만 원짜리가 1,600만 원에 경매로 나왔기에 이것을 내 채널의 구독자들에게 소개했다. 이런 물건은 저렴한 가격 덕분에 거래가 자주 발생한다.

충남 서산시 송림아파트 거래 내역

계약월	매매가	
2024.01.	**2,970(16일, 1층)**	
2023.12.	2,400(12일, 2층)	
2023.11.	2,400(21일, 2층)	
2023.09.	2,600(9일, 1층)	
2023.08.	2,000(31일, 4층)	
2023.05.	2,550(29일, 3층)	2,600(11일, 2층)
2023.02.	2,000(21일, 2층)	2,000(17일, 5층)

　한 달에 한 건 정도 매매가 이뤄진 것을 확인할 수 있다. 지방이라는 이유로 받아줄 사람이 없을 거라는 편견을 가져서는 안 되는 이유가 바로 여기에 있다. 선입견에 의지하기 전에 손품이라도 팔면 그만큼 기회는 늘어난다. 그러니 이제라도 '선 확인, 후 판단'하는 것을 습관화하자. 경매만 20년 넘게 한 나도 직관적으로 투자하지 않는다.

부동산은 오늘의 시세로 재평가를 받는 만큼 지레짐작하지 말고 손품, 발품 임장을 열심히 해야 한다.

내가 왜 이런 잔소리를 하는지 궁금할 터다. "1,000만 원 대면 서산에 내 아파트를 가질 수 있어요."라고 말하면 어디선가 "서산은 시골이잖아요. 기반 시설이 없는 곳인데 어떻게 살아요."라며 비꼬는 사람이 한둘은 나타나기 때문이다.

여러분이 몰라서 그렇지 서산에 가서 돈 자랑 하지 말라는 말이 있다. 서산은 한국의 3대 석유화학단지 중 한 곳으로 한국석유공사, 한화토탈, 현대오일뱅크, LG화학, 롯데케미칼, KCC 등 대기업들이 즐비한 곳이다. 직접 가서 보니 서산 시청이 있는 읍내동만 가도 '이곳이 서산이 맞아? 완전 신도시잖아' 할 정도로 마치 용인 동백지구나 분당의 서현동에 있는 듯한 착각을 불러일으켰다. 이래서 많이 다녀보는 것이 중요하다.

특히 서산은 당진과 태안은 물론 경기도 평택하고도 인접한 곳이다. 평택에서 회사를 다니는 사회 초년생에게 송림아파트가 안성맞춤이라고 생각했다. 그 이유는 평택에서 월급의 상당 부분을 월세로 내며 사느니, 이런 아파트라도 낙찰받아 내 집 마련 자금으로 흐르게 하는 것이 이득이라 생각했기 때문이다.

1,600만 원 대면 사회 초년생들이 낙찰받기에 부담되지 않을뿐더러 직접 거주하지 않고 임대를 하더라도 월 20만 원 정도의 월세를 받을 수 있다. 이 돈으로 대출 이자를 갚아나가면 된다. 한창 시드머니를 만들어야 할 20~30대에겐 '내 돈을 어디로 흐르게 하느냐'가

중요하다. 참고로 평택에서 서산까지 자차로 40분이면 갈 수 있다. 충분히 출퇴근이 가능한 거리다.

경매 입문자일수록 '얼마나 큰 물건에 투자하느냐'보다 '최초의 1을 언제 찍느냐'가 중요하다. 소액 아파트라도 낙찰받아 내 것으로 만들면 어렴풋하게나마 민사집행법(부동산 경매와 관련한 법)과 주택임대차법이 뭔지 들여다보게 된다. 또 세금과 부대 비용을 경험하면서 '경제라는 강에 발을 푹 담그는 경험'도 하게 된다. 이 프로세스는 1,000만 원대 매물이든 100억 원대 매물이든 똑같이 적용된다.

거주용이 아닌 임대용도 마찬가지다. 내가 집주인이 되어 부동산 중개소에 임차인 좀 구해달라는 연락을 하는 순간 자신도 모르게 사업자 마인드가 생겨난다. 망설이며 시간을 버리지 말고 이 경험을 하루라도 빨리 해보라는 것이다.

대형 아파트가 들어오는 것 자체가 호재다

이번에는 경기도 쪽으로 올라가보자. 소액으로 투자할 만한 곳은 많으나 어디에 투자하면 좋을지 모르겠다는 하소연을 자주 듣는다.

경기도 용인시 처인구 모현읍에 19평짜리 다세대 빌라가 경매로 나왔었다. 감정가 6,800만 원으로 한 번 유찰되어 4,700만 원에 나와서 구독자들에게 소개했다.

사람들은 용인 하면 수지구와 기흥구를 떠올리는데, 이 두 지역은 거의 개발이 완료되었다. 앞으로는 처인구 위주로 개발이 이뤄질 것이다. 특히 용인시 처인구 이동읍과 남사읍 일대는 삼성전자가 반도체 공장을 짓는다고 발표해 전 국민의 관심을 받은 곳이기도 하다. 하지만 모현은 저 두 곳과 거리가 있다.

처인구 모현읍이라고 하면 모르는 사람이 많겠으나, 한국외국어대학 본교가 있는 지역이라고 하면 고개를 끄덕이는 이가 있을 것이다. 모현읍은 행정 구역상 용인이기는 하나 위치상으로는 경기도 광주와 가깝다. 광주역까지 10분이면 갈 수 있으며 제2경부고속도로인 서울세종고속도로의 수혜 지역이기도 하다. 즉 땅 한 평이라도 갖고 있으면 오르면 올랐지 떨어질 곳이 아니란 뜻이다.

용인시 처인구 모현읍 빌라 위치

서론이 좀 길었는데 임장을 다녀온 빌라는 1994년도에 지어졌음에도 아주 튼튼했다. 발품 임장을 갈 때마다 결로 방지와 방수 처리가 잘 되어 있는지 확인하기 위해 옥상에 올라가 보는데 그곳에서 본 뻥 뷰가 몹시 인상적이었다. 특히 3,700세대 규모의 힐스테이트 아파트 건설 현장이 보였는데 그것만으로도 앞으로 이곳의 미래 가치를 알 수 있었다. 이런 공사가 이뤄지는 곳이라면 인접 지역으로까지 개발 압력이 커지기 때문이다. 잠재성이 큰 지역의 빌라라면, 그것도 대지 지분이 19평에 달하는 물건을 4,000만 원에 가져올 수 있다면, 꽤 괜찮은 투자다.

이런 빌라라면 투자해도 괜찮다

세 번째 물건은 경기도 화성시 정남면 용수리에 위치한 빌라다. 30년 된 다세대(빌라)로 방 세 개, 화장실 한 개, 거실로 되어 있었다.

당시 해당 물건은 감정가 3,200만 원에 최저가 2,240만 원으로 진행되었는데, 이는 말도 안 되는 금액이다. 지방에서도 16평짜리 빌라를 2,000만 원대에 구입할 수는 없다. 하물며 경기도 화성에 있으며 대지 지분이 13평이나 되는 물건이었다. 이런 것을 두고 우리는 알짜배기라고 부른다. 요즘 신축 빌라는 대지 지분을 많이 줘봐야 10평 남짓일뿐더러 2,000만 원이 아니라 3억 원 이상은 줘야 들어갈 수 있다.

"요즘 누가 빌라를 찾아요. 빌라 혐오 시대인데…""30년이나 된 빌라라면 구축이네요. 임차인 구하기 쉽지 않겠어요." 이렇게들 말하며 빌라 기피 현상을 걱정하는 분이 있을 것 같다. 하지만 이는 이 매물의 가치를 몰라서 하는 말이다.

계속 강조하지만 부동산이라는 전체 시장의 사이클과 개별 물건의 사이클은 다를 수 있다. 즉 전세 사기 여파로 부동산이라는 시장에서는 빌라가 기피 대상일지 몰라도 이 빌라처럼 매물이 없어서 난리인 곳들도 있다.

네이버 부동산에서 해당 빌라의 주소지를 검색하자 빌라 주변으로 공장들이 가득 들어찬 것이 보였다. 인터넷을 검색하는 건 여러분도 얼마든지 할 수 있으니 망설일 필요 없다. 그리고 여기에서 더

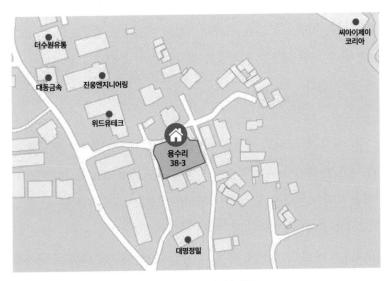

화성시 정낭면 용수리 빌라 위치

나아가고자 한다면 그때 발품을 팔면 된다.

실제로 그 동네에 직접 가보니 월세나 전세가 없어서 난리였다. 이 날 운이 좋게도 '복마마TV' 구독자와 마주쳤다. 나를 보더니 "복마마 님 아니세요?"라며 아는 척을 해주길래 나 역시 반갑게 인사했다. 그날 만난 구독자분이 마침 그 빌라에 산다며 내부도 보여주고, 이 지역이 방이 없어서 난리라는 꿀 정보도 알려주었다. 이처럼 발품 임장까지 갔으면 인근 부동산중개소와 현지인들에게 동네 분위기에 대해 듣고 오는 것이 좋다.

특히 '○○(농공)산업단지'라고 쓰여 있는 인근에 투자를 원할 경우 근로자들이 상주하는 곳인지, 빠져나가는 자리인지를 체크해봐야 한다. 도시에 있는 산업단지라고 해도 마음을 놓으면 안 된다. 땅값이 비싸 지방으로 넓은 부지를 확보해 이전하는 경우도 적지 않기 때문이다. 이런 정보는 근처 편의점이나 슈퍼 주인에게 물어보면 쉽게 알 수 있다.

정리해보자. 그리고 관점을 바꿔보자. '30년 된 빌라에 투자한다'가 아닌 '13평이나 되는 지분에 투자한다'는 관점으로 접근해보는 것이다. '아파트만 땅이냐? 빌라도 땅이다'라는 걸 되새기면서.

하수들은 실천도 하지 않으면서 남들이 하는 것에 딴지를 걸고 깎아내리기 바쁘다. 자신이 못 하니 남들도 안 하기를 바라는 어리석은 심보 때문이다. 이런 사람에게 묻고 싶다. 당신에게 2,000만 원이 적은 돈인가? 일반 직장인이 1년간 적금을 부어야 만져볼 수 있는 금액이다.

복마마에게도 2,000만 원이란 돈은 최초의 시드머니이자 100억 원의 자산을 만들어준 코어 자금이다. 이런 돈이 새나가지 않도록 '땅'이라는 '은행'에 묻어두는 것은 여러분이 힘들게 번 돈을 대우해주는 가장 좋은 방법이 될 수 있다. 그런데도 망설여야 할 이유가 있는가?

다음 그림에서 왼쪽은 디스코에서 검색한 용인시 모현읍 빌라의 공시지가이고, 오른쪽은 디스코에서 검색한 화성시 정남면 빌라의 공시지가다.

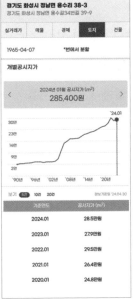

그래프만 봐도 둘 다 땅값이 상승한 것을 알 수 있다. 참고로 2021년과 2022년은 부동산 시장이 불장이었음이 여기에서도 드러난다. 이때의 공시지가를 제외하고 보더라도 두 지역 모두 지가가 상승했다. 이렇게 확인하는 것이 '빌라도 땅이다'를 이해하는 가장 좋은 방법이다.

이번 장은 다른 장에 비해 다소 어려웠을 수도 있다. 하지만 여러분도 부동산 경매에 발을 디디고 싶다면 이 정도 기본 상식과 눈은 필수적으로 가져야 하기에 굳이 이 책의 마지막에 실었다.

이런 기초적인 마인드와 상식을 바탕으로 한 뒤에 앞으로 전문적인 기술과 다양한 경험을 쌓아가길 바라는 복마마의 최소한의 바람을 담았다.

별거 아닌 것처럼 보일 수도 있다. 하지만 나중에 경매 실전을 해보면 뒤늦게라도 깨닫게 될 것이다. 이번 실전 편에 실린 아홉 개의 이야기가 얼마나 중요한지를.

부디 여러분이 용기를 내어 실전에 발을 내딛고 첫 도전, 첫 성공, 첫 수익의 기쁨을 얻는 데에 보탬이 되기를 기원한다.

소득 없이 오래 사는 세상에
대비하는 법

*

그런 때가 있다. 분명 뉴스나 기사에서는 '조금씩 물가가 잡히고 있다', '금리가 동결되었다'라고 하는데 '왜 내 장바구니는 퍽퍽하고, 왜 나는 높은 이자를 감당하느라 허덕이면서 살지'라는 괴리감이 느껴지는 때가. 이는 거시적인 경제 상황이 나아졌을 뿐 서민들의 장바구니 물가는 나아지지 않았기 때문에 생기는 현상이다. 즉 기업들이 해외로 물건을 수출하고 수입해오는 수출입물가지수는 나아지는 반면, 서민들의 의식주 물가인 생활물가지수는 여전히 높은 수준인 것이다.

게다가 높아진 금리 탓에 다달이 은행에 돈을 갖다 바치느라 쓸 돈이 없어진 것도 서민들의 생활을 팍팍하게 만드는 원인이다. 따박따박 월급이 들어오는 현역일 때도 이런데 고정 수입이 끊기는 은퇴

후엔 오죽하겠는가.

사람들이 은퇴 이후 삶에서 가장 걱정되는 비용으로 생활비 부족을 꼽았다. 이는 굉장히 중요하다. '퇴직 이후에 의료비나 자녀교육비도 아닌 생활비 부족을 걱정한다고?'라며 믿지 못하는 사람도 있을 터다. 하지만 이게 우리의 현실이다.

생활비는 다른 말로 의식주에 드는 비용으로, 이 비용에 대한 경각심을 현역 때 키워놓아야 한다. 그래야 집안 살림은 물론 부동산에 투자할 때도 현명하게 대처해 나갈 수 있다.

생활비에 대한 개념부터 잡아라, 투자의 경쟁력이 될 터이니

부자가 되는 방법에 대해 전하지 않고 왜 갑자기 먹고사는 문제에 대해 언급할까? 부자가 되는 것만큼 생활비를 마련하는 일이 중요함에도 이에 대해선 아무도 언급을 안 하기 때문이다. 특히 생활비를 경시하는 자세는 묻지마 투자, 역전세난을 일으키는 갭 투자와 이어진다는 점에서 각별한 주의가 필요하다.

생활비를 경시하는 것과 묻지마 투자가 무슨 상관일까?

나는 하루에 서너 시간씩 경매 사건을 분석한다. 그때마다 '이 물건의 소유주는 무슨 사정으로 집이 경매에 넘어가게 되었을까'에 대해 생각한다.

오랜 경험을 빌려 정리하자면 빚의 규모가 큰 경매 사건의 경우, 사업을 지속하다가 우울증이나 공황장애와 같은 마음의 병을 얻기 시작한다. 상황을 '끌고 갈 힘'이 바닥난 시점에 자금줄이 막히면서 나자빠지는 경우들이 많았다. 이에 비해 빚의 규모가 작은 경매 사건은 또 다르다. '매수부터 해놓으면 생활이야 어떻게든 되겠지', '빚은 어떻게든 갚아나가게 되어 있어' 식의 갭 투자가 열에 아홉이었다. 이를 달리 표현하면 생활비를 경시해서 생겨난 불상사다.

'생활비=의식주에 드는 비용'인데, 이 중 목돈이 들어가는 것이 집에 해당하는 '주(住)'다. 문제는 많은 이들이 주의 비용을 구체화하지 않은 채 생활비를 대한다는 점이다. 이는 생활비 안에 '대출 원리금 및 이자비용'을 포함시키는 훈련이 되어 있지 않아서다.

지금까지는 생활비를 말할 때 '의식주'를 대충 떠올렸다면 이제부터는 '의식＋주(상환해야 할 대출 원리금/이자비용)'까지 포함시켜야 한다. 이게 여러분들이 머릿속에 넣어둬야 할 중요한 원칙이다.

지금까지 많은 사람이 초기자금만을 '주'의 비용으로 책정해놓고, 매수 결정을 내렸다. 이렇게 되면 금융감독원에서 금리를 올렸을 때 속수무책으로 당하게 된다. 3.7퍼센트였던 이자가 슬금슬금 오르더니 6.7퍼센트가 되었다고 가정해보자. 4퍼센트 더 오른 이자비용을 매달, 그것도 현금으로 납부해야 하는데 이때 속이 바짝바짝 타들어간다.

만약 도중에 직장을 잃거나 이자가 감당 못 할 수준으로 불어나면 그때는 집을 포기하게 된다. 경매로라도 빨리 가져가면 좋겠다는 상황으로 내몰리는 것이다.

이런 비극을 겪지 않기 위해서는 그동안 별것 아니라고 치부해온 '생활비의 개념'을 재정립해야 한다. 그뿐만이 아니다. 유가나 환율, 한국은행이나 미국 연준(Fed)이 지향하는 금리 정책 등의 경제 변수를 고려한 결정을 내리기 위해서라도 생활비의 개념을 재정립하는 것은 중요하다.

- **생활비 = 의식 + 주**(입주금+관리비+대출 원리금+이자의 총합)

나의 수입에서 '생활비(의식+주)'를 남에게 빌리지 않고 충당하는 것이 가능한가? 이에 대한 답을 내린 다음 매수에 나서야 한다.

이 방법을 구체화하면 '1년 치 대출 원리금 및 이자비용을 시뮬레이션'을 해본 다음 투자 계획을 세우는 것이다. 대출을 받아서 투자할 경우 1년이면 1년, 2년이면 2년 기간을 정해놓고 그 기간에 갚아야 할 '대출 원리금 및 이자비용'을 금액으로 적어두자. 처음 은행에서 대출을 받을 때 대출이 집행되는 시점부터 매달 얼마씩 납부해야 하는지 상세히 일러준다. 이 내역서를 잘 보이는 곳에 붙여두는 방법도 괜찮다.

이때 생활비 전체에서 대출 원리금 및 이자비용이 얼마나 차지하는지에 대해서도 계산에 넣어둬야 한다. 그래야 감당가능성을 스스로 파악할 수 있다.

에필로그

기존의 감당가능성 : 이 집을 매수할 자금이 있는가?

(자비부담금과 대출가능성을 기준으로 책정)

이후의 감당가능성 : 매월 비용을 감당할 수 있는가?

(달마다 현금으로 납부해야 할 주거비용의 총합을 기준으로 책정)

지금까지 말한 것들이 모두 생활비와 관련한 내용들이다.

이 내용을 본문에서 언급했다면 굳이 여기에다 넣지 않았을 것이다. 이 책을 처음 쓰기 시작한 2020년~2021년만 해도 활황장이 꺼지고 급매물이 아니면 집이 안 팔리던 시기였다. 그러다 갑자기 영끌족이 등장하면서 서울의 아파트값이 고공 상승하기 시작했고, 정부가 부랴부랴 규제 대책을 내놓았다. 바로 그 시점에 이 책의 에필로그를 쓰게 되었다.

불과 몇 달 사이 부동산 시장이 180도 변했는데 이렇게 분위기가 급변할수록 올바른 투자자로서의 자세를 갖춰놓는 것이 중요하다. 이런 자세야말로 경쟁력이기 때문이다.

요즘 경매 시장으로 쏟아지는 아파트 물건들을 보면서 '사람들이 부동산을 하나의 트렌드나 이벤트처럼 대하는구나. 장기적 관점은 아니더라도 1~2년이라는 기간 동안 자신이 내린 결정을 감당할 수 있을지'에 대해 점검은 하게 만들어야겠구나 싶었다. 이런 생각에서 이 내용을 언급한 것이다.

제대로 된 투자 공부는
손이 아닌 발로 뛰는 공부다

"기력이 달리는 나이인데 언제 그런 것까지 계산하면서 집을 사요?"

"그냥 부동산 투자 안 하고 살래요."

이렇게 아우성치는 소리가 이곳까지 들린다.

지금 같은 시장에서 일반 매매로 부동산에 접근하는 것이 힘들다면 돈 공부를 하면서 숨 고르기를 하면 된다. 실전에 뛰어들어야 할 때가 있고, 이론 공부로 숨 고르기를 해야 할 때가 있는데 지금은 후자의 시기다. 단, 돈 공부를 하는 자세에 대해 전하고 싶은 것이 있다. 메뚜기처럼 이 강의, 저 강의를 듣고 거기서 끝내지 말았으면 좋겠다.

백화점 문화센터에서부터 온오프라인 강의까지 돈 공부를 할 수 있는 채널들이 넘쳐난다. 기회가 많은 탓인지 수강 등록만 해놓고 듣지 않는다거나 이론 공부만 파고드는 이들이 많다. 절실함이 보이지 않는다. 이렇게 되면 공부를 안 하느니만 못한 결과를 낳을 수 있다. 왜일까? 이 강의, 저 강의를 듣다 보면 다 비슷하고 뻔한 말만 하는 듯한 느낌이 든다. '이거 듣는다고 달라지나?', '이 강사도 같은 말만 하네'라는 생각에 스스로가 만든 벽에 부딪히게 된다. 이때 상당수가 돈 공부를 포기하고 원래의 생활로 돌아가는 선택을 한다.

나는 이런 분들이 찾아오면 영어와 돈 공부를 빗대어 이야기를 해준다.

에필로그

"돈 공부도 영어 공부처럼 해야 해요. 토익점수만 높다고 바로 회화가 되는 게 아니잖아요. 듣고 말할 수 있어야 어디에 가서 '영어 좀 한다'라고 자랑이라도 할 수 있죠. 돈 공부도 그래요. 여러분이 발로 뛰어다니고 실전 투자를 해야 여러분의 것이 되는 거예요. 이걸 하려면 어떻게 해야 할까요? 용기를 낼 수 있어야 해요. 가족들 일이라면 팔을 걷어붙이면서 왜 자신의 노후 준비에는 미적지근하게 굴며 뒤로 빠져 있으려고만 하세요. 이때야말로 용기를 내야 할 때인데 말이죠."

대단한 마음을 먹어야 용기를 낸다고 생각할지도 모르겠다. 하지만 용기를 내는 게 사실 별일 아닐 수 있다. 스스로 다음의 질문에 답을 하기만 하면 된다.

'내가 힘없고 늙었을 때 자식들에게 보탬이 되면 됐지, 짐이 되고 싶지는 않은가?'

이 질문에 '예스'라는 답이 나왔다면 여러분은 돈 공부에 뛰어들 용기가 잠재된 사람이다. 만일 본인의 노후 준비를 위해 뛰어들 용기가 나지 않는다면 눈에 넣어도 아프지 않은 자식들을 생각하면서 용기를 내라는 말이다.

실제로 내 수업을 듣는 수강생 대부분은 '하나라도 더 얻어가고야 말겠다'는 결의에 찬 모습으로 모든 수업에 임한다.

"큰애가 노무사 시험을 준비하고 싶다니 어떡해요. 뒷바라지해줘야죠."

"얼마 전 작은애가 제대했는데 편입을 하고 싶다네요. 애 아빠 설

득하려면 제가 경매로 상가를 얻어 식료품 가게라도 해야 해요. 그래
야 남편이 애를 안 잡죠."

이처럼 그들 모두 자녀 때문에 용기를 낸다. 여러분도 이렇게 했으
면 좋겠다. 꼭 내 수업이 아니어도 좋다. 여러분을 위해, 자녀를 위해
돈 공부를 '손'이 아닌 '발'로 하기를 바란다.

정 혼자 하기 뭣하면 복마마에게라도 와라. 다른 건 몰라도 경매
하나만큼은 꼭꼭 씹어서 제대로 알려줄 수 있다. 세계에서 제일 높
은 산인 에베레스트를 등정할 때 동행하는 안내인을 셰르파(Sherpa)
라고 부른다. 등정 희망자보다 한발 앞서 산을 오르고 위험을 알려
주는 러닝메이트다. 이 복마마가 '경매라는 산'에 오르는 여러분의 셰
르파가 되어줄 것이다. 용기를 내어 함께 발걸음을 내디뎌보자.

에필로그

유행이 아니라 원칙을 좇아야 한다

부동산 투자라고 하면 으레 1기 신도시 재개발, GTX 공사 착공 및 개통, 산업단지 및 대학병원 부지 선정과 같은 개발 호재가 따라붙는다. 하지만 이런 호재들이 확정됐다고 해도 하나의 팩트일 뿐이다. 호재를 따라가는 게 부동산 투자의 절대 원칙은 아니다.

정부의 부동산 정책도 마찬가지다. 2024년 9월을 기점으로 서울 및 경기도의 주요 아파트값이 상승하자 정부가 규제 정책을 내놓았다. 하지만 부동산 시장이 다시 가라앉으면 박근혜 정권이 펼쳤던 '1년간 취득세 면제'와 같은 부양 정책을 내놓을 것이다. 이처럼 정부의 정책 역시 상황에 따라 변하는 '트렌드'일 뿐 고정된 투자 원칙이 아니다.

이왕에 뛰어든 돈 공부라면 제대로 하겠다고 마음을 먹었으면 좋겠다. 공부 대상이 꼭 부동산이 아니어도 괜찮다. 돈 공부에 임하는 자세만 올바르다면, 그리고 원칙을 충실히 공부하고 따른다면, 주식이든 코인이든 다른 무엇을 공부하든 상관없다. 분명 여러분 인생에 '소중한 열매'를 맺게 해줄 것이다.

주식이나 코인 역시 귀가 솔깃해지는 호재나 그 시장을 통제하려는 정부 정책이 나올 것이다. 당연히 올바른 투자 원칙 또한 있을 것이다. 각 투자처의 트렌드와 투자 원칙을 구분하는 눈을 기르는 것. 여기에서부터 돈 공부를 해 나가면 중심을 잡기가 수월해진다.

꼭 기억하자. 유행을 알고는 있되 너무 부화뇌동하지 말아야 한다는 것을. 우리가 좇아야 할 건 불변의 원칙이라는 것을.

나이 들어 '나'를 지킬 것은 무엇인가

초판 1쇄 발행   2025년 1월 9일

지은이 안해진

책임편집 이정아   **진행** 방미희
마케팅 이주형
경영지원 강신우, 이윤재
제작 357 제작소

펴낸이 이정아
펴낸곳 (주)서삼독
출판신고 2023년 10월 25일 제 2023-000261호
이메일 info@seosamdok.kr

© 안해진
ISBN 979-11-93904-24-4 (03320)

서삼독은 작가분들의 소중한 원고를 기다립니다. 주제, 분야에 제한 없이 문을 두드려주세요.
info@seosamdok.kr로 보내주시면 성실히 검토한 후 연락드리겠습니다.